【铁血将帅系列】

冯国权
胡长秀

抗倭英雄 戚继光传

华中科技大学出版社
http://www.hustp.com
中国·武汉

图书在版编目(CIP)数据

抗倭英雄：戚继光传 / 冯国权，胡长秀著. —武汉：华中科技大学出版社，2018.6（2020.6重印）
（铁血将帅系列）
ISBN 978-7-5680-3886-7

Ⅰ. ①抗… Ⅱ. ①冯… ②胡… Ⅲ. ①戚继光（1528–1587）—传记 Ⅳ. ①K825.2

中国版本图书馆CIP数据核字（2018）第080107号

抗倭英雄：戚继光传 冯国权 胡长秀 著
Kangwo Yingxiong: Qi Jiguang Zhuan

策划编辑：沈剑锋 张 丛
责任编辑：张 丛
封面设计：蚂蚁字坊
责任校对：曾 婷
责任监印：朱 玢
出版发行：华中科技大学出版社（中国·武汉） 电话：（027）81321913
武汉市东湖新技术开发区华工科技园 邮编：430223
印 刷：日照教科印刷有限公司
开 本：710mm × 1000mm 1/16
印 张：18
字 数：255千字
版 次：2020年6月第1版第2次印刷
定 价：46.00元

PREFACE
序

五千年华夏青史，涌现出无数横刀立马、叱咤风云、勇冠三军、扭转乾坤的英雄豪杰、将帅奇才。诞生于明朝中叶的戚继光，就是其中一位杰出代表和闪耀将星。他是伟大的民族英雄，也是卓越的军事大家，他不仅为明朝立下赫赫战功，也为后世留下了宝贵财富。

戚继光像

戚继光（1528—1587年），字元敬，号南塘，晚年朋友送他号“孟诸”。原籍安徽定远，其五世祖戚斌，因获得世袭军职登州卫指挥佥事，迁居山东登州（今蓬莱）。他出生将门，家教严苛，自幼饱读诗书，深明经史，习文弄武，报国志坚。

嘉靖二十三年（1544年），16岁的戚继光踏着先辈的足迹，袭职登州卫指挥佥事，开始了他的戎马人生。

戚继光军旅生涯开启的时代，正值

中华民族遭遇历史上的一次严重外患——东南沿海倭寇横行。嘉靖三十四年到四十五年（1555—1566年），戚继光为平息倭患转战东南沿海12年，训练了一支技术精湛、纪律严明、能征善战的“戚家军”，十余年间，“计全胜八十余战”，“南北水陆大小百余战，未尝遭一劫”，可谓战功卓著，被誉为常胜将军，成为中华民族反对海外异族入侵首屈一指的民族英雄。

隆庆二年至万历十一年（1568—1584年），人到中年的戚继光临危受命北调蓟州，投入抵御蒙古部族内犯、保卫京师的战斗生涯中。镇守北疆16年，他从实际出发，通过制订实施“驻重兵以当其长驱，而又乘边墙以防其出没”的防御战略，使蒙古骑兵的铁蹄未曾踏入长城内一步，取得了“不战而屈人之兵”的功效。他镇守蓟镇16年间，“边备修饬，蓟门宴然”，即便离开蓟镇，后继者“踵其成法”，依然确保了蓟门“数十年得无事”，为北方人民赢得了较长时间的和平发展环境，建立了比南方抗倭更加珍贵、伟大的功绩。

戚继光南征北战40多年，屡建奇功，并在戎马倥偬中及时总结记录自己领兵打仗、练兵备战的经验，先后写下《纪效新书》（十八卷本和十四卷本）和《练兵实纪》两部军事著作，以及《止止堂集》和不同时期呈报给朝廷的大量奏疏条议，它们流传后世，影响深远，发展了古代军事理论，丰富了我国的兵学宝库。《四库全书》只收录兵书20部，其中2部就是戚继光的《纪效新书》（十八卷本）和《练兵实纪》，它们更被列入“中国古代十大兵书”，备受后代兵家重视。

从军事思想上讲，戚继光可谓孙武第二，但就取得的军事实践成果，恐怕无人能及。他是兵中儒将，又是军中鲁班，是一位杰出的兵器专家和军事工程家。他创制改造诸多火器、兵器，铸造建成大小战船、兵车，改革创新阵法练法、刀法拳法，同时创造性地在长城上修建空心敌台，这些既是战时戍边御敌的军事工程，也是平时别具特色的一道靓丽风景。

战场上的戚继光叱咤风云、所向无敌、光彩照人，但官场上的戚继光难逃

“飞鸟尽，良弓藏；狡兔死，走狗烹”的厄运，无可避免地堕入“一荣俱荣、一损俱损”的轮回。昏庸腐败的明朝，以“无造反之证据，有造反之能力”为名，于万历十一年（1583年）将戚继光弹劾贬谪至广东。一年后，戚继光罢职还乡。1587年1月，一代名将在贫病交加中黯然离世，终年60岁。按当时的规定，以戚继光的官位，朝廷应立即给予谥号，但直到万历末，明廷才给戚继光谥号“武庄”，天启年间将其谥号改作“武毅”，崇祯八年为褒扬戚继光功绩，在今蓬莱为其建造戚家祠堂，赐额“表功”，是为“表功祠”，每年春秋予以祭祀。

一时的尘埃终究遮不住将星的闪耀光辉，戚继光建立的无与伦比的战功，创造的保国安民的伟绩，不仅名垂正史，而且享誉民间。不仅当时的百姓歌颂他，即使历经几百年，人们对将军的尊崇之情依然不衰。世世代代的人民或勒石立碑赞功，或建馆塑像纪念，或以诗歌民谣歌颂。

戚继光故里　徐恒业 摄影

戚继光之所以能成为扎根人民心中的伟大英雄、杰出战将、军事大家，一生功勋卓著且泽被后世，关键在于他有拳拳报国心、殷殷爱民情。袭父职后不久，年轻的戚继光便写下“封侯非我意，但愿海波平”的人生抱负。晚年被贬广东，虽处境恶劣，但将军依然初心不改、矢志不移，“一片丹心风浪里，心怀击楫敢忘忧”，拖着病体恪尽职守，练兵著书。他对人民的爱，则体现在无论是南方抗倭还是北方御虏，都始终把救民于水火作为根本，“视兵马为安国保民之具”，“一心从民社上起念”。他的爱民之心、保民之功，让当时的老百姓把他比作再生父母，大街小巷传唱道“生我兮父母，长我兮疆土。生我不辰兮，疆土多故；奠我再生兮，维戚元辅”。

中共十八大以来，习近平总书记反复强调：“今天的中国，前所未有地靠近世界舞台中心，前所未有地接近实现中华民族伟大复兴的目标，前所未有地具有实现这个目标的能力和信心。”要实现中华民族伟大复兴的中国梦，就必须弘扬中国精神。戚将军爱国保民的精神，无疑是以爱国主义为核心的民族精神的生动体现。编著此书，既是对戚将军推崇尊重之情的表达，更希望借此激励今天的中国人，以将军为楷模，汲取英雄的精神力量，为实现中国梦争取做更大的贡献。

参加此书编写的有：陈静、张官亮、苏军茹、张耀元、邓亦彤、夏运长、张永志、汤婕，在此一并表示感谢。

撰写中，每一位编者都为戚将军崇高的境界、高尚的人格、卓越的贡献深深折服，唯恐笔力不逮，不能将英雄风采展现十之一二。如有笔者过失，无损将军威名，愿以此拙作，当抛砖之用。

是为序。

CONTENTS

目录

第一章

出生将门　茁壮成长

教育能够塑造人，教育也能改变人，在每个人的成长历程中，离不开社会的关注，离不开家庭的教育，更离不开父母的教导。戚继光，作为战功卓著的民族英雄，作为英勇善战的军事将领，为什么能够在腥风血雨的一生中始终满怀保家卫国的激情？为什么能够在危机重重的戎马岁月里依旧勤学苦思？为什么能够在身陷厄运的官场浮沉中矢志不移、刚正不阿、廉洁自律？这一切源自他父母的教导、家庭的影响，源自这个将门之家良好的家风家教。

第一节　将门之后继血统

一个英才辈出的家族，很大程度上得益于它的家风。因为家风是一个家族在历经几代人的呵护与打磨后积淀而成的宝贵财富，是一个家族得以代代传承的不竭动力。

山东济宁东南方向有两条河流，运河和泗水，两条水系的交汇处有一个小村庄叫鲁桥镇。公元1528年闰十月初一，鲁桥镇的戚家大院里一片热闹非凡的景象。乡里乡亲进进出出、喜气洋洋，贺喜声、祝福声不断，戚家主人更是笑容满面、喜气洋洋，忙忙碌碌。是什么能让这个平常的小镇人家这样欢乐无比？原来是这天黎明时分，戚家终于后继有人了，而那个喜得贵子的父亲已是年过五旬，自然值得祝贺。

这位老人叫戚景通，字显通，是一员武将。他曾在登州卫任指挥佥事，后来又被晋升为大宁都司都指挥使、京师神机营副将等职。老人虽然已经不再年轻，但透过他高大修长的身材、匀称健硕的体格可以看出他的器宇轩昂、凛然正气。而这个刚刚出生的婴儿就是后来名扬四海的爱国名将、抗倭英雄戚继光。

戚继光，字元敬，号南塘，出生在一个数代为将的家庭。戚氏祖先原住在山东东牟县（今莱芜），元朝末年战乱，戚继光六世祖戚祥为避战乱随舅父一家迁居定远县昌义乡（今安徽定远县）。公元1352年，戚祥参加了郭子兴领导的农民起义军，跟随郭子兴和郭子兴部将朱元璋的起义队伍转战南北、东征西讨，立下汗马功劳。朱元璋建立明王朝当上开国皇帝后，实行封功授爵，戚祥因战功被授予应天卫（今南京）百户官。百户官是明代指挥官中最低一级的官职，管理两总旗、十小旗，共120人。公元1438年，戚祥奉命出征云南，不幸在战斗中阵亡，朱元璋根据其战功将他的儿子戚斌封为"明威将军"。从此，戚家开始世袭的历史，世袭职务登州卫（今山东蓬莱）指挥佥事。

戚继光塑像

戚斌赴任后，全家也就迁到登州，从此在这里定居下来。登州在晋、唐时为东牟郡，所以有时戚继光也说自己"世居东牟"。戚斌任职期间，登州卫经常有倭寇前来侵扰，为了巩固海防，他亲自督修城墙，加强军备，在一定程度上遏止了倭寇之患。对待工作，戚斌尽职尽责、不徇私情，很快在职场中崭露头角，成为一代名将；对于子女的教育，他更是精心、尽心、用心，孩子们个个都成为能文会诗、行侠仗义、风流倜傥之人。

戚斌死后，他的儿子戚珪按规定袭职。受父辈影响，戚珪也是一位正派之人，他忠于职守，勤奋精进。公元1433年，山东备倭都指挥曾进行过一次集中训练，将各卫的马、步、水军全部调到登州一处操练。面对这一决策，戚珪敏锐地意识到，如果某一天倭寇突然登岸发起进攻，各卫所由于兵力亏空而难以防备、无力抵抗，必将遭受巨大损失。于是，他大胆地向朝廷上书奏言，阐述部队集中操练的利弊，指出：官军聚集在一处，紧急事情发生后难以相互策应，马、步、水军应各归正所，如旧守备。戚珪的建言最终被朝廷采纳。

戚家的祖先们始终心向朝廷，忠于职守，他们扎实肯干，勤奋敬业，靠本事立身，靠实力取胜，英勇善战、屡立战功，这些良好的品质都成了戚家代代相传的光荣传统和精神财富，成为这个家族绵延不断的家风。

戚继光就出生在这样的将门之家。他的父亲戚景通承袭伯父官职，任登州卫指挥佥事。戚景通不仅勤奋努力，好学上进，熟读兵书、精通武艺，有丰富的军事知识，而且为人正直，为官清廉，从不趋炎附势，从不与奸人为伍，性格刚直不阿，做事光明磊落，留下了许多可亲可敬的故事。

公元1520年，戚景通升任江南漕运把总，主要负责运送官粮。上任后，他看到漕运中存在许多弊端和不足，就积极进行改革，实施大力整顿，取消陈规陋习，革除弊端漏洞，因而触犯了一些当权者的利益。这些当权者为了自保，到处造谣中伤，或暗中收买贪官污吏，千方百计地诬蔑他、陷害他，目的就是要迫使他下台。

一天，戚景通按照规定押运粮食到仓库，以往的惯例是，押运官运送粮食到仓库时，都要给仓库管理员一些小恩小惠，才不会受到刁难，从而顺利交接。戚景通的部下把这些情况告诉了戚景通，劝他照此办理，遭到戚景通断然拒绝。他说押运粮食是他的职责，接收粮食是仓官的职责，一切都是公事公办，为何要收买仓官。粮食运到仓库后，戚景通果然受到刁难。仓官诬陷他账目不清，按照当时的法律，这种罪行如果加身，会受到降职处分的。戚景通有一个部下叫张千户，听说这件事后对他的处境十分同情担忧，就拿出300两银子，希望戚景通能用这些银子去行贿送礼，打通关节，从而保住官职。戚景通淡然一笑说：“大家都知道我根本没有弄错账目，而是因为没有贿赂欺骗才获罪的。现在如果去送礼，反而说明我办错了事。”“我只求问心无愧，怎么可能接受这些银子去干昧着良心的勾当呢？”戚景通谢绝了下属的好意规劝和金钱资助，宁愿蒙受不白之冤也不行贿，结果他也只能接受降职处罚，丢了运粮把总的官。

公元1533年，戚景通升任大宁都司掌印官。当时的大宁都司正缺一名佥书，很多人都渴求这一职位，就采取种种手段，或找人托关系，或送财物贿赂。戚景通对这些营私舞弊的行为很反感，他决定用自己的眼光、用公心去发现人才。经过细心考察，他发现安荣是贤才，就举荐了他。安荣得知这一情况后甚是感激，上任后的第一天深夜，就身揣100两银子前往戚景通的住处答谢恩人。望着桌子上堆放着的白花花的银两，戚景通表情严肃，他不无痛心地说："我推荐你，是因为你是贤人，而你送来这么多财物，看来是我有眼无珠，识错人了。"安荣顿感十分惭愧，无地自容，只好带着钱物返回，同时也心生敬意，在工作中更加努力上进。

戚景通就是这样正直正派的人，他的人格人品在当地有口皆碑，受到很多人的喜爱和钦佩，许多达官贵人也希望与他交往、做朋友，以此来抬高自己的声望和知名度。戚景通有个上司叫戚勋，担任山东总督备倭职务，对他很是欣赏，打算跟他排族谱，联宗亲。一般来说，提议联宗的一方都是贫贱者，企图通过结识权贵来抬高自己的名望、地位和财力，而这次是上司主动要求与下属联宗。面对这样千载难逢的机遇，戚景通却不为诱惑所动。他坦诚地告诉上司，家中的奶奶曾说过，他们的远祖原本不姓戚而姓倪，这在兵部上是有记载的。如果现在违背事实，和大人同宗联亲，那么今后从记载中查出来怎么办，那样传出去的话也会被人笑话的。

戚景通始终坚持操守，廉洁奉公，实实在在做人，踏踏实实做事。在数十年的官场生活里，他从不畏权贵，不随波逐流，更没有在生命的沉浮中迷失自我。他仅仅靠俸禄养家糊口，没有给家人建起高楼深院，留下万贯家财，戚家一直过着清贫的生活，终被朝廷授予"孝廉将军"。尽管他的一生没有得到过重用，但无论职位如何改变，环境如何变化，他依然心系国家，心系朝廷，征战沙场，舍生忘死。公元1538年，已经在外做官多年的戚景通因为挂念老母，辞官归乡尽孝。虽然远离官场身居乡野，但他从未放弃自己报效国家的壮志，当时鞑靼诸部不时内犯，他一方面总结自己的作战经验，潜心研究御敌方略，写下许多关于加强北方边疆战备的计划书、意见书，以备战时之需；另一方面教育儿子要子承父业，光大祖先功业，这份期待从他给儿子取的名字中就能略见一斑。

戚继光出生时正值夜半，虽然当时已经是初冬，树叶凋落，草木枯黄，但是在老来得子的戚景通眼中，这一切都变了，仿佛到处是勃勃生机，洋溢着光明与希望。第二天凌晨，红艳艳的朝霞映满东方的天空，笼罩小镇四周，枫红松青，光华耀眼，构成一幅五彩缤纷的图景。一名贺喜的老人问戚景通："将军，今天天气这样好，你又老来得子，是一个吉祥大喜的日子，准备给孩子取什么名字呢？"戚景通沉思片刻后说："今天天气这样好，一片光明，就叫他戚继光吧，希望他日后承继祖业，光宗耀祖，广裕后人，成为一个堂堂正正的人，一个有功于国家的光辉人物。"

父母对孩子的影响非常重要，父母是孩子最好的老师。父亲戚景通的言传身教深深地影响着戚继光，在他的身上留下了这样或那样的烙印。幼年时的戚继光人小胆大，虽然顽皮但有豪侠之气，尤其是看不惯一些恶霸仗势欺人、恃强凌弱。当地有一个官宦子弟，人称"小黑霸"，仗着身强力壮经常欺负小伙伴，如果谁和他拌了两句嘴，他就立刻抓起对方的头发掀翻在地，骑在胯下，逼着对方学狗叫。戚继光听说这件事后很是气愤，决定为伙伴报仇。有一次，从街上路过时正好碰到小黑霸欺负人，他大吼一声冲上前去，抡圆了拳头狠狠地痛打了对方一顿，还让刚才被欺负的孩子骑在小黑霸身上，逼着小黑霸学狗叫。

对于和自己力量悬殊、难以有绝对取胜把握的对手，他则利用计谋智取巧取，或者是占据有利地形暗中投石袭击，或者是利用夜色掩护蒙面突袭。凭借侠义之心，戚继光把官家恶少们整治得叫苦不迭，连连求饶，再也不敢狗仗人势，为非作歹了。

嘉靖二十五年（1546年），戚继光袭任登州卫指挥佥事已经两年，开始负责管理卫所的屯田工作。屯田收入是明代卫所军后勤供给的基本来源，是卫所财务的一项重要来源。但是，当时的屯田制度已经受到严重破坏，田地被富豪和军官侵占，屯军大批逃亡，军官就役使士兵为自己耕种，以便个人可以从中捞取财富。弊端丛生的屯田制度，黑暗贪腐的官场现状，没有让戚继光沾染任何官场恶习。他不同流合污，而是以清正廉洁的为官之道做人做事，赢得了部属的尊重和信赖。对此，他的上司非常赞许，夸赞他"管屯而俗弊悉除，奉职而操持不苟"。

戚继光认为，作为将领担负着国家的责任，就应该更加严格要求自己，心系国家，做一个严谨、负责、有担当的忠义之人。他在谈到什么样的人才能算是大将时说，大将必须是做事任劳任怨的人，处理国家的大事如同对待自己家里的私事一样重视，处理军中的事务如同处理个人的事情一样用心，纪律严明、保持操守。那种干起事来只为自己打算的人就很难保持清节孝义，因为一个人的私欲很难遏制，很容易被放纵，保持住清节孝义就像仰面攻城，困难重重，而放纵私欲就像推车下坡，轻松容易。防止私欲侵蚀就要"治吾之心，去私欲、存天理"，并落实到日常工作和行动中。

戚继光奉行着克制私欲、廉洁奉公的戚家家风，努力使自己成为品行高洁的人。他一直牢记父亲的教诲，时时以这样的家规、这样的标准来要求自己，从不敢懈怠。据说有一天他午睡休息时，梦见已故的父亲，父亲在梦中对他说："我要求你记住我的要求，按照这14条成规真心实意地去做，去过好每一天。"戚继光从梦中惊醒，连忙下跪，流泪记下父亲的教诲，作为自己一生的座右铭。这些教诲主要是：能够指出你过错的人就是你的老师；如果你的部下指出了你的过错，即使你不能用老师的礼节来对待他，在心里也要把他当成你的老师；事务繁忙了就耍性子、心中厌烦，涵养到哪里去了；对待上级毕恭毕敬，对待下级肆无忌惮，这就是对上级假恭敬、有二心。

到底戚继光在梦中是否得到父亲这样的训诫，这一点也无关紧要，重要的是他能如此看重这些生活小事，能用这些小事时时警醒自己，从小事处着手修炼自身涵养，力求做一个君子，这应该是他后来能够成功的一个重要因素。戚继光曾跟同僚说过这样一段话："士君子"要想成为圣贤必须过"困难拂郁"这一关。如果没有这一关，那么人人都可以成为圣贤，正是因为有了这一关，那些能够抑制自己欲望，跨过这关的人才成了"君子"。

戚继光一生都没有辜负父亲的教诲，没有辜负家族的期望。虽说他走向社会的时候已经是嘉靖中期，当时朝廷腐败、军备废弛，北有鞑靼不时内犯，南有倭寇猖狂入侵。面对国家内外交困的现状，他没有动摇自己的报国决心。从承袭祖辈封职开始军旅生涯，到病中上书请求引退，从扫除横行于东南沿海的倭寇到抵御鞑靼内犯、保卫京师的战斗生涯，从著名的台州大捷、平海卫大捷到身遭厄运、被贬广东，遨游宦海40余年、征战疆场40余载，他始终心向朝廷，从未改变过从年轻时就树立起来的报国信念，即使是被朝廷疏远、蒙冤，他也矢志不移。

戚继光被谪调广东后，对他又是一次考验。每天没有具体的工作，庸庸碌碌，还要面对一些文官在处理军中事务时的丑行，吃空额、贪污军饷。在这样看不到希望的污浊工作环境中，他没有颓废，没有消沉，反而是拖着带病的身躯开展工作，整饬身边的标兵，巡视广东沿海各地的兵备情况，整理撰写自己的一些战斗和练兵经验，留给后人借鉴。

"一年三百六十日，多是横戈马上行"，这就是戚继光一生的生活写照。无论冬夏春秋、酷暑严寒，还是疆场征战、野营露宿，无论是东南沿海扫灭倭寇廓清海疆，还是北方练兵御边防卫，国家安宁始终是他心中最高的理想。有一次行军途中，他登上南山寺，看到有人在宣讲长生之道。他听了一会，向部下问道：身为军人，应该怎样看待生死，应该追求怎样的长生？最后，他说：我觉得军人要把勇敢杀敌、舍生殉国作为自己人生的信仰和志向，如果把学习长生术作为人生的信条，随波逐流、遇难而止，那是庸人做的事。为国而死，其死犹生，这才是将门的长生之术。由此可见，戚继光的心中，报国心是何等真诚与坚定。

报效国家、卫国保民是这个将门之家代代相传的家风，作为将门之后的戚继光更是用一生在实践和传承着这一家风。

第二节　家教严苛立身正

家是组成社会的细胞。每一个家庭都应该是孩子人生成长的乐园，每一对父母都是孩子最初的老师。

暮年得子的戚景通自然十分珍爱儿子，但喜悦过后，他更多的是关注着儿子成长的每一天，让他接受严格甚至严苛的教育。

戚继光天赋极高，作为将门之后，他在很小的时候就展现出超强的军事指挥才能。从少年时代起，他就对各类兵器样样精通，对各种兵法和战争故事兴趣浓厚，还经常让父亲给他讲著名战例的排兵布阵和带兵常识。一有空闲时间，他就带着附近的小孩子们玩打仗的游戏。他们用和好的泥筑起城池，用削细的竹子当旗杆，把瓦砾堆在一起做成营垒，并且裁出彩色的纸糊在竹竿上做成旌旗，当成旗号。尽管在这些孩子中，戚继光的年龄最小，个子最矮，但他总是被公推为首领、指挥官，指挥着小伙伴们先分成敌我双方，然后确定攻守原则，指挥作战两方布阵，或操演战术，或变换阵形，一切做得井井有条，在一场又一场假想战争的游戏中还颇有点“沙场秋点兵”的味道。见过这些场面的大人都很惊奇，称赞说：“这孩子，好样的，来日必定能像他父亲一样，成为大将之才！”

戚继光从小就胆量过人，胆大无比。据传孩提时代的戚继光很调皮，有一次游玩时他纵身一跃，沿着柱子一点点向上，最终攀爬到了蓬莱阁的椽子上。蓬莱阁面朝着波涛汹涌的大海，建在陡峭的悬崖峭壁之上，令人望而生畏。戚继光却毫不畏惧，只见他紧抱椽子，从南至北，双手交替着像猴子一样悬空而行。只见他用一只手握住椽子，另一只手伸入椽子的缝隙中捉麻雀，晃晃悠悠的身体悬在茫茫的海面上，令人担忧不已。忽然，椽子缝隙中爬出一条吐着舌芯的蛇，只见它扭动着柔软的身躯一圈一圈地缠在了戚继光的胳膊上，游人惊骇不已，不知道接下来会发生多么惨烈的事。戚继光却从容不惧地凝视着缠住臂膀的蛇，然后猛一低头对准蛇身大咬一口，受到惊吓的蛇更加猛烈地扭动身躯，将戚继光的臂膀缠得更紧。戚继光也更加迅猛地向蛇身咬去，一下又一下，只见一段段、一节节被咬断的蛇身飞离他的臂膀坠入大海。目睹这一场面的游客惊得目瞪口呆，面如土色，而戚继光顺着椽子倒行回地面后，却面不改色，像什么都没有发生过一样，平静淡然地离开了。

戚继光儿时童趣生活雕像
戚继光故里提供

还有一次，戚继光勇敢地捅了马蜂窝，在当地传为佳话。他家附近路旁的大树上有一个大马蜂窝，经常有马蜂出来蜇人。尽管大家总是想尽各种办法避着走，但还是有人被蜇伤，乡亲们每天人心惶惶，谈蜂色变。年少的戚继光决心为大家除去蜂害，他让大家先远远地避开躲在远处，自己拿起一块石头瞄准树上的马蜂窝奋力一掷，马蜂窝被精准地砸了下来，与此同时，受了惊吓的马蜂冲了出来，落满了戚继光的头上、脸上、身上，黑麻麻的一片，可是他昂首挺胸，站着一动不动。人们吓坏了，想着他一定会被蜇得面目全非、血肉模糊，可是过了一会，马蜂飞散了，大家到近前一看他却安然无恙。人们奇怪为什么会是这样的结果，戚继光信心满满地说："马蜂不蛰一动不动的人，我只要不动就没事了。"临危不惧、镇定自若，没有一点胆怯的神情，还很幼小的戚继光就已经表现出军事将领应有的过人胆量和临危不惧的素质。

戚景通为人正直、武艺精熟，看到儿子表现出来的这些军事天赋更是欣慰，立下决心一定要将儿子培养成才，但他也清楚地意识到，要使儿子出类拔萃必须要对他进行严格的教育。

史书称戚继光"家贫、好读书，通经史大义"。戚景通在儿子很小的时候就开始亲自教他识字读书，练习武艺。每天清晨，当戚继光睡意正浓的时候，就被父亲叫起床。寒风中，他在父亲的指点下舞棍弄棒，一招一式练得有模有样。为了练习臂力，父亲要求年幼的他要举起沉重的石锁，一下又一下，瘦弱的臂膀就这样日复一日地举起、放下，再举起，再放下。为了锻炼耐力，父亲要求他每天跑十几里路，常常是一趟跑回来就已经大汗淋漓、腰酸背痛，但父亲就像什么也没看见一样，要求他继续跑。母亲见了很心疼，多次请求戚继光的父亲放松一点要求。戚景通却严厉地说："子不教，父之过，我不想让他平庸一辈子，只能这样要求。"他常对妻子说的一句话就是："玉不琢不成器，不严加管束，孩子很难成才啊！你也应该明白这一句老话，惯子如杀子。"在父亲精心严格的培育下，戚继光十五六岁时武艺就已相当突出，他能在飞驰的马上，弯弓搭箭射中目标；他力气大到能单手举起石锁耍着玩；他经常与当地的一些习武之人切磋武艺，总是武艺最高。

戚景通也十分重视儿子的品德、操守教育，经常向他讲述家族的历史，讲述做人做事的道理，他认为“忠孝节廉、文武双全”这八个字应该成为激励戚继光奋发读书的目标、刻苦练武的动力。他告诉儿子，读书的目的就在于弄清“忠、孝、廉、节”四个字，而忠就是要忠于国家，忠于职守，忠于朋友，为了国家英勇杀敌，不惜生命；为了职守廉洁奉公，兢兢业业；为了朋友以诚相待，用情用义。

戚继光10岁左右母亲因病离他而去，再没有一种痛苦能和一个孩子童年就失去了母亲的呵护、母爱的滋养相比了。不久后父亲又离职回家，家中失去经济来源，戚家生活开始愈发拮据，经常入不敷出、无米为炊，但是即使在这样窘迫的生活环境下，戚景通也从没有放松对儿子戚继光的教育。家贫志不短，他告诉儿子戚家世代为将、忠于朝廷，“忠孝节俭”更是戚家代代相传的美德，要求他要常以“不求安饱，志在读书”自勉。他常以一些名人事迹来教育戚继光，砥砺他的心志。他常向儿子讲述宋代英雄岳飞说过的一句话：“文官不贪财，武官不怕死，国家就兴旺。”要求儿子终生记住这句话，认真读书，苦练武艺，为国家建功。

对戚继光的教育成为戚景通晚年最大的心志。嘉靖十八年（1539年），年近古稀之年的戚景通回到老家，看到家宅破败不堪、破损严重，冬不御寒夏不避雨，就找来工匠修缮一下。工匠们按要求将漏雨透风处整修后，就准备在两楹间安装四扇雕花门户，增加屋内亮度。根据当时的规定，安装多少扇雕花门户必须要与这家门第高低相符。一天，在外游玩归来的戚继光看着工匠们正在替换旧门户，准备装上雕好的四扇门户，赞叹不已，同时也不解地问：“为什么我们家只能装四扇门户呢？”工匠们忙讨好地说：“哎，戚公子，这是你父亲的意思，其实你们家世代是朝廷重将，论官阶至少安十二扇，那样气魄才大呢！”戚继光认为有道理，就向父亲提出增装门户一事。戚景通一脸严肃，增装门户虽然是小事，但隐含着儿子爱慕荣华、攀比豪门的心理，不可助长，他痛斥道：“我戚家世代祖先，只求忠孝报国、不图安逸奢华，如果追求虚荣，讲究排场，就会受到父老乡亲的唾骂。”看到儿子低着头，委屈地掉着眼泪，戚景通又心疼地把儿子拉到身边，一边抚慰一边严肃地说：“孩子，我们是将门世家，应以国家大业为重，心中所想的也应该是国家的安危，不能整天埋头在钱眼里，追求物质的享受，那样是会消磨斗志的。”这些话也许并不能被一个孩子完全理解，但戚继光还是把父亲的话记在心里，记住了不能爱慕虚荣、贪财贪利，要心系国家，做忠臣良将。

嘉靖十九年（1540年），家里给12岁的戚继光订婚。外祖父看到戚继光自幼丧母，家境不富，又经常衣衫褴褛，就趁他过生日时送他一双丝鞋。丝鞋布料鲜艳、做工精细精美，式样时尚新颖，已经很久没有添置过行头的戚继光看到丝鞋，内心自然很是喜欢，但是想到父亲一贯朴素节俭的教诲，一直不敢拿出来穿。直到有一天家人收拾物品时发现了这双鞋，提醒催促他赶紧穿，说：“再不穿就小了，那不是更浪费。”戚继光想想也有道理就穿上了。哪想一出门就碰见父亲，戚景通看见儿子穿着这么考究的丝履，脸马上沉下来，勃然大怒，命令他立即脱下来。戚继光摸不着头脑，一双鞋为何会惹出父亲这么大的火气，他气恼得想大哭一场。幸好有家人解释清楚事情的来龙去脉。

尽管一切都明白了，戚景通还是要求儿子不能再穿这双华贵的鞋子，不允许戚继光从小养成奢侈享受的习惯，唯恐他由俭入奢，贻害将来。他给儿子讲了商纣王的故事，他说商纣王刚开始的时候也是一个很不错的皇帝，有次上朝时穿了一双非常华贵、价值连城的鞋子，当时有位宰相看到后连连说“不妙，不妙”，大家不解忙问为什么，难道一国之君就不应该穿好一点的鞋子吗？宰相说，这不仅仅是一双鞋子的事，这反映出一个人的欲望。你们看大王这双华贵的鞋能与衣服相配吗？配不上就要花大价钱做华美的衣服与之相配，有了华美的衣服和鞋子又会觉得其他物品配不上，就会再花更多的金钱去做与之相配的东西，盖豪华宫殿，吃奇珍异食，玩奇禽异鸟，赏美人美景，如此下去，国力亏空，国家不就危险了。果然商纣王后来越来越堕落，不久之后商朝就灭亡了。戚景通语重心长地对儿子说："孩子，我们应该记住这些历史教训，不能犯和他们同样的错误啊！善恶只在一念之间，一点点小错误不纠正就会变成大错，害了自己。你现在小小年纪穿考究的鞋子，长大后极易养成爱慕虚荣、贪图享乐的恶习，当了将领或许会为满足自己的私欲，侵吞士卒粮饷，这样如何报效国家呢？"

出生将门之家的戚继光，在父亲的培育下，早早地就树立起了胸怀大志的高远理想，他有强烈的上进心、报国志，具备吃苦耐劳、勤俭戒奢等诸多美好的品质，最终成为身先士卒、临敌忘我的将领。某一天，家中又一次断炊了，有人问戚景通："你廉洁是廉洁了，可是拿什么东西留给子孙呢？"戚景通微笑着说："我留给孩子们的财产是国家的土地。"戚继光明白了父亲的意思，躬下身子说道："大人所赐的，儿当誓死保卫，绝不允许他人侵犯！"

父亲戚景通对儿子在武艺、学业、品行上的严格教育为戚继光的健康成长、最终成为杰出的军事将领打下了坚实的基础。做品行端正的人是父亲为他从小就树立起的做人标准，他在之后的工作中也处处按照"其身正，不令而行"的目标要求着自己。

嘉靖三十二年（1553年）六月，戚继光升职了，做了署都指挥佥事，负责管理山东沿海三营二十四卫所。几千里的海岸线，用于备倭的兵力却只有5000人左右，防御非常困难。戚继光深感责任重大，他上任后推行了很多政策，认真整顿卫所，整饬营伍，加强防卫，士兵们听起来认真，执行起来却马虎，如果全部处罚又法不责众。他认为，要先从整顿军纪入手，只有加强军纪才能使部队听从指挥，有一定的战斗力。可是他遇到的第一个难题却是自己的舅舅以长辈身份自居拒不执行命令。怎么办？依军法处置好像有点六亲不认，不讲情面，如果不处分又如何去管理其他官兵，树立自己的威信？作为将领，如果不以军法为重而以私情为重，那么又怎样能统率一支部队呢？他当即决定不徇私情，按军中纪律惩处自己的舅舅。当时很多人向戚继光求情，他却断然拒绝：

“军法无情，即使是亲人，只要触犯军法一律不迁就，一视同仁。”这件事震动很大，人们议论纷纷，既畏惧又钦佩，纷纷感叹道：“对自己的舅舅都这样不讲情面，看来是动真格的人，我们怎能不小心呢？”从此军风得到整肃，防务比过去有了较大的改善，战斗力也得到明显的提高。

在日常生活中，戚继光与士兵总是同甘共苦。一次行军途中遇到了瓢泼大雨，大家的衣服都湿透了，当地一位受人尊重的老人请求戚继光到屋里来避避雨，戚继光说：“我的数千士兵在雨中行军受雨淋，我怎能忍心独自一人进屋避雨呢？”于是，戚继光谢过老人，继续与士兵们一起行走在茫茫的大雨中。

戚继光率领的部队，纪律严明，奖罚分明。无论是日常生活、军事训练，还是与敌对垒、战场杀敌，如果士兵立了功，哪怕这个人过去对自己不敬都要给予奖赏；如果是违反军纪犯了错，一定会受到处罚，就是亲侄子戚继光也不姑息。传说嘉靖四十二年（1563年），戚家军在福建莆田出师时因为天气不好，戚继光的儿子戚印身为先锋却擅自做主，停止不前，要求后撤扎营，戚继光因为儿子违抗军令当即下令斩首。这件事情是否属实，史家们各执一词，但它在民间流传至今数百年，从一个侧面反映出人们对他军令严明、罚不讳亲的赞誉。

戚继光对士兵极其爱护，除了执勤、训练外从不随意役使他们、劳扰他们，更不会像其他军官一样让他们去抬轿子，让他们去做仆役。他经常到士兵中去了解他们的生活，他关心士兵吃得饱不饱，穿得暖不暖，士兵有病他亲自看望，有时甚至亲自煎药。士兵有了困顿之事，他总是想办法解决。士兵在战场上牺牲，他要么是脱下自己的衣服裹殓尸体，要么就是在战后亲自前往墓地祭奠士兵亡灵。打仗时他身先士卒，与士兵共生死，战后得到了赏赐，他又把大部分钱财分给士兵。在浙江抗倭时，为鼓舞士气，他甚至不惜用自己的薪俸，赏赐有功劳者。多年来一直这样慷慨地对待士卒和朋友，使得他家中没有什么田产，生活非常窘迫，甚至晚年生病后，连请医生抓药的钱都没有。

戚继光的品行、操守影响着每一个士兵，他培养的“戚家军”因为仰慕将领的人品，从来都是士气高昂，作战勇敢，万众一心，是一支技术精、战术强、有纪律、听指挥的军队，更是抗倭战场上一支勇敢善战的精锐之师。

第三节　刻苦攻读明志向

读书是培育智慧的途径，读书使人明智，读书使人明理，读书更能使人找到人生的航向，树立远大的理想。

戚继光的父亲戚景通虽为武将，却是个好学之人，他非常喜爱读书，不论是烈日炎炎、酷暑难耐的夏日，还是冰封千里、严寒彻骨的冬日，不论是部队驻扎休整的间隙，还是率部外出打仗的空闲，他始终不忘读书学习。读书提升了他的个人素养，更成了他最大的乐趣和生活习惯，他在儿子很小的时候，就开始注重用这一喜好和习惯去影响戚继光。

戚继光天性聪明，很早就在父亲的督促下读书识字，加之当时戚景通已经赋闲在家，有更多的时间关注孩子的成长教育，所以他对戚继光的督促、教育也更加严格。他要求戚继光要勤奋好学，养成良好的学习习惯。每天白天，戚继光习武苦练，夜间挑灯苦读。就这样，父子二人各持书卷，端坐静思，度过了一个又一个静谧、充实而又美好的夜晚。几年下来，戚继光的学业有了很大进步。他饱读了中国古代的经典著作和大量的名将传记，可以说是博览群书，学富五车。这些书籍不仅让他汲取了丰富的营养，增长了知识和才干，也为他后来能够创立自己独特的治军思想奠定了基础，还让他开阔了视野，丰富了内心和思想，也明确了自己的人生理想和志向。戚继光尤其喜欢读历史书，十分佩服历史上的军事家：孙膑、管仲、诸葛亮、岳飞……敬佩他们用兵如神、屡战屡胜、建立的卓著功勋，他常想：“他们才是真正的英雄，做人就要做这样的人。”有一次父亲问他：“你准备将来做什么呢？”戚继光立刻回答道：“做一个身先士卒临敌忘身的军人，保国为民。”

戚继光早年读书处　徐恒业 摄影

戚继光的父亲不仅重视对儿子学习习惯的培养，还注重在读书过程中对儿子的启发引导。一次读书的休息时刻，戚景通问儿子：“你的志向是什么？”戚继光回答道：“读书。”“只为读书吗？”“当然了。”戚景通摇摇头说：“读书固然重要，但读书的目的还在于要懂得忠、孝、廉、节四个字，懂得做人的道理，否则读书有什么用。”于是，他把忠、孝、廉、节四个字写到家中新粉刷的墙壁上，让戚继光每天对着这四个字，将其作为读书的座右铭，时刻提醒自己要做一个忠于国家、孝顺父母、为官廉洁、讲求气节的人，时刻提醒自己对于国家和亲人肩负的责任，提醒自己应该做什么样的官、什么样的人。

读书学习成为伴随戚继光一生的习惯。几年下来，他深通经学，十几岁时就因为学识丰富而在家乡一带小有名气。袭职后虽然每天有大量的公务要处理，但是戚继光读书的热情不减，他的这一行为感动了当地学养深厚的名师梁阶先生。梁先生主动到他家，表达了想给他当老师的想法。为什么会如此呢？因为此时袭职后的戚继光已经是身为正四品的卫指挥佥事，算是不小的官了，如果出外就读就得乘车子，而戚继光家族尽管世代为将但清贫如洗，根本买不起车子，出外就读就必须走路，这样一来，又会有失身份且招来他人的笑话，看到这种情况，梁先生就亲自上门来为戚继光上课，他说："你家是世代的将军，今天的你也已经承袭官职，但是还愿意读书、学习，孺子可教，我为何不帮助你，不成全你呢？"从此，在名师梁先生的指点下，戚继光获得了更大的成长和进步。

梁先生是一位博览群书、通晓古今的学者。如果说戚继光的父亲培养了他喜好读书的习惯，那么梁先生则培养了他勤于思考、善于质疑的能力，他总是启发戚继光在品读经典时要带着问题去读，能够提出这样或那样的问题，要带着思考去判断。而博学的梁先生又总能解答出戚继光提出的一个个问题，精当点评他做出的一个个判断。跟随梁先生学习的过程让戚继光受益匪浅，他常常独坐书房诵读经典，偶尔读到精彩和深邃之处就陷入沉思。他读书时往往是把自己的体会与书中的思想紧密结合、融会贯通，不断汲取不断创新，做到学以致用。

《孙子兵法》中有这样一句话："斗众如斗寡，形名是也。"这里的形指旌旗，名指金鼓，大意是说作战时，指挥人数多的军队像指挥人数少的军队一样，要靠通信和指挥。后来戚继光引用这句话时结合自己的实践经验改了一个字，将"形名"改作"刑名"，刑指赏罚，明指名分，整个含义就变成了"作战时，要做到指挥人数多的军队像指挥人数少的军队一样，就是要靠赏罚和名分"。他认为赏罚和名分，也就是人的作用的发挥对军队的指挥更为重要。

再如《尚书》中有这样一句话："称尔戈，比尔干，立尔矛，予其誓。"其中"称尔戈，比尔干"，意思就是举起你的戟，并列你的盾。后来戚继光在引用这句话时做了改动，变成"称干比戈，较敌制胜"，干戈泛指兵器，称比则是权衡比较的意思，整句话的意思变成权衡比较敌我双方的兵器，使自己的兵器绝胜于敌人，强调在战争实力上要知己知彼。

戚继光的这种学习精神和学习态度很值得后人学习。他不仅熟读经典，还能在对经典著作的品读和思考中，更深刻地理解古典文献的主旨与要义，博大与精深，同时又能做到对知识融会贯通，把经学、儒家思想与他的作战实践、创新思考结合起来，拥有了属于自己的特有的治军思想。他学习经典又超越经典，他重视学习更善于思考，最后将理论与实践完美结合。对于自己的这段学习经历和心得，戚继光非常感谢他的老师梁先生，他说自己所学的每一点知识，所懂得的每一个道理，所获得的每一次进步都来自梁先生的教导、帮助和指点。

恩师的培育让戚继光深为感动，得益于老师，他的知识和精神不断增长。为了表达自己的感恩之情，戚继光特别置办了一桌饭菜宴请老师，没想到梁先生却异常生气，严厉地说："你怎么能置办饭菜呢？你的父亲清白廉洁一生受人敬仰，你好学上进是可造之才，我难道是为了吃你的饭菜才到你这儿来的吗？"戚继光连忙认错，从此没再请先生吃过一次饭，唯有更加努力读书，报答先生的恩情。

好的老师不但传授知识更传授方法，不仅塑造品行更引领人生，梁先生就是这样一位知识渊博、品德高洁的人。他的高明之处在于，他不仅教授戚继光经学史学知识，还培养了他喜爱思考的习惯和解决问题的能力，强调创新与探求。在梁先生的培养下，戚继光成为一个善于思考、有创新精神的人，并且把思考和创新的习惯一直贯穿于自己的学习、治军和为官始终。

戚继光在谈到读书时常常提出要"拟而研之，研而拟之"，也就是说，对一个问题要反复思考研究，要强调从不同的角度来考虑问题。善于思考提高了戚继光学习的能力，也为他找到了高效完成工作的方法。据说儿时的戚继光就很善于动脑筋想问题，常常和小朋友们做游戏，和他在一起玩，孩子们总是不仅能玩得开心，还能玩出新花样、新情趣。有一天，他看到院子里的大槐树上结满了豆荚，有些成熟的豆荚随风飘落，掉出一粒粒豆子。他灵机一动，爬上树，摘了一大兜豆荚，然后剥开豆荚取出豆子，用针线从豆子的中间将它们一粒一粒地串起，最后连成一个圆圈，拿在手中不停地舞动，串起的豆子就成了他心中的新式武器"流星锤"，也成了孩子们一时在争相效仿的新式武器。

儿子每一天都在变化和进步，每每看到这一切，戚景通都兴奋不已。他有一次竟然在梦话中说道："我发财了，我有财富了！"妻子吓了一跳，连忙推醒他问道："你刚才说你有财富了，是痴人说梦吧？咱家都快家徒四壁了。"戚景通回答说："不不不，别人视家产为财富，我把光儿当财富。你看咱家光儿勤奋好学，前途无量，这才是我们戚家最大的财富！"妻子连连点头。

成年后，戚继光更是善于反思。他在看到朋友或士兵犯错时，不是指责评判，而是冥思苦想，他为什么会犯这样的错误，如果是我遇到了这样的情况该如何作为。在治军中，他总是多方面考虑处世的各种因素，在事务的相互联系中发现本来面目，既分析敌情又分析我情，既注重对将领的培养又注重对士兵的训练，既考虑人的因素又考虑武器装备的配备，创立了一整套有明显的继承性和创新性的军事思想，这些军事思想来源于军事斗争实践，又反过来对军事斗争实践起到了巨大的指导作用。从他的军事著作《纪效新书》《练兵实纪》中可以看出，他不仅吸取了兵家的思想，也吸取儒家乃至佛家的思想，他从不把儒家和兵家两种思想截然对立起来，而是力图使它们融合、统一，用儒家的思想来解释兵学的一些观念，或者赋予兵家的思想观点以儒家的思想内容。

作为身经百战、指挥千军万马的将领，戚继光善于吸取前人思想、继承前人理论，又善于总结自己的实践经验，把儒家思想同他的练兵、练将结合起来，不仅发展了我国古代军事理论，而且创立了自己特有的治军思想，成为中华民族的英雄和一代军事大家。

戚继光一生的成就不能不说得益于父亲严苛的家教，父亲培养他、影响他，使他养成了良好的读书习惯，积淀了深厚的学识修养，培塑了高尚的人格品质和勤奋刻苦的精神，更为重要的是让他树立了报国的志向，找到了生命的航向。好学苦读的习惯伴随了戚继光一生，即使是在戎马征战的岁月里，他也从来没有放弃过读书。这是一个父亲的远见与智慧，也是一位父亲留给儿子最珍贵的财富、最丰厚的遗产。

第二章

袭职从戎　初露峥嵘

嘉靖二十三年（1544年），戚景通卧病在床，日薄西山，戚继光在父亲的敦促下拿着祖传的袭职诏令到都门办理了袭职手续，任登州卫指挥佥事。16岁正式上任，其间，他整顿军屯，旦暮勤读，欣然忘卷。经过他的治理，登州卫夙弊得以清除，风气为之一新。嘉靖二十七年至嘉靖三十一年（1548—1552年），戚继光亲领登州卫兵戍守蓟门，每年春去秋归，往返于蓟门和山东之间，中武举、遇“庚戌”、呈方略，饬营伍，戚继光完成了朝廷任务，同时也熟悉了边关形势，丰富了军事经验。嘉靖三十二年（1553年），戚继光进署都指挥佥事，备倭海上。那时，倭寇不时流窜到山东沿海，烧杀抢掠，无恶不作。戚继光上任后了解情况、督修海防、整顿卫所、训练士兵，使各卫所旧貌换新颜，士兵训练有素，海防坚不可摧，倭寇见无利可图，只好到沿海其他地区抢掠。

第一节　携笔从戎袭父职

嘉靖二十三年（1544年），戚继光16岁。父亲戚景通因为常年征战，留下多种病痛，年纪一大，更是旧病复发，备受折磨。这年六月，戚父已经卧床不起好几个月了，戚继光很孝顺，经常守在父亲床前喂饭、熬药，照顾得体贴入微。戚景通预感到自己来日不多，想到儿子也已经到了成就事业的年龄，应该早点让他去办理袭职手续，就卖掉了家中的一幢房子，为儿子凑足路费，催促儿子去京城袭职，这样儿子前程有了依靠，他也可以了却心愿，放心地离开。看着病重的父亲，戚继光心潮翻滚、心绪不宁，他不想离家离开父亲，他想照料父亲走完生命的最后一程。父亲对他说："留在家中照料我固然是在尽孝道，但去京城办袭职，从根本上说是为国家，你不仅是戚家的子弟，更是国家的人才，国和家，你说哪个更重要？"看到父亲决心已定，他只好回答道："当然国重要了，国在家之上，有国才有家，爱家先爱国。"

临行前，父亲在郊外陈设祭品，带着他一起祭告祖先。他对儿子说："吾遗若者，毋轻用之。"戚继光连忙回答："儿当求增，何敢轻用？"[①]意思是说"我给你留下的，你不要轻易地去用。"戚继光赶忙回答说："儿子明白父亲

① 《戚继光年谱》，刘聿鑫、凌丽华主编，山东大学出版社，1999年版，第6页。

的教导，我应当求得有所增加，怎么敢轻易地去用呢？”送行的亲戚朋友不明白他们父子俩说话的深意，大家议论纷纷，只有戚继光明白父亲的苦衷，那就是要他珍惜自己的职位，努力工作。戚继光能向父亲做出的这一保证，是因为他有了要继承先辈的遗志并且发扬光大、不辱没祖先荣光的想法，也有要在军中大干一场的决心和信心。

分别的时刻终于来临了，年迈的父亲再一次拉住儿子的手，千言万语涌上心头却哽咽着。戚景通，这位曾经征战沙场的老将，此刻却说不出话来，他眼含热泪地对儿子说：“孩子，这是你第一次出远门，一定要小心。”“嗯。”戚继光哽咽着答道，眼泪在眼里转了几圈，没有落下来。父亲又说：“孩子，我还有句话，我们戚家世代为将，拿国家的俸禄，就该报效国家。你袭职以后，也是军中之人了，要永远记住我的话，别给祖先丢人！”戚继光点点头，说道：“我都记住了。”他听从父亲的吩咐，打点行装，带着父亲变卖房屋换来的些许盘缠，骑一匹快马前往京师袭职去了。

那么什么是“袭职”呢？明朝的军事机构，中央为兵部和都督府，省（当时称“布政使司”）一级为都指挥使司，都指挥使司下辖卫所，卫所有千户所、百户所。武官分可世袭的世官和不可世袭的流官。世官分为9个等级，即指挥使、指挥同知、指挥佥事、卫镇抚、正千户、副千户、百户、试百户、所镇抚。流官分为8个等级，即左右都督、都督同知、都督佥事、都指挥使、都指挥同知、都指挥佥事、正留守和副留守。这些官名有时前面加个“署”字，意为暂代、暂任，级别略低于正职。

所谓可世袭的世官，是皇帝给有功之臣的一种恩惠。戚家的世袭诏令就是明太祖朱元璋为了表彰戚继光六世祖戚祥的多年功勋，授予其儿子戚斌的。只要带着这个诏令，戚继光就可以到京城办理袭职手续了。

16岁的戚继光怀揣着祖传的世袭诏令，来到京城。闷热的夏天，闷热的空气把整个北京城笼罩起来，虽然到处是繁华的景象，店铺林立、人流涌动、热闹非常，但戚继光根本无暇顾及，他惦记着家中年迈病重的父亲，还等着他汇报消息呢。于是他一路投石问路，费了不少周折才找到办理袭职手续的衙门——兵部。

值班官员懒散地坐在办公椅上，无精打采无所事事地打发着时间。这时从大门走进一个年轻人，这位官员仔细打量着这个个头不高、身体瘦弱的年轻小伙子。在他看来，眼前的年轻人就是个孩子，但当看到戚继光炯炯有神的双眼，不禁心中一惊，他不能想象一个孩子能来兵部办理什么差事！而戚继光始终目不转睛地注视着那位官员。

双方互视半晌，戚继光先说道："大人，在下是来都门办理袭职文书的。"涉世不深的戚继光哪里知道，那时的明朝整个官场贪墨成风，像自己父亲那样清廉的人已是凤毛麟角了，想到衙门办点事，虽然是正规途径，但按规矩还是得送一份常例银子，何况是办袭职这样的喜事，可这些"潜规则""官场常识"他从没有听父亲讲过。

听戚继光这么一说，这个官员又懒散地斜靠在椅子上，他用贪婪的眼神斜视着这个大汗淋漓、嘴唇干裂的青年，傲慢地说道："拿什么来办理啊？"

戚继光急忙从身上取出五世祖戚斌世袭登州卫指挥佥事的诏令，恭恭敬敬地递了上去，说道："家父戚景通因年事已高、卧病在床、行动不便，特让儿子来京袭职，以盼早日赴任，报效朝廷。"

当值的官员挥了挥手说："搁这里吧，待我仔细审核，十日之后来取任职文书。"不要说十日，就是等一日也是煎熬，心急如焚的戚继光恳求道："大人现在就给我办理吧，家父现在重病缠身，我归心似箭，还望大人能够体谅！"那位官员好像没听见似的，没有理会，眼睛微闭，头转向另外一侧。戚继光无可奈何，只好愤愤离去。

十日之后，戚继光怀着忐忑不安的心情再次来到兵部。偏偏碰到的又是上次那位值班官员。戚继光立刻上前，礼貌地说道："大人，在下是上次来办世袭手续的戚继光，遵照大人指示，十日已过，今日特来办理。”

那位官员两眼直盯着戚继光的双手，只见他一手拿着世袭诏令，另一只手则空空如也，脸色便阴沉下来，不阴不阳地说道：“你这个诏令还需我们仔细核查，且先回去，再等十日过来办理。”“又是一个十日。”小戚继光心里犯嘀咕，也不再争辩，垂头丧气，无精打采，怏怏地走出了兵部衙门。

由于没人“点拨”，熬了十天后，戚继光仍然是空手而来。看到“点不透”的年轻人，这位官员无奈摇摇头，不情愿地给他办理了袭职文书。戚继光离去后，他深深地叹口气说：“这孩子这么不知变通，将来怎么在官场上立足？”

每个人的理想不同、目标不同，想法和做法自然也就不同，那位官员想要的只是高高的官位和丰足的银两，而戚继光要的却是驰骋沙场、保家卫国。手捧着任职文书，想着自己即将横槊疆场，报效国家，戚继光心潮澎湃、热血沸腾，恨不得能够马上建功立业。

办理完袭职手续后，戚继光没有多做停留，便快马加鞭，向家中赶去。不料袭职前父亲说的那些话竟成了他对儿子的遗言。没等儿子到家，戚景通便抛下一家人与世长辞了，享年72岁。弥留之际，他还连连呼喊着戚继光的名字。初冬十月，戚继光袭职归来时，其父亲已长眠地下。未能见父亲最后一面，未能在父亲撒手人寰之前侍奉床前，戚继光满心遗憾与懊恼，跪倒在父亲坟头，失声大哭，自责不已。戚继光痛苦万分，悲伤无比，件件往事涌上心头。是父亲不顾身体病痛，亲自教自己舞刀练剑；是父亲不辞辛劳，一个字一个字地教自己学习；是父亲严厉地训斥自己，不要爱慕虚荣；是父亲严苛地教育自己，要报效国家。

父亲戎马一生，他情操高尚、廉洁正直、大公无私，为国家耗尽了心血；生活清苦，没有给子孙置下什么产业，只有一套祖传的老屋、自用的川扇和陈旧的卧床，此外别无他物。可他留下的精神遗产则深深影响了后代。两兄弟在父亲的教育影响下，自幼就崇尚古代那些为国家建立卓著功勋的英雄豪杰，不甘心安闲生活，始终怀抱着一颗报效国家的雄心，渴望建立不朽功业。戚继光曾在一部兵书的空白处写下一首诗，最后两句是：“封侯非我意，但愿海波平！”表达了他无意功名、胸怀大志的报国志向。

袭职回来后，因为父亲离世，十六岁的戚继光自觉承担起家长的重担。当时嫡母年迈体弱，做很多繁重的家务已是心余力绌，弟弟、妹妹年纪尚幼，少不更事，全家老小都得靠戚继光，生活比父亲在世时更加艰难。所以，次年冬天，戚继光便娶了万户侯大将军王栋的女儿为妻，她贤良淑德，通情达理。那时家里很穷，一次戚继光邀请他的同僚聚在一块喝酒，但由于囊中羞涩，他一时不知如何是好，面露难色。王氏看出戚继光的表情来，急忙走了出去，过了不久便端上菜肴。饭毕，戚继光急问妻子怎么回事，原来王氏把自己的头簪和珠玉耳环变卖了，才用换来的钱买了酒肉。每次王氏做鱼，她都把鱼分成三段，其中肉质最好的中段分给丈夫，而自己只吃没有多少肉的鱼头鱼尾，戚继光得知后，感激涕零。就这样，在王氏的操持下家务变得井井有条，这对少年夫妻同甘共苦，共同撑起了这个家。

第二节　整顿军屯肃军纪

明朝立国之初，就在全国实行卫所制。军屯则是明军卫所制的一项制度，卫所的军丁，有战事则上战场征战，无战事就屯田耕种，这样既减轻了国家粮饷的负担，又为战时提供了大量的兵力，不用临时征兵。卫所规定，每卫编官兵5600余人，卫所官兵军屯比例为：内地卫所守城、屯田为二比八；沿海和边防卫所守城、屯田为三比七。由于登州卫属于海防卫所，按照规定当用七分兵力进行屯田。屯田收入是明代卫所军后勤供给的基本来源。但是长时间的和平环境，使得军屯制度的弊端逐渐显现，强迫入编、勉强入编军户的人比比皆是，所以造成卫所成立之初，就出现逃兵和换籍的现象。到了嘉靖年间，明军已经腐败丛生、不堪一击了，各卫所的土地，要么被军户们抵押变卖，要么被富豪军官侵占，屯田制度遭到前所未有的破坏，军官役使军卒为自己耕种，卫所军丁也大批逃亡。由此可见，这种制度弊端丛生，卫所的实际兵员数名不副实，空缺严重，更有甚者，有些卫所实有兵员寥寥无几，不到实际编制员额的一成。当然，山东卫所也避免不了，人数不足原来人数的三分之一，其中还包括老弱病残和虚占名额的。

嘉靖二十五年（1546年），戚继光到达登州卫正式任职，着手管理屯田事务。因为登州卫指挥佥事是世袭的，属于世官第三等的四品官员，所以戚继光就直接被任命为屯田事务的官员。

由于父亲的言传身教，戚继光出淤泥而不染，没有受当时官场上贪污受贿、暴敛钱财恶习的影响。他大公无私，竭力整顿军屯，铲除了过去许多弊端，很快收到了成效，屯务为之一清。天赋加上后天的努力，戚继光从戎伊始，就显露出非凡的才能，他的做法受到了上级肯定和赏识。兵部主事计士元也赞誉道："管屯而俗弊悉除，奉职而操守不苟。"①

戚继光虽然年纪轻轻，却对时局有着独特的见解。作为年轻的军官，他认为当下整个军队军纪涣散、人浮于事，改革已经迫在眉睫。所以，从他任职起，就在卫所大刀阔斧地实行改革。可是理想终归是理想，现实中老兵已经习惯之前轻松滋润的日子，现在又重新让他们卖力干活、训练，谁都不愿意，何况来者只是个毛头小子，所以戚继光设想的改革只能半途而废。

戚继光没有因此而怨天尤人，他宽慰自己，反正还很年轻，前方一定还有无数的机会等着他。此刻他要做的就是从自身做起，加强对自身能力素质的培养。

这个时期，戚继光的生活是相当平静的。除去训练士卒和处理一些日常公务外，他就在家中读书、习武。虽然年轻，又是刚刚接任指挥佥事，但好在这些公务都是按部就班，极易处理，并没有花戚继光多少精力，于是他把自己的大部分时间都放在提高个人能力和磨炼意志上。正如他自己所言："自觉二十岁上下，务索做好官，猛于进取，而他利害劳顿，皆不屑计也。"②戚继光时常有预感，他大展身手之机即将到来，而要迎接这个机会必须做好一切准备。在这几年里，他练就了一身的好武艺，尤其是射箭、枪法与拳法，在当时军中，首屈一指；在练好武艺兵器的同时他也认真研究古代兵书，《孙子兵法》《吴

① 《戚继光年谱》，刘聿鑫、凌丽华主编，山东大学出版社，1999年版，第10页。

② 《止止堂集·愚愚稿》（上）。

子》《三韬》《六略》悉数掌握，这些都为戚继光日后带兵作战打下了坚实的理论基础。

在做好自身的同时，戚继光还担起了教育胞弟的职责，练文习武、为人处事一一过问。由于他的言传身教，胞弟戚继美也快速成长起来，后来随他一同南下抗倭，先后担任过都督、骠骑将军、狼山总兵等职，最后坐到了云贵总兵的位置，独镇一方。

戚继美平日最喜欢和哥哥练习射箭，因为在整个登州卫，戚继光的箭法，无人与之齐肩。一天，戚继光带领弟弟去郊外练箭，休息时，戚继美突然见哥哥凌空一箭，只听得“嗖”的一声，不见踪影，他以为哥哥射下来个大猎物，等了半天却空无一物，原来哥哥只是引弓并未搭箭。

戚继美困惑地看着哥哥，一时弄不清他葫芦里卖的什么药，正想要问个究竟，只听这时候戚继光长叹一声说：“好男儿焉能羁守故土？当志在天下！”然后义无反顾地奔向前方。他这下才明白原来哥哥是不甘于平淡，不甘心一辈子只做个指挥佥事，而是有更为远大的理想。

第三节　戍守蓟门卫京城

蓟州镇（今河北长城内东起山海关、西至居庸关及天津以北一带）作为九边重镇之一，是明政府为防备蒙古部落骑兵从古北口南袭京城而设立的，但因蓟州的守兵不足，力量薄弱，明廷于是调山东、河南等地的官军轮番戍守。就是从这年起，直到嘉靖三十一年（1552年），每年春季戚继光都要率领卫所军去戍守蓟州。

在军屯中已经生活了3个春秋的戚继光，一心向往着能够驰骋沙场、杀敌立功、报效国家，成就一番伟业。这一天终于盼到了，他先前的刻苦攻读、练兵习武终于有了用武之地。

实际上，明朝的国防一开始就面临南北两个方向的威胁。南面是倭寇的侵袭，俗称“南倭”；背面是蒙古骑兵的侵袭，俗称“北虏”。抵御南倭袭扰明廷尚且筋疲力尽，而北虏之患更甚于南倭。

自明朝成祖朱棣之后，明廷已无力对外扩张，对北方蒙古各个部落也逐渐采取了防守政策，再加上环境安逸、政治腐败、边防废弛，阻止“北虏”南下侵扰就有些吃力了。虽然北方蒙古各个部落不统一，但只要其中一个强盛的部落南下侵扰，明廷就席不暇暖、人仰马翻。

明朝建立后，被推翻的元蒙残余虽已败退漠北，但其依然留恋蒙古帝国时金碧辉煌的宫殿，京城安逸的生活，想继续像祖先那样依靠武力占据中原，所以蒙古各部族势力明朝时而臣服，时而坚决对抗。正统十四年（1449年），由于受宦官怂恿，在准备不足的情况下，明英宗贸然亲征西蒙古的瓦剌，不料被瓦剌打败，数十万将士伤亡，英宗皇帝被俘，史称“土木堡之变”。明英宗被俘后，瓦剌首领也先亲率人马一路南下，攻城略地，直逼京城。兵部侍郎于谦等人在这场变乱中力排众议，拥立明景帝，坚守京师，统辖各地军队勤王救驾，彻底粉碎了瓦剌也先以明英宗为要挟的图谋。

西蒙古瓦剌部衰落后，东蒙古鞑靼族的俺答逐渐崛起，不断扩张，驱赶其他部族，曾经强大的察哈尔部也不堪其扰迁移他处，凭借十几万精骑，俺答占据了河套地区，控制范围持续扩大，对西北边防形成了巨大的威胁。嘉靖年间，蒙古族的鞑靼、土蛮和朵颜等部就多次南下入侵明朝，深入明王朝的腹地大肆进行抢掠，严重威胁北部的安宁，而明王朝对他们也是“逆来顺受”。

此外，明朝的都城——北京，离北方的蒙古部落非常近，受到北虏的威胁也最大，所以明政府一直都认为北虏的威胁才是朝廷面临的最大危机。在这种情况下，在巩固北部要塞的同时，朝廷每年春季至秋季从各地卫所抽调将士前往蓟州戍守。这一年轮到戚继光带兵戍守了，他兴奋异常，倍加珍惜这次机会。

戚继光深知军人的价值是杀敌立功、血染疆场、马革裹尸。对他来说，这是他第一次奉命出征。他向往那种大漠朔风、征尘滚滚的战争场面，也向往那种铁甲十万、纵横千里的英雄场景。这次能戍边，他不像有些人担心远离故土、抛舍妻子，照顾不了家庭，而是心潮澎湃，早已按捺不住激动的心情。

戚继光深知要抵御蒙古骑兵必须机动灵活、以智取胜。然而，山东卫所军纪涣散、训练松弛、号令不明，需要严明纪律，治理整顿。虽然戚继光读过的兵书不少，父亲也亲自传授过作战方略，但这些都是纸上谈兵，没有亲身经历过战争、亲临过战场，战场上刀剑无眼，能否得胜归来，尚无定论。戚继光需要打点好一切，毫无顾虑地前往蓟州。长兄为父，长嫂如母。戚夫人王氏很能体谅丈夫的心思，在戚继光临行之前，与他一起张罗着为弟弟继美娶了妻子。家务安排妥当后，戚继光便满腔热血、义无反顾地踏上戍边的征程。途中，戚继光一边训练士卒，加强战备，以防遭遇不测；一边整顿军纪，统一号令。在他的带领下，这支部队纪律严明，秩序井然，受到沿途百姓的拥戴。

登州距蓟州近2000里，戚继光总要在队伍前后来回奔波，人困马乏，可他总是全身披挂、意气风发。行军途中，他还多次吟诗赋词，表达自己对祖国壮美山河的热爱，抒发为国戍边的豪情。

到蓟州后，看到明朝边备防守松懈，边卒纪律松弛，城池破旧不堪，装备严重不足，这位年轻的军官不免忧心忡忡、心急如焚，唯恐有失。

驻防期间，戚继光深入蓟州的每一寸土地，勘察地形，侦察敌情，了解军情，深感蓟州与北京唇齿相依，关系密切。如此重要的地方，朝廷却没有重视起来，一缺精兵良将，二少坚固城池，一旦有战事将难于应付，很容易被攻占。保卫疆土、守卫国家是军人应尽的责任，想到这里，他奋笔疾书，文采飞扬，迅速将自己思考的御边方略写成《备俺答策》上奏朝廷，强调当下蓟门没有强兵劲旅，皇上怎么能雄视天下呢？况且蓟门为都城的唇齿，战略地位相当重要，朝廷要未雨绸缪，应该趁现在边境暂时安宁，预先做好应敌的准备工作。

兵部官员在阅戚继光的奏疏后，无不感叹他的兵法韬略、有胆有识，一致同意迅速呈送首辅严嵩。然而，由于皇帝昏庸，严嵩奸佞，戚继光的建言锋芒显露，切中当政权臣要害，怎么可能被采纳？

在蓟州，有一次戚继光率兵路过一个名为太平寨的地方，看见山上有一座古寺，周围绿树环绕，环境优雅，想进去歇歇脚。刚刚坐定，就见一位僧人走上前来对戚继光说道："看将军气度非凡，将来肯定前途无量。为将军的前途考虑，请您跟我学习长生不老之术吧？"

戚继光听后淡然一笑道："身为司命，义在死绥，方求致身殉国，以帅士志……鞠躬尽瘁，夕死何憾？此将门长生之术也。"[①]意思是军人就是要勇猛杀敌、奋不顾身、马革裹尸！能为国戍边，鞠躬尽瘁，我们死而无憾，这就是我的长生之道！这位僧人听后面红耳赤，羞愧而去。

戚继光心怀为国之志，忧虑国事边防，如此热望杀敌立功，当然不甘心只做一名区区登州卫指挥佥事。当时明朝政府开武举已久，青壮年都可以凭武艺本事博取功名。而对一般人来说，世袭官职不过是坐享祖上荫功而已，大多没有真才实学。所以，到了明代中期，武备尤需人才，朝廷也就越来越重武科，轻世袭。据史书记载："及嘉靖后，非武举不得升调，于是贵胄拥虚位，而功臣之泽斩矣。"为了更好地实现自己的抱负，嘉靖二十八年（1549年），戚继光在人生的阶梯上又往上迈了一步，这一年他参加了武举乡试，凭着超群的武艺和渊博的才学，中了武举。翌年秋，他又入京会试，恰恰就在这时发生了"庚戌之变"。

嘉靖二十九年（1550年）秋天，戚继光正在京城参加会试，忽听闻鞑靼的俺答率兵10余万进犯大同。俺答知道当时大同守将勇武，难以强攻，于是狡黠地将精兵埋伏在山谷里，以老弱残兵作为诱饵，往来驰骋，结果大同守将恃勇轻敌，轻率出击，导致伤亡惨重，大败而归。

情急之下，明朝政府任命严嵩的干儿子仇鸾出守大同。仇鸾居然卑劣地以重金贿赂俺答，求他进攻其他要塞，只要不打大同就好。俺答得了贿赂，答应了他的请求，转而东进蓟镇等地。得到急报后，兵部尚书急忙调集边军骑兵和

① 《戚继光年谱》，刘聿鑫、凌丽华主编，山东大学出版社，1999年版，第10页。

京营骑兵共3.5万余人，前往救援。

按照明朝制度，边兵的职责是屯守要塞，捍卫国土；京营兵的职责是戍守京城，保卫皇室安全，保证皇权稳固。到嘉靖皇帝时期，边兵战斗力还算勉强，可迎敌征战，而京营兵则大多是泼皮无赖滥竽充数，部队不堪一击。

果然，俺答率骑兵刚到古北口，京营兵就丢盔弃甲、溃败逃散。于是，鞑靼骑兵长驱直入，攻占古北口、大掠怀柔，围攻顺义、进迫通州，直逼京师，顿时对京城形成很大的威胁。在长城一线巡按的御史是一位爱国的大臣，发现情况紧急，一边亲率兵马到通州一带防御，一边发急报到京城，指出从古北口到京城只有100公里路，要朝廷迅速商议战守对策。

急报送到，京师惊恐。明廷合计京城兵力，只4万余人，且半数为老弱残兵，毫无斗志，仓促之下，朝廷急令各地兵马星夜驰援，同时，在京会试的武举也自告奋勇，投入战斗。

这时的戚继光已戍边两年，还未曾亲临疆场和蒙古骑兵打过仗，而机会就在眼前，他便主动请缨，参加战斗，为国效力。这一决定绝不是头脑发热，一时逞能，匹夫之勇，而是因为有了前几次戍守蓟门的经验。他深知要战败蒙古骑兵，不能以自己之弱攻敌人之强，必须要和敌人斗智斗勇，以智取胜。于是，戚继光经过深思熟虑之后，上书朝廷《御虏方略》，主张面对北虏强敌要积极抵抗，灵活作战；对前来援兵，要统筹安排，指挥有方；对部队要加紧训练，严明军纪等。奏疏得到兵部的高度评价，在奏请皇帝之后，兵部把戚继光的建议刊印传发至各个部队，供将士们参考学习。刘公瑶曾经上疏推荐戚继光说："青年而资性敏慧，壮志而骑射优长。扣衷富有甲兵，投笔深通章句。允闲军旅之事，卓有乃父之风。"①

由于有勇有谋，戚继光被朝廷任命为传令总旗牌，负责监督整个京城九门

① 《戚继光年谱》，刘聿鑫、凌丽华主编，山东大学出版社，1999年版，第9页。

的防卫工作。

不久，俺答见京城防备越来越森严，无懈可击，便引兵撤退了。

这次战争，史称“庚戌之变”，虽历时不长，但影响很大，是继“土木堡之变”后，北方蒙古骑兵对明王朝安全的又一次严重威胁。

戚继光在行军、作战中总是身先士卒。在平时的军事训练中，他也总是冲在最前面。嘉靖三十年（1551年），部队撤防，在进行阅兵时，展示出了新式武器——巨铳。面对这样一个庞然大物，大家只是怯懦围观，竟然没有一个人敢上前操作，戚继光沉着地走了上去，连射三发而面不改色，旁人无不敬佩其胆识，连连拍手称赞。

就这样，从嘉靖二十七年开始，连续五年春去秋归，戚继光亲领登州卫兵往返蓟门、山东之间。军事生活紧张，戚继光却乐此不疲，这也丰富了他的军事经验，使他熟悉了边关形势，圆满完成了戍守任务。晚年回忆起这段经历时他还说道：“（吾）弱冠自奋，部署六郡良家备胡，稍习北鄙利弊。”[①]

对于戍守蓟州的所见所感，他曾写下不少诗作，其中有两首这样写道：

南北驱驰报主情，江华边月笑平生；
一年三百六十日，多是横戈马上行。

——《马上作》[②]

结束远从征，辞家已百里；
欲疲东海骑，渐老朔方兵。
并邑财应竭，藩篱势未成；

---

① 《戚继光年谱》，刘聿鑫、凌丽华主编，山东大学出版社，1999年版，第324页。

② 《止止堂集·横槊稿》（上），戚继光。

每经霜露候，报国眼常明。

——《辛亥年戍边有感》[1]

这两首诗真切地表达了戚继光的宏伟抱负和立志报国的决心。戚继光刚刚披挂上阵，就显示了英勇善战、足智多谋的军事素养以及他的拳拳赤子之心。

① 《止止堂集·横槊稿》（上），戚继光。

第四节　备倭山东严海防

嘉靖三十二年（1553年）夏天，明政府提升戚继光为署都指挥佥事，品级为正三品，负责在山东沿海防范倭寇，统辖登州、文登、即墨三营二十四卫所。从这时起，戚继光正式踏上了抗倭征程，从蓟州转战山东，专门防御山东海上倭寇。

明朝时期，东南沿海是全国最发达的区域，在农业上，闽、浙一带已经出现了双季稻，太湖流域的苏、湖州两地成了重要的粮仓。同时，手工业、商业的发达程度也首屈一指，如苏、杭州的丝织，江西的制瓷，福建的造船，广东的冶铸，湖、徽州的文房用品等都名闻海内。全国许多著名的商业城市，很大一部分是集中在东南地区。特别是广州、泉州、温州、宁波、福州等地，已发展为重要的对外贸易港口，人烟繁庶，热闹非凡。

据统计，明朝初期，国内人口总数为6000余万人，而江南沿岸地区在洪武二十六年（1393年）人口已有3500余万人，这片区域人口竟超过全国半数以上，从人口的增长我们也可以看出该区域经济的发达程度。由此表明：明朝东南沿海一带，不仅是我国人口密集的区域，也是生产力水平最高的区域，更是财富集中的地区。

从14世纪末开始，刚刚建立的大明王朝便和一衣带水的日本各地经济有了进一步的发展，这就直接刺激了两国贸易的扩大。当时双方的贸易主要采取日本“入贡”及明政府赏赐的方式在两国之间进行。为了禁止走私和骚扰，明廷对两国贸易进行了严格的限制，入贡日期、船数人员都有明确的规定，贡船必须持有明政府颁给日本政府的勘合（贸易执照），并且不得携带武器。

元朝元统四年（1336年）开始，日本出现南北朝并立的局面，并且都有各自的天皇。到明洪武二十五年（1392年），北朝的足利氏实力强盛，逐渐征服了南朝，双方和解，南北朝动乱结束。此时无用武之地的武士，随处流亡，成为“浪人”。因此，各地领主为了弥补战争损失，开始组织辖内武士、商人和浪人，到朝鲜和明朝沿海地区，武装走私，杀人抢劫。15世纪后期，足利氏政权也逐渐失势，日本进入新的群雄割据时代——战国时代，兼并战争不断发生。各地的封建领主和寺院大地主，为了增强自身实力，解决财政困难，满足自己的贪欲，加上对日明之间那种严苛的正常贸易十分不满，于是支持并且组织自己境内的浪人和商人，渡海掠夺物资和财富。甚至来明的贡船也借“入贡”之名，进行海盗活动。

从正统年间开始，明朝的统治便出现了危机，到嘉靖年间，发展到十分严重的程度。政治腐朽，武备废弛，使得倭患愈加严重，不可收拾。

严重的倭患是从所谓“争贡之役”开始的。嘉靖二年（1523年），日本左京兆大夫内艺兴遣贡使僧宗设、谦道来宁波入贡。同时，右京兆大夫高贡也命贡使瑞佐带宁波人宋素卿前来。宗设等先到，他们按照宁波市舶司的规定，把货物按照入港先后的顺序运到岸边，但宋素卿等人在贿赂市舶司太监赖恩后，反而先办理手续，宴会时宋等又坐于宗设上座。此等做法一下激怒宗设，他怒杀瑞佐，焚其船只，追击宋素卿直至绍兴，后又折回宁波，夺船入海，沿途大肆焚掠，伤及无辜，余姚民众伤亡30余人。情况紧急，备倭都指挥刘锦、千户张镗等准备不足，仓促应战，却无力应对，全都战死。此次事件，前所未有，骇人听闻，朝野震惊，史称“争贡之役”。

“争贡之役”发生之后，明廷担心以后还会有此类事件发生，于是撤销了浙江、福建两处市舶司，仅留下广东一处，停止了对日本的贸易。这些消极闭关的措施反而使走私活动更加猖獗起来。沿海奸商及势家纷纷参加走私，有些奸商和流氓海盗如许栋、李光头等人，利欲熏心，罔顾国法道义，和倭寇合流，或做向导，或直接加入抢劫，造成倭寇大规模登陆抢掠。“真倭”与“假倭”相互勾结利用、狼狈为奸，致使东南沿海的祸患日趋严重。倭寇的骚扰，使当地人民的生命财产受到难以估量的损失，也使这一带高度发展的经济遭到了前所未有的破坏，严重影响了沿海港口与海外的贸易往来。

在明朝中期，假如一直像初期那样强大，沿海城堡林立，各处要塞坚固，官员定期巡视，将士严加防卫，倭寇也不至于成患。但从英宗正统年间开始的明朝统治的危机，在武宗正德、世宗嘉靖年间发展到十分严重的程度，统治内部出现了诸多问题，给倭寇的大举侵扰造成了可乘之机，客观上纵容倭寇横行。

首先，土地被地主豪绅大肆兼并，留在农民手中的土地逐年减少，赋税徭役日益苛重，社会矛盾逐渐凸显，阶级矛盾愈发激烈。从正统年间开始，由于天灾人祸，全国各地就不断有农民起义爆发：正统九年发生的叶宗留、邓茂七起义，天顺八年发生的荆襄山区流民起义，正德五年发生的刘六、刘七起义。这些事件令明朝政府大为恐慌，朝廷派出大量兵力进行镇压，消耗了国力，放松了沿海防务。

其次，政治腐败，社会黑暗。嘉靖皇帝沉迷道教，宠信宦官，常年不务朝政，重要政务都交给亲信的宦官和大臣处理。首辅严嵩勾结宦官，把持朝政，凡是文武官员的升降，无论有无才能，操守如何，只要贿赂钱财，因其多少来定官员职务高低，一时间卖官鬻爵成风。甚至户部每年拨发的边饷，也是“朝出度之门，暮入奸臣之府，输边者四，馈嵩者六。……未见其父，先馈其子（指严嵩之子严世蕃）；未见其子，先馈家人。家人严年，富已逾数十万嵩家可知。私藏充溢，半属军储。边卒冻馁，不保朝夕……”[①]不仅如此，严嵩门生故吏遍天下，仅干儿子就有30多人，这些人倚仗严嵩的势利搜刮受贿。后来严嵩被抄家时，其家产富可敌国，黄金有3万余两，银子200余万两，相当于当时明政府一年的财政收入，还不包括田产豪宅、珠玉宝玩等。当时官场中“上下之间，贿赂公行，略无忌惮，剥下媚上，有同交易，贪污成风，恬不为怪”[②]。一些通倭的地方官员如福建巡抚阮鹗，就是通过贿赂严嵩得以免罪。以严嵩为代表的贪官污吏，把持朝政，混淆视听，导致国家处于一片黑暗之中，政治腐败，经济混乱，军备松弛。

正是在政治和经济危机的激荡下，明朝海防空前废弛。卫所屯田多被豪强侵夺，卫所军士也多被他们占役，卫所军官又多方克扣军饷，甚至向军士勒索钱财，引起了大批军士逃亡。正统三年（1438年）全国逃军总数竟达到120余万，占卫所军士原额270余万的40%以上。嘉靖时，海防前线的卫所人员缺额也极大，在岗人数仅为原额的32%。而在这远不足额的军士中，还有大量虚占军籍的人。新入伍的军丁由于训练缺乏，缺乏战斗力，正所谓“补伍食粮，则反为疲癃残疾、老弱不堪之辈，军伍不振，战守无方。”[③]至于武器装备的破坏程度，自不待言。例如沿海战船，仅存十之一二，如遇战事，守军便鱼目混珠，用渔船充数，一见倭船就丢盔弃甲，望风逃窜，不战自溃。几千里长的海防线上，几乎没有防卫力量。倭寇成患，还有一个重要原因，就是沿海许多奸商土豪之流、流氓海盗之徒，甚至朝廷命官都乐于同倭寇勾结，沆瀣一气，荼毒生灵。加上自正统皇帝以后，明廷为阻止瓦剌和鞑靼骑兵的进攻，把防御主力部署在京城和长城沿线的要塞地带，从而忽视了东南沿海的防务，这就越发便于

① 《明史》，清，张廷玉等.中华书局，2002年。

② 《明经世文编》，明，陈子龙，徐孚远等.中华书局，1962年。

③ 《筹海图编》，明，胡宗宪.台北：商务印书馆，1986，卷11。

倭寇骚扰。

正是由于上述原因，致使倭寇觉得明朝有海无防，遂趁机流窜，掠夺财物、焚毁城池、烧杀掳掠、无恶不作。倭寇罪行累累，民众深恶痛绝。上至正派刚直的爱国将领，下至勇武果敢的黎民百姓，或带领部下与倭寇殊死相拼，或自发组成农民武装，保卫家乡，打退倭寇。此时，明政府还在做“天朝上国”的美梦，认为倭寇乃小国贱民、一般流寇，不足为虑，没有认识到倭患的严重性，甚至开始为了所谓的“入贡”及听信谗言，打击一些正直的爱国将领。

嘉靖二十六年（1547年），明朝派朱纨任浙江巡抚，负责抗倭事务。朱纨在任上时，攻破寇巢，杀死寇首，搜捕通倭奸商，执行通倭禁令。但这些措施遭到在朝闽浙官僚的反对，因为他们与通倭的富豪关系密切，并通过他们从中牟取暴利。朱纨后来被诬陷滥杀良民，终被罢官，朝廷命令逮捕朱纨考察审问。他势孤力单，听到消息后，虽愤愤不平，却无力回天，最终饮毒自尽。

就这样，倭患非但没有减轻，反而变得越来越严重，沿海地区民不聊生，甚至危及明王朝的统治。朝廷不得不重新重视起来。

倭寇当时主要侵扰地为江浙一带，到了嘉靖三十一年（1552年），倭寇在靖海卫（在今山东文登南）活动也逐渐频繁。较之江浙地区，山东沿海虽然造成伤害尚小，贼寇最终被军民击退。事后，明廷已经意识到山东沿海业已成为倭寇进犯的目标，要严加防范，积极备战，不能有丝毫的懈怠，以应对贼寇的突袭。

山东海岸线长达上千里，西至黄河河口一带，南到与江苏交界处，海岸绵长，浅滩、暗礁和岛屿众多，这样势必给倭寇提供了藏身之地。

戚继光就是在沿海形势极度紧张、人民苦难十分深重的时刻，被调到山东抗倭前线的。防守如此辽阔的海疆对于戚继光来说任务艰巨。何况面对的倭寇阴险狡诈、飘忽无定，卫所年久失修、军无训练。但一想到父亲的嘱托、朝廷的信任和百姓的厚望，他毫不畏惧、迎难而上。

戚继光上任后，设官署于登州太平楼前，总督山东沿海备倭军务。防线从江苏、山东交界处，一直延伸到山东半岛的北端。海岸防线太长，而卫所的兵力有限。戚继光开始谋划设防良策。他既运筹帷幄，又亲力亲为拜访地方官员和平民百姓，特别是向渔民了解地形海况、季风天候，研究倭寇的活动规律和作战特点，部署沿海卫所防御战术。

倭寇的海船在海上行驶，必须依靠风力，不同的季节风向是不同的。倭寇在沿海登陆时间、地点，渔民都很清楚，通过长期的观察，他们掌握了倭寇最活跃的时候，一般在清明节之后即农历三至五月间，以及入冬之前即农历九十月间。清明节前，风候不定；过了五月，南风又对倭船不利。所以，在东北风盛行的季节，倭寇先乘船至大小琉球，然后观察风向变化，决定行止，北风则南侵广东，东风则西扰福建，东北风则进犯江浙，东南风则直扑山东。

倭寇登岸后，就有奸民为了蝇头小利，主动为他们带路。倭寇一般在黎明时开始抢掠，出动前，先在地上围坐一团吃饭。饭后倭寇首领坐在高处开始发布命令，将当日抢劫的人员按地点、路线分组，安排队长人选。每次分几组、十几组、几十组不等，每组二三十人。倭寇队伍一般按照单列行进，队前和队后安排为最强壮的人，队中则强弱搭配，勇怯相参。倭寇队与队相隔很近，不到两里，遇有情况时，便以吹海螺、扬白旗为联络信号，既能听见也可以看到，随时可以相互救援。如果遇到朝廷官兵，根据取胜概率太小，会故意将抢劫的部分财物抛在路边，用以引诱官兵，趁机逃脱。

和当时其他沿海地区一样，山东的海防同样空虚。按照规定，三营二十四卫所的军士总额应是3万余人，但实际情况不容乐观。大多数年富力强的兵卒早已厌恶这种为军官当仆人的日子，逃到外地，剩下的也多半是老弱残兵，兵卒严重缺员。加上沿海的岛屿有许多没有设防，即便设防，工事也已年久失修，毫无防守作用。军队缺乏训练、纪律松懈，战斗力严重下降，岸上的守军又往往麻痹大意，以致防务存在许多漏洞，倭寇随时都可能乘虚而入。总之，当时山东的海防比东南沿海好不到哪去。

看到这种情况，戚继光紧皱眉头，他心里明白，要想扭转这种颓废的局面，改变当前防御空虚的现状，必须要进行改革。于是，在加固海防设施、加紧备战的同时，他积极整顿纪律，训练士兵。起初，将士们对这位年轻的长官鄙夷不屑，表面一套，暗地里一套，在服从命令上大打折扣，使他难堪。对于这样一个长久以来纪律松弛、缺乏训练的队伍，不管是谁，要严肃军纪谈何容易。

许多年长位低的军官根本瞧不起这位年轻有为、少年得志的戚继光。军中有个营官，论辈分算是他的母舅，自恃是长辈，仗着这层关系摆老资格，带头不服从命令，甚至还在士兵面前口出狂言，轻视戚继光。戚继光很生气，内心复杂，不知如何处理。他从小受封建礼教的影响，对“礼”看得很重，长辈犯了错，晚辈可以责罚吗？这不光关系到军纪问题，还牵扯到当时的公序良俗和封建礼教问题。但是，毕竟是自己的下属犯错，不进行处罚，何以服众？难道仅仅因为违犯号令的是自己的舅父，就可以不受处分吗？一时间戚继光感到进退两难、处境尴尬。不少士卒议论纷纷，觉得平时戚继光对他们很是严厉，恐怕这一次对自己母舅不敢处罚了吧。

结果出人意料，戚继光深知“兵众而不知律，必为寇所乘”（《止止堂集·愚愚稿·大学经解》），于是他下定决心，当即传令责打母舅20军棍。士卒听闻后，议论纷纷，反应不一。有人说戚将军小题大做，杀鸡儆猴；有人说他不顾伦理，无情无义；而多数人更是称赞：“佩服！有这样的将军，何愁整训不好军队！”

戚继光军法处置作为部属的舅父，于公，可谓秉公执法，但在十分重视伦常道德的古代，于私，则有些大逆不道了。于是当晚，戚继光提着礼物到母舅家中请罪，他以外甥身份脱冠下跪请求谅解，诚恳地向对赔礼道歉。动之以情晓之以理地开导母舅说，他们俩都是军中将校，肩负领兵作战重任，现在国土惨遭倭寇蹂躏，他心急如焚。请母舅作为长辈体谅外甥整军效国之心，如果不处罚他就难服众人之心，万望母舅宽恕。

他的舅舅被戚继光诚恳的态度和爱国的激情所感动，老泪纵横，惭愧说道："孩儿你人小志大，讲得句句在理，舅舅私心太重，一时犯了糊涂，以后再也不违抗命令、带头挑事了！"将士们目睹了戚继光的执法如山，不徇私情，都有所震动，以前散漫的状况大有改观。一些曾经喜欢挑事的军官看到戚继光严肃军纪、六亲不认，都主动改过自新、听从指挥，再也不胡作非为了。起先不看好他的人也开始对他刮目相看，推崇备至。这件事在军中传为美谈。

很快，戚继光主持山东军务之后，过去官兵那种疏懈行为逐渐革除，一种令人振奋的风气在卫所日益形成，山东沿海一带的防务迅速巩固。但戚继光并不满足于已取得的成绩，从不放松对倭寇的警惕。

就这样，戚继光在抗倭杀敌、誓死报国的道路上，日益成熟起来。他正以坚毅的眼神、勇敢的姿态、坚定的决心，大踏步向前迈进。

狡猾的倭寇看到山东无隙可乘，便纷纷流窜到江浙沿海州县进行抢掠。

第三章

平浙倭患　尽显神勇

嘉靖三十四年（1555年）七月，戚继光从山东调任浙江都司佥书，负责屯局事务。第二年七月，戚继光被擢升为宁绍台参将，担负起宁波、绍兴、台州三府的抗倭任务，与著名将领谭纶、俞大猷并肩作战，开始了卫国保民的军旅生涯。嘉靖三十七年（1558年），他因岑港之役被革职，但这并没有改变他矢志报国的志向。实战中，戚继光认识到明军缺乏训练，作战不力，于是独辟蹊径，组建后来声名赫赫的“戚家军”。嘉靖三十九年（1560年），戚继光官复原职，调任台金严参将，指挥所练新军取得了著名的“台州九捷”，基本消灭了浙江的倭患。世无艰难，何来人杰？一代战神戚继光就这样在血与火的战斗洗礼中慢慢成长起来了。

第一节　组练新军创阵法

浙江是受倭寇侵犯最严重的地区之一，当地的整个防务体系处于紧张危急而混乱不堪的状态中。沧海横流方显英雄本色，嘉靖三十四年（1555年）秋天，戚继光的军旅生涯迎来了一个重大变化，朝廷调他担任浙江都司佥书、司屯局事。这年，戚继光27岁。

明代的海防，洪武年间已基本形成了完整的有一定纵深和层次的防御体系。永乐、宣德年间，这一防御体系进一步完善。正统、景泰年间，倭寇仍时有侵扰，所以朝廷有时还注意海防的整饬和建设，增设了一些设施和舰船。但天顺年间之后，沿海承平日久，朝廷逐渐放松沿海防卫。到嘉靖年间，由于政治腐败，军备更加废弛，卫所军士多有逃亡。

嘉靖三十四年（1555年），赵文华被权相严嵩派到浙直地区督查军务。到任后，赵文华作威作福，大肆搜刮财物，只因总督张经不肯归附自己，与他同流合污，就公报私仇，竭力阻挠张经的军事部署，并诬告张经“养寇靡财，屡失进兵机宜”[①]，致使刚刚获得王江泾大捷的张经于当年五月被捕，十月被杀。总督张经抗倭有功却被冤杀，天下共愤，军心解体。特别是从广西等地调来剿

① 《明世宗实录》卷四二二，嘉靖三十四年五月己酉。

倭的士兵，多因敬服张经的名望才服从约束，张经一死，一支颇有战斗力的力量就此成了脱缰的野马，不但再无战功，而且反过来劫掠百姓，危害地方。

嘉靖三十五年（1556年）二月，浙江巡抚胡宗宪接替杨宜署任总督。在胡宗宪的大力支持下，青年将领戚继光开始崭露头角。四月，倭寇发兵围困桐乡，戚继光在这次军事行动中主动提出了许多中肯有效的作战策略，深得总督胡宗宪赏识。恰在这时朝廷决定设宁绍台参将，胡宗宪就向朝廷推荐了戚继光。七月，戚继光升任宁绍台参将，担负起宁波、绍兴、台州三府的抗倭任务。

宁波、绍兴、台州是倭寇经常出没、屡次侵犯的地区，尤其是宁波、绍兴，被誉为浙江的咽喉，位置非常重要。对于从未指挥军队打过仗的戚继光来说，这的确是不小的挑战。但俗话说，虎父无犬子，艺高人胆大，丰厚的家学渊源、高超的军事技能、多年积累的军事知识，都让他在面对挑战时信心百倍。在杀敌卫国的道路上，戚继光以战斗的姿态，坚定的步伐，直面激流险滩，奋勇前行，走上了波澜壮阔的抗倭生涯。

两次在龙山所附近的战斗，使戚继光脱颖而出，并与谭纶、俞大猷在以后的日子里结成深厚的战斗情谊。他们以“安社稷，济苍生事业，皓首相期”，相互激励劝勉。然而，明军在龙山所战役中伤亡惨重的现实，让年轻的戚继光陷入深思，“兵无专统，谋不佥同”的弱点导致明军战斗力薄弱，面对强悍的倭寇毫无斗志，一触即退。依靠这样的军队，又如何能彻底肃清倭寇、救民于水火呢？作为一个深谋远虑、忧国忧民的爱国将领，戚继光开始积极寻求解决的办法。

戚继光认识到，当时担任御倭任务的卫所士兵没有经过严格训练，在实战中，将领和兵士不能同心同德，士兵没有命令意识，不服从指挥，无法节制。从保障上看，士兵身上没有盔甲，手中没有武器，行军不带干粮，驻军没有营壁，完全是一盘散沙，这怎么能抵挡得住强悍的倭寇呢？

恰在此时，总督胡宗宪巧用离间计歼灭了勾结倭寇的汉奸头目徐海，擒获了陈东、叶麻，正在招抚王直，战事相对少了一些。于是，戚继光萌生了训练当地士兵，实践自己“练然后战”的想法。他认为，练兵是将领的职责所在，就好像是织工要织成各种颜色的丝绸，就得先把无知无觉的生丝练成熟丝。既然织工能把无知无觉的生丝练熟，将领更应该有能力把有知有觉的人练成英勇善战的战士，而且“倭寇非大创尽歼，终不能杜其再致”[①]，如果总想着等敌人掠夺够了追一下，倭寇何时才能剿灭啊！

兵先练然后能战，是军事上的一条基本原则，也是兵家常识。《孙子兵法》开宗明义第一篇“五事七计”就把“士卒孰练”作为“七计”之一。明太祖朱元璋也规定过教练条约。然而，明廷从总督到各级将领，人人知晓选兵练兵的重要，却无人着手付诸实践，他们宁肯千里迢迢借调外兵，也不愿耗费心力选兵练兵，久而久之竟成了惯性思维，认为借兵调兵理所应当。唯有初来乍到的年轻将领戚继光意志坚定，决心排除各种阻力，选练新兵。这不仅是他报国之诚的表现，更是熟读兵书、活用兵书的体现。

嘉靖三十六年（1557年）二月，满腔热忱的戚继光上书总督胡宗宪提出练兵，却被浇了一盆凉水。胡宗宪认为，如果浙江人能够训练的话，早就练了，还用等到现在！但老谋深算的胡宗宪考虑到已经有一些人知晓了戚继光想要练兵的想法，万一将来有人把不让练兵的责任推到自己身上于己不利，所以，他抱着将信将疑的态度，一直拖延到当年冬天才拨给戚继光3000名士兵以供训练。

大多数人都认为，北方人性格刚强，勇猛善战；南方人性格柔弱，不堪一击，由南方人组成的军队不可能有战斗力，特别是江浙一带的人，生活在被称为“金粉山川”的山明水秀之地，那就更加柔弱，更没有战斗力。嘉靖年间，沿海卫所残破，兵源缺乏，兵力单薄。因此，明廷从山东、河北、广西等地调来了大批军队，有“司兵”“狼兵”等名目，统称为“客兵”。起初，浙江人

---

① 戚祚国：《戚少保年谱耆编》卷一。

民对这些远道而来的“客兵”还抱着很大希望，以为能依靠他们消除倭患，因此对他们的到来表示极大欢迎，并想方设法为他们筹措军饷。据记载，当时防守海盐、乍浦、平湖一带的“客兵”，每人每日领饷银五分，享受着特别优厚的待遇。但令人失望的是，这些“客兵”不守纪律，不听调遣，甚而“掠奸索食，不减于贼”[①]；平日里在人民面前如狼如虎，一旦遇到敌人，则“数里以前，望贼奔溃，闻风破胆”。民间广泛流传着这样的谚语：“宁遇倭贼，毋遇客兵；遇倭犹可逃，遇兵不得生！”可见，老百姓对“客兵”的厌恶与恐惧。

戚继光调到浙江的日子虽然不长，但对这种情况非常了解。特别是龙山所之战，明军的腐败及各支军队之间“兵无专统，谋不佥同”的缺点更加严重地暴露出来，这就使他深深地认识到，政府必须及早采取措施，训练出一支有战斗力的军队来，否则把平倭的重任寄托在这些东拼西凑、不堪一击的“客兵”身上，只有“徒增贼势猖狂，以贻羞笑”，无法取得御倭战争的胜利。

那么，到底应该依靠什么力量才能取得抗倭战争的胜利呢？应该编练一支什么样的军队才能战胜倭寇呢？答案是依靠人民的力量，编练一支质量好、能出力、肯杀贼的新军，才能彻底消灭倭寇。因为，最痛恨倭寇的是人民，抵抗倭寇最英勇、最坚决的也是人民。

事实上，当官兵临阵逃亡、倭寇不可一世之时，各地的民兵、民壮、义勇等地方警备兵和人民自发组织起来的乡勇、民团，常能出其不意地给予倭寇迎头痛击。嘉靖三十四年（1555年），常熟知县王铁亲率民众筑城，城刚修好，倭寇即至。王铁和指挥孔焘分率民众及官兵共计3000人坚守城池，一举打退倭寇。同年，倭寇侵入崇明县，又是在当地民兵的奋力反击之下，倭寇200人皆被消灭，城亦收复。嘉靖三十三年（1554年），汤克宽亲率当地民兵，给潜入吴淞江的倭寇刘三部众以迎头痛击，斩首170余级，残倭悉被擒获。宝山县地主严

---

① 采九德：《倭变事略》。

大显、大年、大成、大俸、大邦兄弟五人，在倭寇侵犯宝山时动员族人，组成严家兵，在抗击倭寇的战斗中奋勇杀敌，多立奇功……诸如此类可歌可泣的御倭事迹，不胜枚举。

虽然人民在抵抗倭寇的斗争中表现得非常勇敢坚决，也取得了丰硕的战果，但倭患愈来愈严重，这是因为：第一，各地人民的斗争多半是分散进行的，目标只是保卫一城一乡，缺乏全面而长远的作战计划，不能在统一部署和指挥下集结成一个强有力的整体，紧密配合；第二，这种自发的人民武装没有经过正规的军事训练，组织比较松散，对倭寇的诡诈伎俩也缺乏足够清醒的认识和警惕，以致许多胜算较大的战斗纷纷失利，甚为可惜；第三，明政府中许多官员不重视人民武装，有的只知道利用，不加以扶持，甚至寡廉鲜耻地掠夺人民的战利品和战功据为己有，有的官吏还残忍地迫害积极抗倭的人士，如严家兵的首领严氏兄弟五人就先后被常熟县令黄应嘉诬陷而死，这对抗倭群众的积极性挫伤极大。

然而，人民在抗倭斗争中的作用越来越明显的事实，也促使一部分明朝官员逐渐认识到人民的力量和组织群众武装的必要。基于这个认识，嘉靖三十五年（1556年）夏天，浙直总兵俞大猷便开始着手招练民兵。台州知府谭纶也招募本地壮卒千人加以训练，不久即成劲旅。这些事实说明，练兵问题已经引起当时有识之士的注意，他们开始采取实际行动。

嘉靖三十五年（1556年）十二月十六日，戚继光起草了《任临观请创立兵营公移》，第一次正式提出练兵建议。与其他官员对练兵的自发性及感性认识不同，戚继光对于为何练兵、怎样练兵胸有成竹。他在《公移》中条分缕析，针对当时浙江军中的腐败、军营建造、装备供应等事宜提出了初步改进方法。

首先是创立军营。军中置备帐篷，增设专职伙食管理人员，准备行军需用的干粮和各种炊事用具，戚继光认为只有伙食保障好，才能退有可恃、进更无虞。第二步是挑选兵员。先详细调查核算守卫各府、县、卫、所、港、寨所需兵丁，核算既定，将年老体弱者尽行淘汰，选取身强力壮者。选中的兵士要让乡亲邻居保结，填写花名文册，明白开注身材面貌，发给腰牌悬带。第三步是训练士卒。选兵完毕后，要对所选士兵进行严格训练，务使每名战士的武艺强过敌人的士兵，确保每名军官的组织指挥能力超过敌人同级指挥员，达到兵将皆优胜于敌的效果。练过之兵专备本地陆路截杀攻击倭寇使用，一切行动皆听从督抚、参将指挥。

嘉靖三十六年（1557年）春天，戚继光再次向上司提出了练兵建议，这份奏疏相比第一次考虑更为周全，论述更为具体，也更能令人信服。如在设立火头军问题上，初次上书只是简单提议设立火头军，而第二次则结合行军作战实际，详细阐述了设立火头军的必要。戚继光在奏疏中还指出，应反复教育将士要学习岳家军“冻死不拆屋，饿死不掳掠”的精神，以严格的纪律约束部队，同时要想方设法不让将士饿肚子，从而保证将士体格健壮，能精神饱满地去夺取战斗的胜利。

戚继光青年时代就在父亲的熏陶下熟读兵书，潜心钻研，承袭祖职后又逐渐积累起一线带兵的经验，具有丰富的治军心得。3000名士兵拨到他手下后，他便立即着手训练起来。第一步，训练士兵的服从意识。行军打仗，必须做到令行禁止，步调一致。第二步，练胆气。要求士兵临战不乱，遇敌不慌。第三步，练耳目。要求士兵熟悉各种号令、旗鼓。第四步，要求士兵熟悉各种杀敌技艺。第五步，练营阵。先教练马兵、步兵各种队形，再教行军队形和行军规则、野营布置宿营规则和作战纪律以及战斗后的各种注意事项。

“兵者，气也。不惟却阵挫气不可用，而战后泄气亦不可用，必再盈而用之。故其用不穷，而气常胜。”[①]戚继光知道明军最大的弱点就是军心涣散，临阵怯敌，常常不攻自乱。倭寇则瞅准了这一点，特意在盔甲上装饰金银牛角或

① 董承诏：《戚大将军孟诸公小传》。

者五颜六色的丝带，扮成妖魔鬼怪，手执明晃晃的镜子和雪亮的刀枪，制造恐怖的气氛来挫伤明军斗志。戚继光对这一点十分警惕，决心采用各种办法来训练士兵的胆气。

在浙江，流传着这样一个传说。在一个漆黑的夜晚，狂风大作，电闪雷鸣，一场倾盆大雨即将来临。戚继光秘密找来3个身材高大的士兵扮成魔鬼潜伏在坟地中，命令士兵前去探查。第一个被点到名的士兵硬着头皮接受挑战，50米，30米……紧张得心都快跳出来了，听到坟堆里传来阴森森的声音，不禁心惊肉跳，毛骨悚然。他深一脚浅一脚地向前摸索，目不转睛地盯着前方的坟堆。忽然脚下一绊，差点摔倒。再抬头时，赫然发现一个白乎乎的魔鬼向他扑来，只听“啊”的一声，晕倒过去。久久不见第一名士兵回来，戚继光又接着派去了第二个、第三个，也都有去无回。直到派出浦拔思这个虎背熊腰、力大无比的士兵。他知道自己去也是死，不去也是死，反正都要死，还不如拼一拼，于是振奋精神，鼓起勇气向乱坟岗走去。浦拔思胆大心细，头脑灵活，他边走边观察，不停扫视四周，注意异样情况。距离坟堆越来越近，他注意到一棵树后面好像有鬼影儿晃动，便随手捡起个大石头冲那儿扔过去。随着一声沉闷的呼声，鬼影儿跌倒在地，浦拔思毫不迟疑抢步上前，一把扯住了那个假扮魔鬼的士兵。

就这样，在戚继光精心严格地训练之下，将士们的胆气越来越壮，一支军容严整、勇敢坚强的队伍渐渐初具规模。

第二节　壮士断腕保岑港

嘉靖三十六年（1557年）十月，汉奸头目王直表示接受招抚，来到岑港（今舟山市定海区西北岑港镇）。王直一直都是东南沿海一带人民的大害，胡宗宪和王直的斗争已经持续了很长时间。起初，胡宗宪采取强硬手段，把王直的妻儿老小全部关进监狱，企图以此逼迫王直投降。但王直久经沙场，也是个硬骨头，而且自恃人多马壮、声势浩大，对此竟不予理睬。无奈之下，胡宗宪只好改变策略，又把王直的家人从监狱里放出来，予以优待，并许诺种种好处，劝诱他投降。

但是，王直虽然表面上表示接受招抚，但私底下仍心存疑虑。他一面带甲陈兵，纠结部众伺机而动，一面提出条件，要求和胡宗宪谈判。谈判拖了很久一直没有结果。胡宗宪冷眼旁观，知晓王直要求谈判一方面是迫于压力，另一方面是想借机捞取好处，并非心存诚意。于是，他也一面派遣指挥夏正等面见王直，对他陈明利害，劝他及早投诚，另一面则暗地里调兵遣将，四下埋伏，布下天罗地网。

胡宗宪的两手斗争准备，迫使王直最终不得不在嘉靖三十六年（1557年）十二月十四日正式投降。但是，在如何处置王直的问题上，巡按御史王本固却有不同意见。胡宗宪主张赦免，王本固主张严办。最后胡宗宪因为被人指证收受王直重贿，无法再坚持自己的意见。于是，已接受招抚的王直在嘉靖三十八年（1560年）十二月初被斩于杭州。

王直被杀后，其义子王滶一不做二不休，索性杀掉人质，纠集党羽毛海峰等3000人造反，声称要为王直报仇。他们奴役抢来的百姓，在岑港列栅栏，筑堡垒，并四处劫掠粮草，以便持久盘踞，气焰十分嚣张。

朝廷令胡宗宪悉剿余党，于是胡宗宪组织了较大规模的岑港之役。

岑港在舟山岛的西面，附近星罗棋布着数不清的岛屿和港湾，地形非常复杂。倭寇为防官军进攻，把通往岑港的要道一概堵塞，只留下一条险隘难行的小路以便出入。他们倚仗地势险峻，气势汹汹，异常猖獗，丝毫不把明军放在眼里。

嘉靖三十七年（1558年）春，岑港之战开始。胡宗宪决定水陆联合作战，数路进剿，一举消灭盘踞岑港之敌。他兵分五路：命令把总任锦、指挥甘述宗等进泊岑港之南，都指挥李泾、张天杰等进泊岑港之北，总兵俞大猷等往来策应，指挥周官、士官彭志显率领大剌士兵由中路小河岭突破，指挥杨永昌、唐鏊及士官张某带领镇溪麻寮兵由右路进攻，参将戚继光率部由左路小岭进攻，参政王询、刘燾同副使陈元珂监军，水陆并进，直抵倭巢。

此役事关重大，因此激烈异常，双方你来我往，殊死搏斗，死伤非常惨重。这边倭寇倚仗天险誓死反抗，那边明军全力以赴拼死仰攻，战斗一度陷入白热化。岑港久攻不下，胡宗宪心急如焚，他知道，倭寇之所以负隅死斗，是因为“春汛”日期已到，有新倭可以应援。如果不能在春汛到来之前剿灭倭贼，让新旧倭寇合流，那就更加棘手了！果然，不久后大批新倭趁“春汛”赶到，明军虽然消灭了其中一部分，但由于没有形成严密的包围圈，还是让一部分新倭由沈家门进入岑港，和旧倭会合。如此一来，倭寇的声势更大了。此时正是多雨季节，山水骤发，溪涧涌溢，倭寇在高处利用地形筑堤蓄水，一旦明军进攻便将堤掘开，用水冲淹。明军一时束手无策，战斗陷入对峙状态。

就在此时，台州沿海又有大批倭寇登陆，戚继光奉命驰援台州。从舟山到奉化，一路追击。先后在瓯江北岸盘石卫（今乐清茗屿）的乌牛、十里桥（在盘石卫附近）、白塔（在乐清西）等地，打了几个胜仗，将倭寇的气焰稍稍压了下去。同月二十九日，倭寇见形势不利，打算乘船逃走。戚继光率队一路追杀，倭寇边战边退，一路退到了海边。这时战场一片混乱。戚继光一声令下，明军士兵士气高涨，一个个奋勇向前。戚继光一骑当先，如猛虎般飞身杀入敌军。敌军被这突如其来的景象吓坏了，竟一时没反应过来，被戚继光的人马拦腰冲成两段。在戚继光的火攻之下，倭寇的战船被包围在火海之中，不少倭寇弃船而逃，慌乱中淹死的不计其数。这次歼灭战战果颇丰，不仅可以算得上全歼倭寇，还焚毁了敌军全部战船。与此同时，谭纶也率领所练士兵，在台州取得多次胜利。在谭纶、戚继光协力抗御和当地人民的共同努力下，台州、温州一带的倭寇暂时逃走了。

台州之役结束后，戚继光又被调到舟山，加入到围攻岑港的战役中。但此时，岑港战役依然没有丝毫进展。其间，朝廷多次催促尽快灭敌，胡宗宪也奉命连续增兵，加紧围剿，但“贼依山阻水，列栅自卫，火器颇多”①，明军冲锋部队损失很大。嘉靖三十七年（1558年）七月，明廷见岑港久攻不下，以为是将官作战不力，竟然不问青红皂白，“诏夺总兵俞大猷、参将戚继光、把总刘英职级，限一月内荡平，如过限无功，各逮系至京问”②。接到诏书后戚继光和大家一样，都坐卧不宁，心急如焚。可是，日子一天天过去，明军每次眼看就可夺下岑港了，却又一次次被打退。转瞬间一个月的期限就要到了，愈是接近期限，战斗愈是激烈，喊杀之声，动天撼地。总指挥胡宗宪眼见强攻不成，不得不改变打法，命令部队逼近敌巢建立阵地，然后组织部队轮番进攻，企图借

① 郑若曾：《筹海图编》卷九。

② 《明世宗实录》卷四百六十一，嘉靖三十七年七月丙辰。

此消耗敌人的火药，但效果并不明显。眼见强攻又不成，胡宗宪打算智取，他让跟随王直来朝贡的倭僧打入倭巢，实施离间计，使敌人互相攻击，明军趁势进攻。戚继光亲率士卒，冲锋陷阵，战士们像猛虎下山一样直扑敌军。这一招终于奏效，敌人抵抗不住，放火烧了营寨，全部乘船退出岑港，转移到附近的柯梅（今舟山东北）。岑港之役遂告结束。

倭寇占据柯梅只是缓兵之计，并不打算长久驻守。他们一面不时出动抢掠，补给物资，一面暗地里打造船只，准备逃窜。其时倭寇连续遭遇失败，士气大跌，明军如能乘胜追击，非常有可能彻底消灭他们。但胡宗宪只希望他们赶快离开以求辖区安宁，所以不肯派兵继续围剿，以免惹火烧身，自找麻烦。于是，倭寇从容不迫地将船造好，扬帆南下，又给福建人民带去了无限深重的灾难和痛苦。

岑港之役，明军以10倍以上于敌的兵力，完全有可能全歼敌军，但还是让敌人从容逃跑。究其原因，一是兵分几路但不能密切协同；二是包围不严，堵截不力；三是强攻能力不强，总体作战水平较低。

在这次战役中，俞大猷、戚继光等将领出生入死，立下汗马功劳，本该重赏。有意纵敌的胡宗宪却把责任推到俞大猷身上，以致俞大猷蒙受“邀击不力，纵寇南奔”的罪名被捕下狱，后来被发往大同镇（今山西大同）戴罪立功。戚继光也差点被弹劾入狱，幸好岑港收复的消息传到京师，这才官复原职。

在戚继光受到撤职处分后，好友谭纶和部属都为他喊冤鸣不平。戚继光却说，岳飞出身于行伍，韩信起用于逃亡，他们所建立的功业彪炳千秋，但两人最后都没有得到善终。我们家族蒙受国家豢养之恩200余年，所立功业不能与韩、岳二公相比，所遭之祸与二公相比也不值一提。正是这种品格，使他在遭遇挫折时不沮丧，不颓废，而是在逆境中卓然奋起，更加刻苦地投入到对历代战争胜败的研究中，去潜心学习，不断吸取经验教训，提高自己，完善自己。

第三节　桃渚之围巧化解

倭寇侵扰东南沿海一带的重灾区最初主要是在长江下游。由于明军大力堵击，岑港之战后，倭寇意识到宁波、绍兴一带明军实力雄厚，便开始向南侵犯。嘉靖三十八年（1559年）春末，倭寇南略台州、温州，浙东沿海形势再一次紧张起来。

戚继光的好友谭纶此时已经升任浙江按察司副使，恰好是戚继光的上级。有了谭纶的支持，戚继光发挥得更加游刃有余。

攻掠台州的倭寇以栅浦、桃渚、海游等地为巢窠，攻略温州的倭寇则流劫于平阳、乐清两县。特别是台州一府六县（临海、黄岩、天台、仙居、宁海、太平）警报不绝。在这样的危急时刻，戚继光在谭纶的节制下，领兵援救台州。

嘉靖三十八年（1559年）五月十一日，谭纶和戚继光领兵从宁波出发，向东南进军。这支经过严格训练的队伍军容严整，盔甲鲜明，昂扬着一股积极向上的士气，戚继光看在眼里，喜在心头。

随着队伍一路向前，看到的景象却让戚继光悲愤交加。途经的村子大都人去楼空，甚至连鸡犬都不见一只。村中房倒墙塌，到处是一片废墟。大门、窗框、树木能烧着的都烧着了，满目疮痍激起了将士们的满腔义愤。

桃渚在临海县海门卫东北50里，城高二丈一尺，周回二里七十步，东南至前所四十里，北至健跳100里，西至台州府城120里，三面枕山，一面临海，形势非常险要。当时桃渚已经被围一个多月，对外交通全部断绝，城中度日如年，危在旦夕。

军队开到桃渚后在附近安营扎寨。一路上戚继光仔细观察地形，分析敌我双方战略优势，暗自思忖盘算，待达到桃渚后，心中已大致谋划停当。他首先吩咐几十名鸟铳手装扮成百姓潜入城内，秘密实施戚继光的疑兵之计。接下来他调兵遣将，在桃渚附近兵分几路埋伏起来。

二十三日一大早，倭寇吃饱喝足，气势汹汹地奔向城门，欲一举拿下桃渚。他们袒胸露背，眼露凶光，手提倭刀和盾牌向护城河冲杀而来，渡过护城河后，立即架起攻城云梯，争先恐后向上猛攻。正在护城的官兵被倭寇凶猛的气势所压，就要抵挡不住的关键时刻，城上突然鼓声大作，旌旗猎猎，喊杀声此起彼伏。事先潜入城中的几十名鸟铳手犹如从天而降，在城墙边一字排开，“咚！”“咚！”“咚！”弹药齐发，几十名倭寇顿时魂飞天外，命丧黄泉。倭寇头目看到后大吃一惊，要知道，鸟铳这种武器当时只有正规军队才有，难道戚继光的部队什么时候已经神不知鬼不觉地入城了？再抬头，只见城头旌旗飘飘，声势壮大，于是大叫一声“撤退！”放弃攻城，潮水一般退了回去。这时城头上旌旗摇动，战鼓雷鸣，真真假假，虚张声势，撤退中的倭寇以为大军从后面追杀出来了，更是丢盔弃甲，望风而逃，直到再没发现追兵这才气喘吁吁地停下来。

陡然遭遇失利，倭寇首领气急败坏，吩咐士卒到附近村庄大肆抢掠以发泄怒火。正在倭寇们兵分几路如狼似虎地闯入村庄挨家搜寻时，忽听到四周炮声轰隆隆作响，由远及近。正迟疑间，只见明军官兵突然间从四面八方如潮水般涌来。此时倭寇本就惊魂未定，正是又累又饿惊慌失措之际，无奈，为了活命只得殊死拼杀。明军官兵以逸待劳，气势大盛，一场血战下来，倭寇死伤无数，侥幸逃脱的残余力量奋力杀开一条血路，一路向南逃窜。

逃往南边的这股敌人被明军伏兵冲为两段，一部分被戚继光消灭在黄焦山。

戚继光虽然取得了来之不易的胜利。但放眼望去，台州、温州仿佛遍地都是倭寇，可是，倭寇的主力到底在哪里？什么地方的敌情最紧急呢？戚继光综合分析各路来的探报，审时度势，认为围攻桃渚的倭寇最猖狂，流劫栅浦、贾子的次之，骚扰温州一带的又次之。根据这个情况，他建议由分巡佥事曹天佑、督都指挥祁云龙等部防守黄岩，知县张师善率领乡兵牵制栅浦的敌人，副使谭纶亲率都司切断栅浦、桃渚两处敌人的联络，自己则统兵直驱桃渚，以解倭寇攻城之急。总督胡宗宪采纳了这个建议，并照此在军事上做了部署。

五月三十日，戚继光率部再度逼近桃渚。倭寇见明军势众，不敢正面交锋，立即奔逃至莒埠。六月一日明军猛攻莒埠，放火焚烧倭寇巢穴，倭寇大败，烧死溺死难以数计。当天夜里电闪雷鸣，大雨如注，残倭不顾伤残，冒雨趁着夜色掩护四散奔逃，桃渚之围就此化解。

总督胡宗宪在奏捷疏中赞赏戚继光说："台、温之人以为自有倭患以来，未有若尔来数捷之痛快人心者。此皆宁绍参将戚继光宿抱忠猷，深娴将略，冒险以全垂破之城，奋勇而收敌忾之绩，威名懋著，劳效独多，勇冠三军，身经百战，累解桃渚之厄，屡扶海门之危。……此一臣者，所当首论而优录者也。"[①]戚继光以自己的业绩赢得了总督巡抚的激赏，建功浙东，名闻海外。

① 戚祚国，《戚少保年谱耆编》[M]. 北京：中华书局，2003.

第四节　扬威劲旅戚家军

练出一支能够在御倭战争中真正起作用的劲旅，一直是戚继光的夙愿。戚继光率领的3000军兵是胡宗宪拨给他的，在两年的战斗中打了不少胜仗，发挥了相当重要的作用，对此戚继光还是比较满意的，但这支部队在实战中也暴露出不少缺点。

首先是军纪败坏到了令人难以容忍的地步。戚继光最注重军纪，对军纪的要求也是最严格的。但在自己的军队中也时常出现败坏军纪的例子，其中有两件事让他印象深刻。有次战斗结束，一个士兵提着个血淋淋的人头向戚继光请功。正在这时，一个老兵痛哭流涕地跪倒在地，请求戚继光为他做主。原来，那个士兵邀功心切，竟残忍地砍下了战友的首级。还有一名士兵竟提着一个十五六岁孩子的人头来报功，这显然是妄杀平民。戚继光看到后既痛心疾首，又怒不可遏，立即下令处死了这两名士兵。他脱下自己的军服裹殓被杀者，安抚被杀者家属，并率领所属官兵进行祭奠，以约束部队，感奋士卒。

另一个问题是士兵懒惰、临阵怯敌的情况比较普遍。新训的3000名士兵在戚继光悉心训导下，士气军容渐渐齐整有序起来，行军打仗也渐有章法，颇有气势。可一到实战，尤其是短兵相接时，骨子里的怯懦就显露出来。这个缺点在岑港、台州、温州战役中都有显露。士兵们在进攻时多虚张声势，不用全力，一见敌人凶猛，掉头就跑，不肯向前冲杀。为严肃军纪，戚继光只好下令将几个临阵退缩的士卒处死，连自己的一个亲兵也一同斩首。采取了这样严厉的措施之后，衰退下去的士气才慢慢重新振作起来。

戚继光深知，扫荡倭寇的道路还很长，要依靠这么一支队伍完成捍卫海防、保境安民的任务，无异于痴人说梦，这支队伍的病根，就是在明军中普遍存在的恶习，这些积弊时日久远，根深蒂固，要想靠强化军纪来改造这些士卒，实在是比登天还难。痛定思痛，戚继光下定决心，为了达成克敌奏功的实效，即使千难万难，也要招募新军。这支军队应当从内到外焕然一新，完全不同于旧有的军队，既英勇善战，又能听从指挥，恪守军纪。

鉴于此，戚继光决定招募新兵进行训练。针对绍兴兵的怯懦狡猾，他明白一定要挑选勇敢彪悍淳朴诚实的人。他听说义乌曾发生过一场大规模械斗，一方是义乌的农民和矿徒，一方是永康等县的矿徒、农民和小手工业者。双方斗争异常激烈，死伤颇多。戚继光当然不赞成械斗，但对义乌人在械斗中表现出来的同仇敌忾、一呼百应、彪悍果敢、勇往直前的精神则颇为赞赏。他想，如果能把这种精气神引导到同入侵之敌的斗争上来，定会以一当十，克敌制胜。

于是，戚继光要求将前期所练之兵全部罢去，决定到义乌招募矿徒和农民进行训练。由于过去练兵有效，胡宗宪当即应允，时任海道副使谭纶更是全力支持。嘉靖三十八年（1559年）九月，戚继光来到义乌募兵。告示一贴出来，却是看热闹的多应征的少。原来，当时政令不统一，义乌所在的金华府贴出告示阻止百姓应募，戚继光一来就遇到这个大难题。戚继光思来想去明白了，要把老百姓中勇敢彪悍者招募上来，首先得把当地的头面人物陈大成拉拢过来，其他人才能跟着来应募。在戚继光一番恳切劝说之下，陈大成爽快地答应入募。在矿工中素有威望的王如龙得知消息后也带着矿徒前来应募。尽管这些人外表看来很粗野，对官府的人也不大礼貌，可是他们杀敌的决心和爱国的热忱，却胜过一般人。一时间募兵场上人山人海，形成了一个投军入伍的高潮。

戚继光根据出身、履历、体格、武艺等各个方面，对应募人员进行了严格挑选。脸面白净、行动伶俐、油滑的小市民一概不要；过去打过败仗的、在官府服过役、沾染了坏习气的，一概不要。他要的是看起来黑大粗壮、皮肉坚实、有农作气息的乡野老实之人。挑选完毕后，戚继光开始编立队伍，填造名册。由于县令赵大河办事认真，又掌握着全县的户籍，戚继光便请求胡宗宪任命赵大河兼任监军，以便加强对这支军队的管理，避免士兵逃亡。

戚家军使用的武器　徐恒业 摄影

士兵招来后，戚继光首先进行编队。新的队伍选派一名哨官，哨官从部下选拔哨长，哨长从士兵中间选拔队长，队长在入选士兵中挑选愿意入队的士兵。再按照兵士的年龄、体格，分别授予不同的武器。年纪大的使长牌，年轻身手利落的使藤牌，壮年汉子使长枪和刀，年长体壮又有经验的使用狼筅。狼筅用长竹子做成，节枝坚硬，一边装有利刃，便于刺杀，是一件十分好用的武器。这样，因人而异地分配使用武器，更能发挥士兵们的优势和特长。

浙江、福建沿海大都是丘陵地带，不像平原作战可以纵横驰骋，作为军事家的戚继光就因地制宜，创造了各种特别的阵法，“鸳鸯阵”就是其中威名远扬的一种。它以十二人为一队，队长一人在最前方，次二人一人拿藤牌，一人执长牌，长牌顾名思义，又长大又坚固，可以挡住敌人的重箭和长枪，以掩护后队前进，藤牌较为轻便，每个藤牌手除了藤牌外，还配有标枪两支、腰刀一把，与敌人对阵时低头执牌前进，敌人近前就用标枪刺、用腰刀砍；再次两人拿狼筅，负责照顾牌手，抵御敌人的刀枪；后四人持长枪，迅速刺杀敌人；再后两人用短兵器，与长枪互相照应，如长枪刺不中，短兵器立刻上前冲杀；最后一个是火兵。使用这种阵法时，士卒两两相对，形似鸳鸯，因此被称为“鸳鸯阵”。这种阵法巧妙地把十二个人结成一个整体，进则同进，退则同退，彼此协调，步调统一。腰刀、标枪、长牌、藤牌、长枪、狼筅等各种武器层出不穷，令人防不胜防，不仅能充分发挥各种武器的优长，更重要的是能随机应变，迅速适应各种战斗情形，灵活机动地打击敌人，杀伤力很大。

戚家军抗倭使用的武器　徐恒业 摄影

这是一支经过严格挑选的军队，士兵中绝大多数是农民和矿工。由于兵源素质好，这支新军经过严密组织、严格训练，两三个月后确实成为一支团结守纪、技精术强、英勇善战的精锐之师、强劲之旅。

戚继光很重视军民关系，严禁部下骚扰百姓。他常常告诫部下：国家在沿海驻扎军队是为巩固海防和保护百姓，可是有些军队，不但不打倭寇，倭寇来了，还要百姓保护他们，这是什么性质的军队？国家要这样的军队有何用！他常向士兵提起“岳家军”，以其“冻死不拆屋，饿死不掳掠”的严明军纪要求部属，并将“岳家军”作为学习的榜样。戚继光告诉士卒，只有奋勇杀敌，保护老百姓，才能得到百姓的拥护。

戚继光重视将帅的表率作用，要求各级官吏身先士卒，与士兵同甘共苦。每次战斗，他总是冒着生命危险到最前线去指挥。甚至在危急时刻一马当先，冲入敌阵，与敌军短兵相接。

戚继光十分爱护士兵，常和士兵一起聊天，嘘寒问暖。士兵病了，他亲自端汤喂药；士兵家里困难，他拿出积蓄接济他们；打仗时身先士卒，得了钱财，却分给大家。他处处爱护士兵，尊重士兵，公正无私，也赢得了士兵们对他的敬爱和信任，愿意为他出生入死。在他的部队里，官兵上下一心，关系融洽，凝聚力非常强。《明史·戚继光传》中说："继光为将号令严，赏罚信，士无敢不用命。与大猷均为名将，操行不如，而果毅过之。大猷老将务持重，继光则飙发电举，屡摧大寇，名更出大猷上。"

一代名将继光带着这支训练有素敢打必胜的军队转战浙闽，在抗倭斗争中，他们屡战屡捷，剑锋所指，倭寇闻风丧胆，取得了辉煌战果。戚继光麾下也成长起了许多像胡守仁、王如龙、陈大成等这样赫赫有名的将领。后来，人们就把这支百战百胜的军队叫作"戚家军"。

第五节　台州大捷著威名

嘉靖三十九年（1560年）二月，明政府对浙江海防进行了重新部署，分宁绍台防区为二，设宁绍参将和台金严参将，加上于嘉靖三十五年（1556年）设置的杭嘉湖参将和温处参将，形成了浙直总兵以下的四参将防守体制。四参将之下设置了以都指挥体系行事的六把总。戚继光官复原职后，充任台金严参将，独镇一路，分守台（州）、金（华）、严（州）三府防务。胡宗宪为了使戚继光能充分尽其所长，特地上疏请求兵部让他“久任责成”，不要随便升调，专候浙直总兵出缺，以便递补。由于戚继光练兵成功，胡宗宪遂罢去过去所调的各省客兵，以戚继光所练兵担当浙江御寇的主力。戚继光因此做好了久守的打算，一方面加紧训练新军，大力兴造船舶；另一方面积极整饬卫所武备，加强所辖地区内的军事力量。经过一年努力，浙江的防务大为改观。

台州府辖宁海、临海、黄岩、仙居、天台、太平六县，三面阻山，一面滨海，南自温岭（今浙江乐清东北），北抵宁波昌国（今浙江象山南），海岸蜿蜒曲折七百余里。明初在这里建有二卫六所，但由于承平日久，兵备废弛，卫所之兵所剩十之四五，有的甚至十之一二，且多是老弱残兵，不堪作战之用。

戚继光到任之后，除继续训练他所招募的义乌兵之外，还下大力气对海防做了一番整饬。一是向上司胡宗宪建议设置兵备佥事，监督海防。二是整顿卫所，充实兵力，仅松门卫及新河、隘顽、楚门三个千户所就召回逃亡和被人强占做劳役的军舍余丁千人。三是建立水军。他亲自参与督造战船44艘，于嘉靖四十年（1561年）竣工下水，形成了战斗力。战船上配备鸟铳、烟罐、火炮等火器和弩箭、钩镰、标枪等冷兵器，形成火器和冷兵器相结合的百步之内武器杀伤系统。舰只大小兼备，相互配合，相互补充，既适合远海作战，又适于港湾河汊歼敌；既能以火器远击，又能以火器和冷兵器近打，使水军具有较强的水上作战能力。四是加强瞭望、侦察报警的速度和能力。戚继光制定了墩堠报警制度，每墩常驻五人，日夜瞭望，遇有敌情，白天以摇旗、放铳为号，夜间以放铳为号，迅速传递警情。又制定伏路条约，在城镇四周重要路口，离城二三里处设伏，遇有敌情，放铳、摇旗报警。这样，远近皆有警戒，导致敌人无法突然袭击。五是部署防御。水军四营各有防守海域，在汛期出海巡逻守卫，营与营哨守相连，构成海上防线；由陆地上卫所军负责守卫城池，所练新军机动作战。

经过整饬，台州海陆俱防、攻守兼备的防御体系初具规模，既能海上堵截，又能陆地歼敌。望着乘风破浪的战船，戚继光心中自是有说不出的激动和感慨。自抗倭以来，形势从未如此之好：手下精兵4000人，颇具战斗力，新型水军随时可以投入战斗。对付倭寇，年富力强的戚继光更有信心了。

嘉靖四十年（1561年）四五月间，倭寇又一次大举进犯浙江。象山、奉化、宁海、瑞安、乐清诸县，大嵩、桃渚、新河、楚门、健跳、隘顽诸所先后报警。各地倭船总计不下数百艘，倭寇人数达一两万人，声势浩荡，来势汹汹。

五月二日，16艘倭船由象山至奉化西风岭登岸，窜至宁海大肆劫掠。很明显，倭寇窜扰宁海、奉化的目的是想牵制明军主力，好乘虚直犯台州。可是魔高一尺，道高一丈，戚继光一眼识破倭寇的诡计，他预先已在台州府、海门两地都配备了必要的兵力，另派水师至宁海外洋伏击，自己亲率主力直驱宁海，同时行文宁波驻军水陆会剿。戚继光不动声色地布好了天罗地网，只等鱼儿上钩。

在这场恶战前，戚继光决定举行誓师大会鼓舞士气。他阔步登上将台，目光炯炯，威风凛凛，四千勇士列成方阵，盔甲鲜明，刀枪耀眼，军容严整，士气昂扬。他威严地扫视全场，说道：“养兵千日，用兵一时。倭寇罪行累累，罄竹难书，现在又大摇大摆地来抢占我们的土地，杀害我们的同胞，我们都是铁血男儿，难道眼睁睁地任凭倭贼撒野吗？不！我们要奋勇杀贼，荡平倭寇！”“奋勇杀贼，荡平倭寇！”将士们群情激奋，呐喊声响彻云霄。

倭寇的主力在宁海，戚继光亲率部队，直指宁海。行军路上，戚继光接连收到战报，“桃渚告急，速来增援！”“新河告急，速来救兵！”“海门、松门发现倭寇！”一封封告急文书雪片一样飞到戚继光手中。原来，狡猾的倭寇得知戚家军主力去了宁海，台州一带空虚，便想乘机来犯。他们兵分三路：一路杀向台州以东的桃渚，一路杀向台州东南的新河，一路进犯台州东北的健跳。三路齐头并进，直扑台州。

戚继光一向沉稳冷静，这次却有些慌乱，兵力有限，多处告急，怎么办？分兵支援吧，兵法云“备多则兵分，兵分则力弱”，况且已经分兵几处。经过一番思索，他迅速下定决心合力围歼，打速决战，先消灭一处，再迅速支援别处。这对戚家军的素质是一次严峻的考验，此战不战则已，战则必胜。如果进攻不力，拖延了时间，就会影响整个战局。戚继光冷静分析战斗形势：入侵桃渚的倭寇实力较弱，不必过于在意；而入侵新河的倭寇威胁很大，应迅速支援。计议已定，他立即调兵遣将，派兵增援新河，之后，又单独把唐尧臣留下，另作安排。

当时新河城非常危急，倭寇已经杀到城外。城中百姓得知军队力量不足，纷纷自发拿起武器上城助战。戚继光的夫人巾帼不让须眉，挺身而出，发动妇女挽起发髻，换上戎装，同男子一起列阵城楼，主动担负起保卫城池的责任。这时唐尧臣已经悄无声息地赶到城内，按照戚继光的嘱咐紧锣密鼓地行动起来。

倭寇气焰嚣张，趾高气扬，满以为己方大军一到，明军就会弃城投降，然后就可像以前一样大肆抢掠，满载而归。然而，他们的如意算盘落空了，当他们行至城下时就隐隐感觉大事不妙。只见城楼上旌旗招展，盔甲鲜明，帅旗上一个大写的“戚”字异常醒目。大旗下端坐着一位威严的军官，面沉似水，不怒自威。再远一点架着十几面大鼓，几个壮小伙赤着胳膊，把鼓擂得震天响。整座城池，都透着一股腾腾的杀气。

莫非戚继光没去宁海？倭寇头目心中疑窦顿生。如果是这样，那可不能轻举妄动。狡猾的倭寇观察许久，进又不敢，退又不舍，一时拿不定主意。这时，只听城楼上“戚继光”一声令下——“放箭”，城上的弓箭、鸟铳纷纷开火，倭寇见状连忙撤退，在离城5里的地方安营扎寨，商量对策。

第二天清晨，探子纷纷来报，说戚继光和他的主力的确已兵发宁海，这里的驻军并非主力。倭寇头目这才知道上当受骗了，顿时气急败坏，怒火中烧，下令立即攻城。此时新河城中人马不多，有效的抵抗力量非常有限，面对敌人的凶猛攻势，新河岌岌可危。正在这生死存亡的关键时刻，城下杀来两支人马：一支是胡守仁的援军，一支是楼楠的援军。敌人没有防备，被这两支队伍突如其来地冲击，立刻乱了阵脚。城中守军见到援兵，群情振奋，打开城门杀了出来。倭寇见势不妙，慌忙溃逃。明军随后追杀，前后歼敌约200人，取得了新河保卫战的胜利。

新河战斗时，戚继光已率兵抵达宁海西南的梁王铺。当探子来报，说进犯桃渚之敌已焚毁船只向南逃窜，现已进至精进寺的消息后，戚继光分析认为，敌人的目的是想趁机侵犯台州府城。于是决定挥军南下，驰赴台城。二十六日夜，戚家军急行军至桐岩岭，这里距府城还有70里，但因临时改变行军计划，军中已整整断粮两天。二十七日中午，戚家军空腹奔跑70里，先敌到达台州府城，此时倭寇距城只有2里。戚继光号召士卒“亟需灭贼，而后会食”，士兵们也知军情紧急，间不容发，都自觉做好战斗准备。前锋以火器向敌人射击，其他部队借火器掩护向前推进，双方在花街展开激战。戚家军越战越勇，敌军渐渐力不能支，开始败退。战斗从开始到结束，戚家军的午饭刚刚做好。两路军共斩贼首308级，生擒敌酋2人，缴获各种兵器650多件，贼落水淹死者不计其数，解救被掳民众5000余人。这是一次速战速决的遭遇战。花街保卫战中戚继光料敌如神，指挥有方，士卒空腹作战，仍能追奔逐北，听从指挥，真可谓训练有素，军纪严明，在抗倭史上，确为罕见。

戚家军抗倭武器　徐恒业 摄影

在接下来的上峰岭战斗中，戚继光首先采取伏击的战法，一击而中，之后又成功运用了政治上瓦解和军事上进攻相结合的办法，取得重大成果，尤其是在敌方据险而守，明军不得不仰攻的不利形势下，戚家军还能迅速解决战斗，靠的是平时的从难从严训练，特别是鸳鸯阵的战法优势。上峰岭一役证明戚继光打造一支能伏击、能仰攻、能围打、应变自如的军队的期望终于如愿以偿了。

上峰岭战斗后，戚继光又于十五日督军取得了藤岭战斗的胜利。在接下来的长沙战斗中戚继光首次采用水陆联合作战，四面围攻倭寇，烧其船只，断其归路，在作战指挥上利用拂晓突然袭击，使敌人仓皇无备，故能全歼倭寇。

从四月二十六日新河之战开始，到五月二十六日胡震在海上消灭长沙之战的逃敌为止，戚继光与唐尧臣、赵大河密切配合，率领台州军民同倭寇紧张地战斗了整整一个月，连续取得了新河、花街、上峰岭、藤岭、长沙等战斗的胜利，九战九捷，打得倭寇闻风丧胆，狼狈逃窜。

这一个月的战斗打出了戚家军的威风，打掉了倭寇的嚣张气焰。与此同时，浙江总兵卢镗及温处参将牛天锡等也率领部队歼灭了进犯宁波、温州等地的倭寇。此后，倭寇再也未敢进犯台宁地区，浙江的倭患基本平息。戚继光因此被倭寇称为“戚老虎”，“戚家军”从此名震天下，妇孺皆知。

戚继光是在抗倭战争最为激烈的时候走上前线的。台州一系列大捷显示了戚继光杰出的军事才能。任宁绍台参将后，他率领军队进行了一系列战斗，无一败绩。特别难能可贵的是，戚家军能吃苦、敢战斗，这在明朝军队里是独一无二的。这支军队可以空腹奔跑70里，然后参加战斗歼灭敌人；可以以寡敌众并取得胜利；可以不畏艰难仰攻山头，打败顽寇；可以水陆密切协调，使敌人无处可逃。训练出这样一支军队，是戚继光克服种种困难、冲破层层阻力的结果，是戚继光不流于习俗、有独创精神的体现。

“知彼知己，百战不殆”，戚继光不仅深深了解自己的士兵，而且能够深入调研准确判断敌情，他用台州大捷证明了自己卓越的指挥能力。他懂得凝聚人心，团结同僚，与文臣唐尧臣、赵大河亲密合作，携手御敌；他善于激励士卒，鼓舞士气；他热爱民众，宁可不要战功，也要救出生灵；他能展开政治攻势，瓦解敌军。“遥知百国微茫外，未敢忘危负岁华”，戚继光用辉煌的战绩践行着自己最初许下的誓言。

第四章

荡平闽广　威震敌胆

浙江、福建地处东南沿海，山水相依，毗邻而居，都是著名的“鱼米之乡”。早在嘉靖二十七年（1548年），福建就出现了倭患。嘉靖三十四年（1555年）以后，倭寇侵袭东南沿海的同时魔爪也伸向了浙江、福建。戚继光在浙江的穷追猛打、重创尽歼，让盘踞江浙的倭寇不得不避其锋芒，收缩战线，日益向福建转移势力。嘉靖三十七年（1558年）到嘉靖四十一年（1562年）短短5年之间，福清、福宁、福安、宁德、永宁等多地被攻陷。一时之间，北起福安、宁德，南到漳州、泉州，沿海千里处处见倭船、处处有倭巢。[①]福建的抗倭局势日渐严峻。

① 语出戚继光，《上应诏陈言乞普恩赏疏》，载《明经世文编》卷三百四十七，中华书局1962年版《重订批点类辑练兵诸书》卷一、《戚少保奏议》，中华书局2001年版。

第一节　智取横屿剿寇巢

这个时期活跃在福建抗倭前线的是曾在江浙屡立战功的抗倭干将俞大猷，他与戚继光被人们誉为“俞龙戚虎”。嘉靖四十年（1561年）七月，时任福建副总兵的俞大猷被调到南赣去镇压江西的农民起义。留守福建的明军是什么样子呢？军备废弛，防卫空虚，贼来挡不住，盗来打不跑。这一切让福建巡抚游震得愁眉不展，忧心忡忡。他解决不了这现实难题，也担不起这千古罪名。游震得左思右想，寻求破解福建倭患困局的办法。思来想去，一个人在他脑海中反复闪现，这个人正是在浙江抗倭中屡建奇功的戚继光。游震得确信，要荡平闽广倭寇，只有寻求外援借到令倭寇闻风丧胆的“戚虎”才行。心动促成行动，他迅即上奏朝廷，向中央尽陈福建倭患之危势，请求增派戚继光驰援福建。嘉靖皇帝很快做出批示，让胡宗宪命令戚继光等抗倭干将入闽增援福建的抗倭事业。

尽管胡宗宪在江浙地区指导抗倭取得了巨大战果，但这个战果也仅仅局限在江浙地区，而没能真正辐射整个东南沿海。从某种角度上说，正是浙江抗倭的胜利加剧了福建的倭患。尽管胡宗宪不舍得割爱，但是君命难违，他还是写信给戚继光令其入闽抗倭。事实上，早在游震得想要邀借戚继光的消息传出时，戚继光就做起了入闽抗倭的准备工作。他招兵买马，扩充戚家军的员额，集训新进兵员，为可能到来的远征和硬仗积极地打基础。嘉靖四十一年（1562年）七月，接受了新使命的戚继光号令众将士集结，整装开拔。浙江的民众获悉戚家军将远征福建，携老扶幼，夹道相送，一送就是数十里地。戚继光率领6000名戚家军带着援助友邻、肃清倭寇的使命离开了他浴血战斗并树立声威的浙江，与他同赴福建的还有由浙江都司戴冲霄率领的2000人①。在戚继光的带领下，这队援闽劲旅于七月二十一日从温州走水路向福建进发，月底前到达平阳，再经陆路入闽。这一路山高水远，海上风急浪大，山路崎岖泥泞，行军甚是艰难。尽管日夜兼程、栉风沐雨，戚家军的将士们却无怨无尤，他们为饱受倭寇侵扰、生活在水生火热之中的福建百姓担忧着。戚家军每天休息不过3个时辰，仅仅用了几天时间就抵达了目的地。这一次水陆相继的急行，急而不乱，过境而不扰民，纪律严明的戚家军刷新了福建百姓的认识——原来官军也可以这样纲纪严明、不扰不占！

八月初一，戚家军赶到了福宁（州治在今福建霞浦），时任福建监军副使的汪道昆专程前往相迎。汪道昆在嘉靖四十年（1561年）被擢升为福建按察司副使，备军闽海。他同戚继光一见如故，相逢恨晚，在日后共同的抗倭协作中结下了深厚的友谊。戚继光在福建的抗倭事业，因为有汪道昆的理解支持而得以顺利开展。

福建沿海一线，倭寇横行，那么多的倭寇，剿灭之战究竟该从何处开始？入闽首战，是选难度系数大的顽寇，还是选实力、势力弱的附从？戚继光第一个要对付的目标，会是谁呢？

福建巡抚游震得理政一方，颇有章法，在军事方面却实在是个外行。听说戚继光选择的第一个目标是盘踞在宁德横屿的倭寇时，真有点百思不得其解。为什么首战要打宁德的横屿？戚继光给出的理由是：宁德天天告急，是情况最

① 此据戚继光《止止堂集·横槊稿中·闽海纪事》。

危急的地区，倭寇在福建有几个大的巢穴，如横屿、牛田、林墩等，攻打这些寇穴是早晚必须面对的事，打下这些寇穴才能切断倭寇的后路，才能取得抗倭的最终胜利。“挽弓当挽强，擒贼先擒王。”打仗就要打硬仗，啃骨头就要啃硬骨头。打下横屿对杀灭倭寇的嚣张气焰，打击倭寇日益扩张的势力有着至关重要的意义。戚继光对形势和战略战术的判断让游震醍醐灌顶，他即刻表示全力支持。

《孙子兵法》讲：“故善战者，致人而不致于人。”①是说善于指挥作战之人，要调动敌方，要掌握战场的主动权，而不是被对手抢了先机，受制于人。戚继光就是《孙子兵法》军事战略、战术思想的坚定信奉者和忠诚践行者。他认为：打仗要的就是抢得先机，进攻是调动对手的最佳手段；在战斗中，主动进攻比被动防御要更自由、更有力，胜利源于积极主动、有谋有勇的进攻。因此，在戚家军出征前，戚继光的心里就已经有了清晰的作战计划表。出征的戚家军虽然人数有限，但是个个训练有素、技术过硬、久经考验、作风顽强。凭借优秀的参战人员和适当的部署指挥一定能击败倭寇，戚继光对自己的威武之师有绝对的信心。

倭寇在福建经营多年，横屿就是其中的重要巢穴之一。其与宁德相去20里，地处宁德东北方的三都澳港湾。它环海而立，东、南、北三面与大陆遥遥相望，唯独西南靠近大陆，有一片相隔10里左右的浅滩，潮来汪洋一片，潮退泥滩一片。岛上有倭寇千余人，他们倚仗这易守难攻的天堑，在岛上筑城建垒，苦心经营，得天时、地利就驾船出岛，四处抢掠，先后有几千人被掳掠上岛。这伙倭寇与散落在宁德、福清境内的倭寇1万多人，守望呼应，为非作歹，在闽北造成了极大的危害。

嘉靖四十一年（1562年）八月初，戚家军进驻宁德，为收复横屿而做准

① 骈宇骞等注释《孙子兵法 孙膑兵法》，中华书局出版社，2006年版，第37页。

备。这次攻打横屿是闽浙两省第一次协同作战，福建的汪道昆、浙江的王春泽领了监军的职责，余下各部文武官员各自领命，各有分工。打横屿的目标定下了，为什么打的原因两省官员也都清楚了，怎么打却是摆在戚继光面前的一个棘手的问题。此前福建的官兵也曾努力登岛作战，但都折戟沉沙，有去无回，矗立海中的横屿被蒙上了一层不可动摇的神秘外衣。大家都看着戚将军，等他拿出攻打方案。戚继光受托起草了作战方案，并提出立功受奖的原则，讲明前锋队伍只管冲锋陷阵，而收拾战场、割取首级等工作由后援队伍完成等事项。

打胜仗要讲战略战术、讲战斗力、讲士气，还要讲天时、地利、人和。正如戚继光主张的那样，“大战之道有三：有算定战，有舍命战，有糊涂战。何谓算定战？得算多，得算少是也……”[①]这个算定战与《孙子兵法》的“庙算”既一脉相承，又有所发展。戚继光的算定战是通过“庙算”知道自己的短板，在战前尽力去弥补自己的短板，直到能化劣势为优势、变弱势为强势，获得全胜的可能。横屿之战，是戚继光算定战的代表之战。战前，戚继光审时度势判断着敌我双方的优势、劣势。他对戚家军的战斗力充满信心，在战略战术上胸有成竹。可要说到天时、地利、人和，他却不那么笃定了。背井离乡、长途奔袭、远道作战的戚家军有没有士气打赢这场硬仗呢？这些担忧都是摆在戚继光面前，亟待他解决的问题。八月初，戚继光紧锣密鼓地为即将打响的战斗做着积极的准备。

对于前来支援福建抗倭事业的浙江籍士兵而言，横屿之战是典型的异地作战。戚继光明白，打仗首先是要了解敌情我情。越是人生地不熟，计划就越要谨慎、周密、全面又巧妙。在戚家军眼里全新的宁德是怎样一番模样呢？初到

---

① 戚继光，《练兵实纪杂集》卷四《登坛口授》，中华书局2001年版，第273、274页。

宁德，戚继光看到的是“废屋梁空无社燕，清宵月冷有悲魂”。[①]宁德以“上下三百余里，三年渺绝人踪”[②]的惨烈景象欢迎戚家军。宁德究竟经历了什么，还可依靠什么？戚继光急于了解一切。这不打探不知道，一打探心寒掉。戚继光获得的情况汇报是：宁德当地的群众基础很差，有不少奸民依附了倭寇，与倭寇沆瀣一气，甘当倭寇的内线与傀儡。离横屿不远有个张湾镇（今宁德蕉城区漳湾镇），镇上与倭寇暗通款曲的民众竟然多达数千人。要打前方，后方得安宁牢靠。当地这些怀有贰心的民众一旦与宁德的其他倭寇联合起来，将后患无穷。戚继光想起了《孙子兵法》“上兵伐谋”“不战而屈人之兵”的全胜思想。他不想让大明的兵来杀大明的人，他决定安抚招降这些有过错、有贰心，但也有家园、有忧惧的潜在敌人。

一旦打定主意，戚继光就出台了措施。他指派专人在张湾镇的市集与街道上到处张贴“安民告示”，告示宣称“凡是通倭之人，多是迫于时事，胁从犯案，如肯痛改前非，其罪可免，既往不咎”。告示还说“希望通倭的百姓能以家国民族利益为重，不要助纣为虐，不要同明军作对”。那些与倭寇勾结的人都知道“戚虎”的威武，也不想跟戚家军为敌，看了这些告示，内心的防线已松动。获知戚家军已经到来的倭寇蠢蠢欲动，他们也想做到知己知彼。他们派了两个当地的奸细佯装投诚，去往明军大营一探虚实。这个阴谋被老辣的戚继光一下子就洞穿了。当名叫李十板和张十一的两个奸细心怀鬼胎“扑通”一下跪倒在戚继光面前供述罪状时，戚继光立刻上前，搀扶起这两个罪行累累、假意投诚的奸细，真诚地说：“倭寇肆虐，生计艰难，百姓们中有些人被迫与倭寇为伍，不过是生计所迫，情有可原，罪不至死。你们愿意承认过错，愿意

① 戚继光，《止止堂集·横槊稿上·宁德平》第17页。

② 戚祚国等，《戚少保年谱耆编》卷三，嘉靖四十一年八月，中华书局2003年6月版，第84页。

悔过自新，善莫大焉，朝廷绝对欢迎。请你们带话给咱们的父老兄弟：‘浪子回头金不换。’‘苦海无边，回头是岸’。只要大家悔改，我戚继光做主，过往一切对对错错一笔勾销，绝不反攻倒算，我说话算数。”说完命人准备笔墨，白纸黑字，当即立下字据以示无悔。同时，他还聚集各路官员与投诚者焚香立誓，歃血为盟，以示诚意。这一举动，震惊了李、张，更感化了二人，他们当即表示愿意为戚家军效力。这个情况很快就在当地传开了，不少依附倭寇的民众纷纷自动解除武装，前来请罪认错者，戚继光无不赦免安抚，并让他们相互告谕把这个政策传扬得更远更广。这样一来，大战之前，明军居然争取到了千余人归附反正。后方的隐患就这样迅速、有效地被消弭了。

争取了当地民众的支持，只是完成了人和，而天时、地利还有待更好地解决。《孙子兵法》讲：“不知山林、险阻、沮泽之行者，不能行军；不用乡导者，不能得地利。”[①]深受孙子影响的戚继光在当地向导的引领下，亲自到海边详细地探查了当地的潮汐规律和气候、风向变化等情况。综合福建守军之前的作战经验及当地民众的反馈，对登岛作战，他做出了这样的判断：戚家军如果涉水泅渡，海上风大浪急，泥滩险象环生，强攻困难重重；如果用船强渡，近海水浅礁多，潮汐变化难控，搁浅在所难免。退一万步说，即使步兵幸运涉渡成功，趟过泥滩也已疲惫不堪，想要精神百倍地与以逸待劳、凶残狠辣的倭寇拼杀并取得绝对性的胜利，几乎不可能。权衡利弊得失之后，戚继光做出了一个大胆而充满智慧的决定，那就是利用退潮的一个半时辰，让步兵“负草填泥”，渡过难缠的泥滩，攻巢灭敌。古有草船借箭，今有填海造田，可是“负草填泥”的闪击战，古往今来还真是只有戚继光这一宗啊！这实实在在是一个因地制宜的创举。

① 骈宇骞等注释《孙子兵法 孙膑兵法》，中华书局出版社2006年版，第47页。

战术有了，战斗力还要进一步加强。战前戚继光不忘给训练有素，却背井离乡、长途跋涉、未加休整的参战将士鼓气加油。他是怎么鼓气加油的呢？开追悼会！为谁开？为被倭寇残害致死的福建民众开追悼会。看着无辜惨死的民众，想着还在忍受倭寇惨无人道行径的百姓，明军将士们无不血脉贲张，怒发冲冠。这一做法很好地激励了士气，催生了战斗力。

天时、地利、人和齐俱，兵强马壮士气高涨。万事俱备，只欠东风。明军能做的只有等待。八月八，东风来了，期待中的小潮来了。凌晨时分，正是"到处见海滩"的退潮期，戚家军兵分两路向横屿进发。李十板、张十一这二人也积极地参与到涉泥作战中来。戴冲霄部从东山铺开向横屿；戚家军由兰田渡向横屿进发，两路人马的向导分别是刚刚投诚的李十板和张十一。一过兰田渡，戚继光又安排了一队人马守住港尾，以防寇贼逃窜。

所有渡海部队抵达进发地，严阵以待。潮正退去，浅滩显露，海上横屿，远望可见，倭寇的堡垒隐约可见。面对看得见的敌人，戚继光做了一场动人心魄的战前动员。他手指横屿，神情凛然地对诸将官说："我们这次要打的是一场破釜沉舟、背水一战的硬仗、恶仗！倭寇奸诈，恐已探得我们早晚要来，防备日盛；倭寇残忍，我们又是远道而来，负草涉渡，如果不用尽十二分气力杀敌，恐为其所害。现在我们是潮落登岛，一会儿潮水还会涨起来，如果不能一鼓作气消灭敌人，等潮头再起时，后援难至，那时后果就不堪设想了。今天的事，要的就是胆气血性，要的就是敢打敢拼！"讲到这里，戚继光突然不说话了，他低头半晌，再抬头时已是眼含泪光，他强忍悲愤，哽咽地说："诸位追随我多年，都是我的好弟兄、好部下。咱们都是爹生娘养、有家有室的，多少次浴血奋战、九死一生才走到今天。如果诸位没有不成功便成仁的决心，没有敢打必胜的信心和勇气，我们就放弃这次作战计划！我怎么忍心诸位白白送死呢？"

众将听了，真是既激动又感动，大家无不怒目圆睁，你一言我一句地喊起来："将军，咱们万水千山跋涉而来，为了什么？不就是荡平倭寇，还我大明清平世界吗？""现在两军对垒，仇寇就在眼前，咱们能退却吗？""贪生怕死的懦夫还配说是将军您的袍泽兄弟吗？"戚继光听了大为感动，感喟大赞道："好样的！这才是我戚家军的子弟兵！我们一起冲杀，我还要给大家擂鼓助威。"

戚家军就势摆开鸳鸯阵形，人人身负一捆稻草，向浅滩前进，他们一边遇泥铺草垫路，一边大步向前行进，有的地段淤泥厚积，士兵落足处泥有一尺多深，有的地段行进艰难，士兵们不得不爬着向前。尽管前路泥泞不堪，行进困难，进攻的战鼓却没有被吓退，戚继光脱了外衣和鼓手们一起使劲擂鼓，鼓声隆隆，自有一股鼓舞人心的力量。每进百步，战鼓就稍作停歇，士兵们借此得以休息。鼓声再起，将士们立即跃起奋进。如是反复，不过几次休整，戚家军就到达了对岸。

对于戚家军，横屿的倭寇虽然早有防备，但他们过于狂妄，对戚家军又过于轻视，他们没想到戚家军真的能趟过泥潭。所以，当戚家军以迅雷不及掩耳之势，抢滩登陆，出现在横屿岛上时，他们简直不能相信自己的眼睛。尽管事出意外，但倭寇还是匆忙在山麓下摆开阵势，想要打立足未稳的戚家军一个措手不及，甚至妄图把戚家军赶回泥滩，让涨潮的海水帮他们消灭戚家军。而此时，倭寇的主力盘踞在山上，企图依凭木城与戚家军一决高下。

这是一场你死我活的较量，这是一次置之死地而后生的对决，戚家军上上下下每一个人都心知肚明。诸路分队各行其是，最先登陆的是吴惟忠部，他们的任务是拿下倭寇的巢穴——木城。按照既定的计划，他们冲向木城，个个无畏向前，奋勇杀敌。随后上岸的陈子銮、童子明部的任务是冲陷山脚的敌阵。该部弓箭手在适当的距离弯弓搭箭，万箭齐发飞向敌营，长枪手冲锋陷阵，狼筅手所向披靡。一时之间，岛上硝烟四起，尘土弥漫，喊声、杀声、鼓声与大海的涛声混成了一片，山上山下杀成一片。鏖战正劲，担任断后任务的王如龙按捺不住杀敌的热情，坚决请战。戚继光根据当时的战况，同意了王如龙的请求。王如龙部迅速涉泥登岸，火速投入战斗。而吴惟忠部点燃倭巢的栅栏，一把火烧了倭巢。倭寇眼见巢穴被焚毁，虽然仍做抵死挣扎，但也深感大势已去。心散了，气弱了，力竭了的倭寇，怎么还能打得过士气益涨、增援益众、战果益增的戚家军？随着战斗的推进，戚家军乘胜追击，众部乘势收缩战线，从四围向中心突破，迅速控制了横屿的各处要道。倭寇见回天无力，只能四处逃窜，或投海，或溺毙，或被水军斩杀，一片惨象。战斗在午后结束，此战以明军全胜而告终。当戚家军得胜归来后，恰好涨潮。整个战役戚家军仅仅13人阵亡、多人被蒺藜、竹签刺伤，却虏敌90多人，斩首2600余级，烧杀溺亡不计其数，解救被掠百姓3700余人。[①]盘踞横屿长达3年之久的倭寇就这样被戚家军剿灭了。3年久攻不下与几个时辰荡平窝巢的对比让戚家军群情振奋，让倭寇闻风丧胆。这一捷报传出，福建百姓为之欢欣鼓舞，福建官员为之惊叹不已，朝廷为之记功表彰。

横屿之战是戚继光入闽首战，首战告捷意义重大。它不仅是闪击战、歼灭战，也是攻坚战、合作战，它是体现戚继光“算定战”“伐谋”军事思想的典型战例，是两省军政联动，多兵种协同作战，共同抵御外敌的战斗，也是一次军民一心、通力合作的战斗，是东南沿海抗倭一次意义非凡的重大胜利。横屿之战的巨大胜利鼓舞了官兵的士气，抚慰了黎民的伤痛，宽慰了福建军政要员的焦虑，更为随后将至的大明改革创造了平和的外部环境。

---

① 此据（清）张廷玉等，《明史·戚继光传》卷二十二，中华书局1974年版。“生擒九十余人。斩首二千六百余级，焚溺死者无算，夺被虏三千七百余人，印二颗。”

第二节　夜袭牛田出奇兵

横屿之战大获全胜，让福建军民精神大振，也让监军王春泽和汪道昆更加坚定了留请戚继光长期在闽扫荡倭寇的决心。福建省大张旗鼓地向明廷请求重赏戚家军。这让与戚继光的同僚、战友都司戴冲霄心生不满。戴冲霄是胡宗宪的亲信，此行援闽抗倭有监督戚继光的使命。他骄横又惜命，既想得好处，又怕打硬仗，在首战横屿时只接受了驻军策应的任务。可是在论功行赏时，他又不满事先说定的赏额，又是闹情绪，又是要出走。为人谨慎、为将守信的戚继光怕失信于士兵，所以对戴冲霄的无理要求坚决反对，但是奈何不了戴冲霄。这个让倭寇都畏惧的“戚虎”，在同僚面前却成了“猫”。最终，他做出了让步，同意与戴部分享赏赐。

转眼就到了中秋节，满月朗照，民众阖家团圆，欢悦一片，与之形成对比的是驻扎在野外打了胜仗却士气低沉的戚家军。他们背井离乡、流血舍命，战功却被无理分割，而原来说好的赏赐又迟迟没有兑现。现在，又逢佳节，思亲与怨尤、怀乡与愤怒等情绪交织在一起，士兵们都愁容满面，萎靡不振。戚继光见此情景，忧心忡忡，军心动摇可是要地动山摇的啊！他沉思片刻，援笔急书，填词谱曲，写就了一首动人的军歌——《凯歌》：

万人一心兮，泰山可撼。
惟忠与义兮，气冲斗牛。
主将亲我兮，胜如父母。
干犯军法兮，身不自由。
号令明兮，赏罚信。
赴水火兮，敢迟留？
上报天子兮，下救黔首。
杀尽倭奴兮，觅个封侯。

他自己带头唱了起来，戚家军上下无不跟随高歌，一时间，鼓声激荡，歌声嘹亮，中秋的明月都为之振奋。这首号称中国历史上的第一首军歌，唱出了志向，唱出了勇气，唱出了希望，也唱出了力量。士兵们的愤怒情绪得到了纾解，将士们“杀尽倭奴”的初心像那满月一样皎洁，戚家军的威风随中秋的微风又飘荡回来了。

远在浙江的胡宗宪获知浙江援闽的团队产生了摩擦，想化解矛盾，更想借此机会让自己的人班师回浙调休。一心想荡平倭寇的汪道昆获知这个消息后，给同是安徽老乡的胡宗宪写了封信，在信中盛赞了胡宗宪与戚继光，力陈了福建倭患之重，并恳请胡宗宪允许戚继光留在福建继续援闽抗倭。身在福建前线、心系生民福祉的戚继光与福建的同僚们相处甚好，也强烈要求留在福建再打几场硬仗。鉴于双方的态度，胡宗宪应允了福建方面的请求。

首战横屿，戚家军阵亡13人，这让爱兵如子的戚继光心如刀绞。为了更好地进行战斗，他调整人员，补充兵士，检修装备，又提出了一系列奖励措施，让士兵们一度受伤的身体和受挫的精神得以振作。做好这一切后，戚继光的部队在八月二十九日开往了下一战的目的地——牛田。为什么会是牛田呢？因为横屿、牛田、兴化三地是倭寇在闽势力最雄厚的地方，三地相互扶持照应，成掎角之势，是福建最不好攻打的地方。可戚继光就是“明知山有虎，偏向虎山行”，不怕急难险重，就爱攻坚克难。大题、难题解决了，其他小股倭寇还能不闻风而逃吗？

福清倭寇聚集的最大巢穴，正是这个靠近大海的牛田（今福建福清东南龙田一带）。打下牛田，就意味着断了倭寇的活路、扎牢了剿灭倭寇的口袋，这样既可以阻隔外围倭寇的增援，亦能阻断所控倭寇的逃窜，其威慑力不言而喻。而此时福清县的真假倭寇联合起来有万人之多，他们散据地在福清东南方向的杞店、上薛、牛田、西林、木岭、葛塘、新塘、闻渎等地，以牛田为核心，散落各处、不计其数、绵延不绝、势如长蛇，竟然有30多里地。这些巢穴无不处在半岛与大陆的连接处，东靠福清湾，南是兴化湾，东南面海，只有西面、北面和大陆相通。倭寇如此安营扎寨，意在彼此照应，一损众援。

戚继光亲自骑行到大乌岭探查了敌营情况，于九月初一，同汪道昆、王春泽等人一起召集了闽浙双方的将领及福清当地的驻军兵将，共商对敌之策。一番交流、研判之后，戚继光与众将歃血为盟，明确宣言：“凡在打仗时观望不出力的、抢夺财宝的、争夺功劳的、妒忌有功的，都与此血酒相同。”[①]说完邀众人共饮此酒。戚继光还进一步致意各位营将，将士们深受鼓舞，剿倭的信心更加坚定，勇气更是倍增。会同诸将领协商部署事宜后，戚继光受监军汪道昆的委托，草拟了作战方案。按计划，明军兵分三路进攻：左翼由戚继光带领，从锦屏山出发；右翼由都司戴冲霄带领，从仓下前进；另一路分头行动，反击倭寇抄袭的伏哨于林木岭，阻遏倭寇退路的扼守田原岭、上迳等处。这一部署鲜明地体现了戚继光一以贯之的全胜作战理念和进攻思想，即将进攻、堵截和防抄袭相结合。

---

① 戚祚国等，《戚少保年谱耆编》卷三，嘉靖四十一年八月，中华书局2003年6月版，第88页。

九月初一下午，各部按计划出发。戚继光在进军到海口（今福清东偏南）时，饱受倭寇侵扰的当地黎民拦道哭请戚家军立刻剿倭。戚继光既理解百姓，又担忧有奸细混迹其间，因此他以《孙子兵法》“用而示之不用”[①]的战法回应百姓说：“我兵远来，须养锐待时而动，非朝暮可计也。”[②]以此来迷惑敌人。不出戚继光所料，人群中果然有探子，探子跟着戚家军到了营寨，看到戚家军整顿行装，造饭休整后，才返回倭巢报告所见所闻。倭寇据此分析戚家军劳师远征，休息整顿不会有诈，就放松了戒备。

当夜二更时分，戚继光暗中召集将士，命令把总王如龙带领700名勇士轻装衔枚，悄然奔向牛田连营的前站——杞店。杞店通往西方和北方的道路都被倭寇挖成了堑壕，与沟汊相通，他们想以此阻止明军进攻，事实上，这的确给明军的进攻带来了一定的阻碍。然而，能拿下的阻碍就不算是阻碍，让倭寇意想不到的是，上述那些防御工事，被作风过硬的戚家军完美地摧毁了。

这天夜里月明星稀，当地的老百姓像往常那样日落而息，酣梦中的百姓全然不知戚家军为了福建人民的长久幸福，正匆匆夜行，赶赴战场。过百姓家门而不扰民，这就是戚家军的作风。赶到倭寇驻地附近的戚家军，凭着全面的准备和过硬的武艺，不露痕迹地击杀了10多名倭寇哨兵后，悄无声息地将倭巢围了个水泄不通，而酣睡的倭寇竟然毫无觉察。指挥官王如龙是个勇猛威武的猛将，他自己蹲下身来，用肩背托起把总金科和敢死队员朱珏，使他们得以翻越寨栅，从寨内开门。戚家军就这样不费吹灰之力，一举冲进了倭巢。酣梦中的倭寇被犹如天降的戚家军吓傻了，此时的他们头脑混沌、衣不蔽体、刀不在手，应对不及，只剩下狼狈逃窜，混乱中被戚家军擒斩殆尽。全歼倭寇后，王

① 骈宇骞等注释《孙子兵法 孙膑兵法》，中华书局出版社2006年版，第7页。

② 戚祚国等，《戚少保年谱耆编》卷三，嘉靖四十一年九月，中华书局2003年6月版，第89页。

如龙按照戚继光的指示，四处放火把倭巢烧了个一干二净。夜袭的完胜彻底激怒了赶来救援却只看见火海和死尸的牛田倭寇。倭寇这种恼恨的情绪，正中戚继光下怀。

戚家军回撤锦屏山安营扎寨后，戚继光令全员休息。这时，有消息来报：倭寇知道戚家军一夜未睡，想趁戚家军休整，也来偷袭。戚继光据此迅速做了防范部署。哨官赵记、孙廷贤等受命埋伏哨探，勇士朱钰等300多名善用弓箭、火器的壮士按要求星罗棋布地埋伏在倭寇必经山口。身负使命的他们无不随身携带着蒺藜等，只等戚家军的哨兵撤回，他们就会把这些能羁绊敌人行动速度的利器洒满山路。一切准备就绪后，戚家军安然休歇，只等敌人到访。

果不其然，第二天五更时分，一队约700人的强悍倭寇照猫画虎地前来偷袭。让他们没想到的是，他们心中出乎意料的偷袭，不过是戚继光眼中的剧本设计，严阵以待的戚家军就等群演上场，鸣炮开演呢。敌人悄悄摸进了埋伏圈，等得好辛苦的戚家军一时火铳箭矢齐发，倭寇或被火铳箭矢射杀，或被蒺藜暗钉扎伤，一时之间，死的死，伤的伤，进不得，退不及。大军闻炮而至，戚继光亲发号炮，正面迎敌的是王如龙部，侧后攻击的是胡大受部，戚家军再次火力全开，倭寇力不能敌，再遭惨败。眼见胜利无望，逃生困难，一个倭寇骑将计上心头，从身上掏出一把把金银撒向冲杀过来的戚家军，企图借戚家军抢拾金银的机会，夺路逃遁。他哪想到纪律严明、痛恨倭寇的戚家军根本不顾利诱，他们视金银如无物，奋勇杀敌，把这个倭首斩落马下。余数不多的倭寇丧胆逃遁，一路奔回牛田。

这路倭寇最终逃出包围圈绝不是他们武艺高、运气好，当然更不是戚家军包围不力、战斗疲弱，倭寇能够死里逃生完全是戚继光的剧本设计，是王如龙故意放水让他们跑的。倭寇拼命地跑，戚家军玩命地追。牛田大营近在咫尺，留守营寨的倭寇派人出来接应，结果迎接来的不仅有逃命的倭寇，还有索命的戚家军。夜色深沉，倭寇看不清到底有多少明军，他们心有忌惮，不敢恋战，转身就跑，戚家军则紧追不舍。敌我双方就这样一路奔杀，冲进了牛田连营。牛田倭寇猝不及防，慌忙之间迎战营门，甚至妄图用被掳的百姓当挡箭牌。戚继光可不是被吓着长大的，他及时调整方案，用鸳鸯阵破解倭寇的诡计，让生命安全受到威胁的百姓借着鸳鸯阵得以逃生。戚家军的各兵种相互配合，盾牌手掩护长枪手、狼筅手，先锋部队的王如龙率兵直冲敌人，跟进部队的吴惟忠、胡大受则领人从两翼包抄，戚继光则督师拼搏。一时间，喊声、杀声、战鼓声划破暗夜，响彻倭巢，倭寇闻声见势魂飞魄散，阵脚大乱。没多久，从仓下出发的戴冲霄部也赶到战场，两军会师，合力夹击，倭寇不堪打击，溃不成军，四散逃命。明军一鼓作气，奋起追击，势如破竹，以远不敌倭寇的兵力，攻下倭巢多处，斩杀倭寇数千，烧死倭寇无以计数。戚继光还让人在阵营中树起白旗，力劝胁从犯案的倭寇，示意他们如果到阵中白旗下缴械投降可免死罪。这个做法竟然兵不血刃地劝降了几千人。西林、木岭的倭寇见戚家军势如破竹，主巢被攻破，无不闻风丧胆，争相向上迳桥逃窜。上迳桥上奉命驻守阻遏敌人的是福建守军，他们一是低估了戚家军的战斗力，二是高估了倭寇的抵抗力。他们完全没有想到倭寇这么快就被打败，因为预估错位，准备不利，阻截不及，竟让倭寇残部向泉州、惠安方向跑了。

夜袭杞店、伏击锦屏山、直捣牛田，环环相扣，步步为营，一气呵成，堪称完美。这一战，戚家军取得了无一阵亡的绝对性胜利。这场持续了十几个小时的战斗，戚家军攻克敌营60座，斩首倭寇672人，[①]俘虏10多人，缴械369件，解救被俘百姓954人，劝降数千人，焚灭倭寇无计[②]。交战双方这种伤亡比例悬

① 此据戚继光《上应诏陈言乞普恩赏疏》，《明经世文编》卷三百四十七、《重订批点类辑练兵诸书》卷一，《戚少保奏议》，中华书局2001年版，第28页。《戚少保年谱耆编》卷三，嘉靖四十一年九月，作六百八十八颗。

② 戚祚国等，《戚少保年谱耆编》卷三，嘉靖四十一年九月，中华书局2003年6月版，第90页。

殊的情况在整个人类战争史上也不多见。这场完胜之战是一次真正的算定战，是一次践行“兵者，诡道也”的奇袭战，是一次部署周全、指挥高明、攻击给力的合作战。

福建巡抚游震得以盛大的庆祝典礼来欢迎凯旋的戚家军，福清民众载歌载舞，感激不尽，众口一词说：“盘踞福清多年的倭寇，一夜之间被荡平，其谁之功？——唯我戚大将军是也！”文人画师备受鼓舞要为其赋诗、画像，普通民众感恩戴德要为其建生祠。戚继光却有功不自伐，谦逊地拒绝了，他说：“福建民众的心意我领受了，但生祠却是万万担当不起的。每一次抗倭的胜利无不是全体人员通力合作的胜利，我只不过是做了一个沟通关系、衔接上下的工作而已。我世世代代受朝廷的恩养，抗击倭寇，保家卫国，不过是分内之事，这根本不足以报答国家的恩德，何谈功德呢？古话说‘一将功成万骨枯’，我不想让出生入死的士兵们产生这样的悲慨，不要因我而伤了将士们的心。大家的好意，戚某心领了。”这样的用心和言辞将戚继光谦逊的品格操守与爱兵如子的情怀表露得淋漓尽致。这样的戚继光令人肃然起敬。

牛田大捷大大激励了福建省上上下下的抗倭热情，狠狠灭了一把猖狂之寇的嚣张气焰。

第三节　血战林墩歼顽敌

牛田大捷后，逃到惠安的倭寇深感惠安无险可守，缺粮少援，更为棘手的是胁从们人心不稳，不安于驻留惠安。这些人大多是福清当地人，他们安土重迁、不愿背乡远行。因此，倭寇们又流窜回兴化，与当地的倭寇聚合后，在兴化东面的林墩发展了新的据点。林墩这个地方四面水网密布，河渠纵横交错。它东靠兴化湾，北靠木兰溪，南有通往黄石的大道，西北只有一条要跨沟过渠才能通往兴化的小路，地形复杂，易守难攻。攻打林墩，走水路多有不便，走陆路更是难上加难。据守林墩的倭寇，加固巢穴，拆桥设防，把防守的重心放在了南北两个方向上。

驻守福清的戚继光探知牛田逃遁的残贼与兴化的顽寇会合混编，大概有不到5000人聚在林墩为非作歹，决定一鼓作气，进军林墩，直捣倭巢。九月十二日，戚继光命令部队从福清开拔向目的地急行军，晚上抵达距林墩只有30里的烽头、江口，在那里扎下营寨，就地休息。

戚继光定下作战计划，分兵出击。按计划，把总叶大正、曹南金、张谏、金科等所率1600人由中军王辅、百户张元勋辅助，要于14日黎明前抵达林墩北面的宁海桥，堵死倭寇窜入内地的通道，并要在听闻戚家军的战鼓声后就沿大路向林墩进攻，与主力合力夹击敌人；而另一路人马是把总吴惟忠、胡大受、陈大成、王如龙等所率领的4000人，他们要按计划经兴化迂回到黄石大路向林墩进军，同样是在十四日黎明时分协同北路戚家军夹击敌人。

初到当地，戚继光考虑到倭寇在福建经营多年，当地民众的基础又不够牢靠，担心奸细混迹在民众中，打探己方作战意图，所以他还是采取了“能而示之不能，用而示之不用”的诡道，命令戚家军主力第二天绕道囊山寺开进兴化城。他还命令士兵们协助当地百姓修整粮田，收割庄稼。百姓一片赞誉，热情地接待了戚家军。戚继光自己也忙着放烟幕弹，又是四处拜会，又是宴请宾朋，绝口不提战事，人若问及开战打算时，他不是顾左右而言他，就是说“急不得”，完全一副要好好休整的状态。甚至连福建参政翁时器问询计划时，戚继光都不曾交代真实的意图，只说让人马休整、粮草备齐了再做打算。福清府上至官员，下至百姓，都以为戚家军要长驻福清，以待时机。这个全民的“以为”，正是戚继光要传递给倭寇的错误信息。唯有让倭寇放松戒备，戚家军才好出其不意地攻击。

这天午夜，寄宿在百姓家的戚家军士兵在酣梦间听到了阵阵铃声。这是戚家军的集合铃，训练有素的士兵悄悄起身，迅速集合完毕。戚继光下令突袭林墩。全军上下马摘了铃，蹄裹了布，士兵轻装衔枚，悄然出城，急速前进。而此时的兴化民众还在梦中，林墩的倭寇更是浑然不知。

急行15里后，队伍到达了西洪。当此之时，明月朗照，视线极好。戚继光见此光景，怕朗朗月色下的部队被倭寇哨探发现，就传令部队就地休息，等月落天黑，部队再加速向林墩开进。

通往林墩的路有两条，一条是黄石大道，一条是西洪小路，宁海桥则是处在其间的一座小桥。按照最初的设想，戚继光原是要从黄石大道发起总攻的。《孙子兵法》说：“不知山林、险阻、沮泽之行，不能行军；不用向导者，不能得地利。”戚继光初到兴化，对林墩的大体地形和自然环境有所了解，但真正行动起来，还是少不了向导，无向导不顺利！然而，戚继光算天算地没有算到兴化府给他准备的向导竟然是个奸细。这个倭寇的奸细心怀叵测、左转右绕地避开了黄石大道，故意把戚家军引向了西洪方面的一条小道。这里水网纵横、道路泥泞，通向林墩要过一座座小桥，然而倭寇为了防御把能拆的桥都拆了，明军只能涉水过河，越沟前进，路窄溪绕，单列鱼贯而行的队形远看去犹如游龙。如此曲折行军了半天，东方渐白时，主力军才走到一座唯一能通往林墩的小桥前。知道倭寇就在前面，带路的奸细向导突然甩开戚家军边奔逃边呐喊。桥那头驻守桥堡的2000倭寇都是悍敌，听闻响动，顿时警觉，整顿武器，虎视眈眈地等着跟戚家军开战。戚继光这时才意识到信错了人，走错了路。这里下临河网，地势狭窄，倭寇在此修筑石墙，据险而守，桥小路窄，仅容单人通过，大名鼎鼎的鸳鸯阵、两仪阵、三才阵等阵法战术在这里根本没有施展的空间。怎么办？打，准备不足有难度；不打，桥对岸的敌人此时已经洞悉了明军偷袭的意图，更重要的是南北两路人马并不了解此时主力军面临的突发状况，他们会在预定时间到达指定地点准备开战。他们人马有限，前无主力，后无支援，一旦被敌人发现，后果不堪设想，战略计划将付之东流。这真是前所未有的两难境况啊！一代战将戚继光在此艰难时刻，做出了决断：箭在弦上，不得不发。偷袭不成，就改正面直击！

戚家军真是一支听指挥、能打仗、打胜仗的钢铁部队、威武之师！戚继光迅速把队伍分成几组，让他们以梯队形式发起进攻。但是，戚家军连夜行军，又被诓翻山越岭、涉水行进，体力消耗极大，加之地形不利，敌人彪悍，先头突击的一哨36名官兵血拼半个时辰，为铳矢所伤，全部阵亡。屡立战功的哨官周能也血洒疆场，壮烈牺牲[①]。二哨36人迅即替补了上来，血战一番，牺牲半数以上的人员，也没有把桥头从倭寇手中抢过来。素来以爱兵闻名的戚继光眼睁

① 此据戚继光《上应诏陈言乞普恩赏疏》，载《明经世文编》卷三百四十七、《重订批点类辑练兵诸书》卷一，《戚少保奏议》，中华书局2001年版，第28页。

睁看着先锋战士们一个个倒下去，那鲜红的热血简直就像是从自己身上流出的一样。心如刀绞的他当即改变部署，让该部继续尽力夺桥，但要他们变主攻为助攻，最终经过三队人马殊死拼杀，才夺下了这座索命小桥。戚继光则在此前率吴惟忠等将士迅速行进，改道黄石大道实施主力进攻。

此时，战鼓敲响，奉命堵截敌人的北路人马听到战鼓奋勇突击。腹背受敌的倭寇难以招架，不得不退守村庄。但倭寇不甘心就此被歼灭，残寇中不乏负隅顽抗的敢死队，他们借着熟悉地形的优势，绕到戚家军背后搞袭击。戚家军也被杀了个出其不意，加之倭寇凶狠残忍，士兵们有些抵挡不住，有几百人开始后撤。戚继光见此情景当然知道临阵退缩意味着什么？这就像逆水行舟，不进则退，成败在此一举。他飞身上前，堵住后撤士兵们的退路，怒目而视，振臂一呼“狭路相逢勇者胜！军令如山，敢退缩者，斩！”然而有个哨长仍然退缩不止，为严明军纪，戚继光坚决地斩杀了此人。他指着倒在血泊中的部属激愤地警示乱了军心的逃兵说：“军令如山，令行禁止，尔等胆敢再退，下场如此！”可被偷袭打得犯懵、已经失了勇气的士兵们还是没有停下后退的脚步，戚继光又气又急又心疼，却不得不执行自己说出的将令，忍痛一连斩杀了14个逃兵，后退的队伍这才止住了回撤的脚步。戚继光声泪俱下，严正高呼：“大丈夫死则死矣，为国捐躯，死于阵前，重如泰山，门楣有光；死于阵后，轻如鸿毛，万人唾骂。咱们戚家军都是热血汉子，钢筋铁骨，敢打敢拼才会赢。要死，给我死在冲锋的前线，给我打起精神来，杀啊！”士兵们看着这番景象，听着这番动员号令，无不振作精神，再次投身战斗，拼死搏杀。被点燃士气的戚家军再现了神勇的战斗力，他们无不以命相搏，形势很快被扭转了，倭寇招架不力，开始溃败。戚家军与北路杀到的张谏部一起杀进村庄，一场短兵相接的肉搏战就此展开。此时的倭寇腹背受敌，垂死挣扎，而有恨无畏的戚家军却神勇异常，在巷战中占了上风。倭寇们被斩的斩，被淹的淹，死伤枕藉，血流漂杵，倭巢很快被攻下。在此混战之际，有残寇趁乱向南逃去，戚家军穷追不舍，一直追到黄石的瓦窑，又是火攻，又是冲杀，彻底歼灭了这路残贼。

血战林墩，戚家军以前所未有的伤亡为代价，换取了全歼敌人的巨大战果。战斗斩首960人[①]，俘虏13人，解救被掳百姓2114人，戚家军阵亡69人[②]。

戚家军鏖战一夜，追击半天，得胜回城时，百姓们才知道刚刚过去的这一夜好梦成了真，兴化的倭寇被荡平了。得知英雄们凯旋，民众们郊迎十里，兴高采烈地为戚家军庆功，用最隆重的酒宴来款待历经厮杀、身披血衣的将士们。对戚继光感激涕零的百姓们提议要为他建个生祠，却被谦逊的戚继光又一次婉拒了。

爱兵如子的戚继光此时全然无心庆祝，他怎么能相信这一战让那些跟自己不远千里转战、顽强抗击倭寇、历经血雨腥风、赴死义无反顾的子弟兵就这样牺牲在自己的眼前？因为一个通敌的向导，戚家军受到了平倭以来最惨痛的重创。林墩大捷是以生命和鲜血为代价换来的胜利，他哪里还有心情接受这样的庆贺呢？回到兴化，他亲自看望伤兵，嘱咐伤员安心养伤，从精神上给予兵士安慰，从物质上给予兵士补偿。戚家军的子弟兵们看着这个跟他们一样拼杀在血海火海的将军，看着眼含关切、语蕴慰藉、心怀愧疚的主帅，无不动容。戚继光步履沉重地走出伤员的营帐，特别嘱咐管事人员，一定要加倍抚恤阵亡的将士。

随后，戚继光与王春泽、汪道昆等人马不停蹄地赶赴勇士们牺牲的地方——林墩小桥。阵亡将士们殷红的斑斑血迹仍然还在这残酷的战场，这些曾经活生生的人却再也不能回来了。高天流云，林野风回，太阳照常升起，但这69位冲锋陷阵、视死如归的勇士永远也看不见这灿烂的阳光了。一身素服的戚

① 此据戚继光《上应诏陈言乞普恩赏疏》，载《明经世文编》卷三百四十七，《戚少保年谱耆编》卷三载：“斩首九百六十。”

② 戚祚国等，《戚少保年谱耆编》卷三，嘉靖四十一年九月，中华书局2003年6月版，93页。

继光见此情景忍不住热泪长流，伏地痛哭。他为死难的将士们设坛祈祷，洒酒焚香，呜咽痛陈道：“众位兄弟，为了抗击倭寇，你们跟着我辞亲别家，背井离乡，千里转战，吃苦受累，流血牺牲，无怨无悔。你们是义乌人的好儿子，是浙江人的好子弟，更是我戚家军的真汉子，英雄就是你们这个样子！我不会忘记你们，戚家军的将士不会忘记你们，福建的百姓更不会忘记你们！因为有你们这样的战友，我戚家军才能战无不胜，过去每一个胜利都是你们取得的，现在这个胜利也是因你们而取得，未来还会有千难万险的胜利等我们去争取，我相信你们永远在我们中间。来，兄弟们，干了这杯薄酒，一路好走！”说完他面向天地和祭坛酹酒三杯，跪拜再三，随行而来的各级官员和自发前来的百姓也跪了下去，呜咽的哭声与湍急的水声交织着，回荡在林墩的林间云端。

第四节　病中布阵斩倭首

林墩之战后，戚继光按照汪道昆与胡宗宪早先的约定，决定班师回浙。转战福建，援闽抗倭，戚家军连战三场，三战全胜，战果辉煌。宁德孤岛横屿、福清连营牛田、兴化险寨林墩，这三个闽东势力最大、基础最牢的倭寇老巢就这样被戚家军给彻底端掉了。遮蔽福建多年的乌云因此而消散，福建人民回归了宁静生活。

十月初一，戚家军整顿行装，踏上了返回浙江的路。初三，队伍到达福清。因连续作战、晨昏颠倒、涉水受寒，戚继光积劳成疾，咳得厉害，到福清时就病倒了。他只好下令部队暂停行进，再做休整，同时请福清官府备马把受伤的数百人分三批次送往福州。他自己也闭门谢客在福清衙署休养。

初五，东营地方报告，有大概300多倭寇经海路入福建，在葛塘登陆并屯据起来。葛塘距离福清城不过20里地，形势危急，当地县丞陈永获此消息匆忙赶赴福清衙署，拜见戚继光。他言辞恳切，为民请命，一再恳请戚继光暂缓归程，出兵剿灭这股倭寇。尽管戚继光身患疾病，精神不济，但想到抗击倭寇的使命和当地民众的安危，他怎么能拒绝陈永这个请求呢？戚继光不顾病体，挣扎着下地，扶起代民请兵的县丞，神色庄重地应允了陈永。

一夜休息和思考筹谋后，黎明时分，戚继光已经制订好了作战计划。对进攻与阻断，他都做了精心的部署和周密的安排。负责主攻倭寇的戚家军主力兵分四路向葛塘进军，负责阻断倭寇逃窜后路的是由陈大成等人带领的两队轻兵，他们获命埋伏在上迳，以待余寇。而戚继光本人则坚持身披战袍，亲自督军迎敌。虽然福清县丞陈永一再劝阻戚继光卧床养病。可是，一向身先士卒的戚继光怎么会止步于仅仅是出谋划策？他不顾病体，坚持要带病带兵。队伍行进了不过10里路，就有哨探来报说，除了葛塘这300多名倭寇，在牛田附近又发现了另一股倭寇，他们乘另一艘倭船抵岸，正在劫掠，距戚家军甚近。戚继光当机立断，命令戚家军立刻向牛田进军。

此时在牛田据守的这股倭寇披坚执锐，行事猛悍，与之前真假混杂的倭寇相比，这些贼人是真正的悍匪劲敌。经战后审讯，戚继光才得知这股精锐之寇是被盘踞在福清的倭寇邀请来一起攻打福州的。见到这样的强敌，戚家军并没有惧色。把总吴惟忠率尖兵往里冲杀，没料到这股倭寇是有备而来，且体力精神惊人，他们全力抵抗，凶残狠辣，戚家军的先头部队败下阵来。这时，戚继光抱病挥剑，他用尽气力，沙哑着嗓子怒吼道：“大敌我们尚不畏惧，全歼之，如此小股作乱的流寇我们难道怕他不成？不灭此贼，不返故里！杀他个片甲不留好回家！杀啊！”全体将士见戚继光带病上阵无不深受感动，听闻戚继光的动员无不深受鼓舞。虽然屡经大战恶战、精力体力都有亏空透支，但将士们无不在关键时候迸发出只有戚家军才有的无敌战斗力，个个以一当十，奋勇冲杀。他们会同其他各路援驰人马，合围出击，杀得余寇无路可退，只能抛瓦扔石负隅顽抗。这种打法哪里是戚家军的对手？戚家军的将士们蜂拥而上，剿杀顽敌，交战的巷中堆尸如山，顽寇同倭巢尽被焚灭。

此战全歼此股倭寇，斩首150余级，夺获兵器297件，重要的是，素负盛名的倭首双剑潭也被斩首了。双剑潭骁勇彪悍，凶狠无良，长期作乱，为害一方，影响极坏，危害极大。本来双剑潭是被请来为福清之倭攻打福建的，没想到被打道回府的戚家军顺手剿灭了。

牛田的炮声传到葛塘，屯据这里的倭首扬松泉听到后惊慌失措，带领300名倭寇向上迳桥方向奔逃。奈何他这一逃撤路线，早被戚继光看准并堵死了。埋伏在此的戚家军终于没白等，他们冲上桥去追杀，桥面窄小，不利于双方打斗，很多倭寇因打斗被推挤跌落桥下而毙命，戚家军同样有伤亡。为了求生，倭寇砍断了桥梁，陈大成立刻让部分士兵下桥作战。此战虽然没有全歼倭寇，但吓得倭寇入海不敢再返回。

这一战，戚继光运筹帷幄，斩杀了臭名昭著的倭首，给新来的倭寇上了一节漂亮的伏击课。戚家军斩杀完这两股先锋倭寇后，回到福清，才发现更多倭寇陆续到岸。汪道昆在福清西楼宴请戚继光，想挽留他暂留福清再战强敌，荡平新寇。然而，戚家军在这两个多月的连续作战中，水土不服、伤亡病痛困扰着戚家军。这个时候真正能战斗的人员大约只有3000人，而这时登陆福建的倭寇陆续递增居然已达万余人。天气渐寒，戚家军的士兵既没有准备过冬的衣物装备，也离家日久、兵心思归，这一切都不利于继续战斗。戚继光深感"驱疲兵以当新寇，无异驱群羊以搏猛虎"，是非常不明智的做法，戚继光只有婉拒汪道昆的请求。他对一心要挽留他的汪道昆说："您与总督胡公既是乡党，又是同僚，胡公甚是看重您。遑论公曾为义乌知县，义乌百姓对公之德才政绩一直心怀感激，民望甚高。公若向总督再次请兵，总督哪有拒绝的可能？待到戚家军回浙招兵买马，增补人员，休养生息，提高战术，锤炼作风，来年开春，再赴闽抗倭。请福建各位同僚们一定坚壁清野，坚持些时日。我愿随公报国酬民，成就抗倭大业。此次返浙是为了更好地出击啊！望汪公谅解！"汪道昆闻此肺腑之言，深以为然。他不仅再三向戚继光敬酒以示激赏，还三次向戚继光下拜以致意，这一厚礼有加的举动让戚继光深受感动。要知道，在大明朝的官场上以文制武才是主流，高级文官如此厚待武将那真是当时的一股清流啊！深谙此理的戚继光情绪激动，就势拿出了一对精美的宝剑，取其中一柄赠予汪道昆，自己存留一柄，以此表达与汪道昆志同道合、砥砺灭倭的心意。

双剑潭、杨松泉虽然被清剿驱逐了，但是倭寇并没有停下进犯福建的脚步，约有万余倭寇陆续登岸。戚继光歼灭福清之倭、剿杀双剑潭部的消息让后来的倭寇们无不大惊失色、胆战心惊。他们喟然长叹曰：“戚虎兵亦至此耶？”“我等不敢犯浙矣，何又来万里外杀我也！”[①]戚虎的威名由是广为传扬，倭寇们无不谈“虎”色变。摄于“戚虎”的威名，新来的倭寇只得收手，纷纷退据南部。戚继光也得以调养身体，整顿军队。经过近一个月的休息，戚继光于十一月初一由福建返回浙江。之后，戚继光被朝廷擢升为副总兵，管辖台州、温州、福宁、福州、兴化五地，同时为都督同知兼统水寨。

戚继光这次驰援福建，转战千里，联闽抗倭，精密部署，勇猛出击，首战横屿显智慧，再战牛田出奇兵，三战林墩见血性，四战福清斩倭首，连续作战，取得了四战四捷的巨大胜利。四战先后捣毁了倭寇盘踞在宁德、牛田、兴化等地多年的老巢，歼灭倭寇5000多人，解救百姓数千人，劝返倭寇胁从数千人，数以万计的倭寇被驱吓逃离，福建的抗倭气象为之一新。在这短短的两个多月里，戚继光经历了同僚间的龃龉、汉奸向导的出卖、所部将士们的浴血厮杀，见证了将士们的牺牲与怯懦，同时也收获了与汪道昆等人真挚深厚的友谊，赢得了福建民众发自肺腑的感激和崇敬。

① 戚祚国等，《戚少保年谱耆编》卷三，嘉靖四十一年九月，中华书局2003年6月版。

第五章

再援福建　续写神话

戚继光亲率6000将士抗倭援闽，以决胜之智、决战之勇，一举端掉了倭寇在福建的3个大本营，百姓无不拍手称快。可是，倭寇怎么可能就此罢休，他们就像那打不尽的苍蝇一般，听闻戚家军率兵回了浙江又开始蠢蠢欲动，再次猖狂起来：“戚老虎去，吾又何惧？”[①]一支大约由6000精锐倭寇组成的队伍悄悄在海外集结，准备趁着海边城池城内防守空虚卷土重来。

① 戚祚国等，《戚少保年谱耆编》卷三。

第一节 闪电突袭平海卫

倭寇从福建沿海登陆，以暴风雨般的速度迅速席卷了邵武、罗源、政和、寿宁、宁德、连江、松溪等地，并将力量扩充至万余人，最终将兴化府城团团包围。虽然当地民众自发地组织起队伍进行防守，倭寇几次进攻也都失败了，可这实力悬殊的对抗也并非长久之计，这么多的倭寇已经让福建巡抚游震得慌了，他一边赶忙向朝廷告急，一边向周边请求支援。此时此刻的戚继光却成为上层政治权力斗争的牺牲品，被浙江巡抚赵炳然掣肘，左右为难，短时间内根本无法重获兵权。所以，最早赶来支援的是距离最近的广州总兵刘显带来的700救兵。

敌我力量的悬殊让刘显亦不敢轻举妄动，虽然随后援兵增至4000人，可除了戚继光，面对血腥残暴的倭寇，明朝将领中是很少有人能做到以少胜多的。刘显不敢贸然前进，就先让士兵驻扎在府城东偏北的江口桥迎仙寨，然后派人潜入府城送信，说“援兵已到，不必担心”。本意是想安抚军心，反而正中敌人埋伏——去送信的士兵被倭寇抓个正着，当即俘斩。狡猾的倭寇派自己的人穿上绣着“天兵”字样的明军服装，篡改了信件内容，混进府城，约定了午夜时分以响铃为号，打开城门放刘显的部队进城，还说刘显希望城里到时候既不要敲警报，也不要点火，更不要发出声音。收到消息的城内百姓信以为真，长舒了一口气，以为自己终于得救了，便解除了戒备。

夜深之后，那几个混进城的奸细冲上城头，杀了当值的士兵，拉响警铃打开城门，外面埋伏的倭寇蜂拥而入。城门大开的瞬间，满城百姓等到的不是盼星星盼月亮盼来的“救星”，而是面目狰狞、杀人如麻的倭寇。百姓苦苦坚守了一个多月的府城就这样轻而易举地被攻陷了。倭寇在城内烧杀抢掠，无恶不作，百姓死伤无数，昔日繁华的兴化府毁于一旦，瞬间成为人间炼狱。刘显眼睁睁看着这惨象，悲愤不已却无可奈何。这场灾难一直持续到正月二十九，兴化被扫荡得空无一物后，倭寇才心满意足地放弃这座空城，准备到南边的岐头（今莆田东南埭头）避避风头。都指挥欧阳深咽不下这口恶气，率兵追剿，不料却再次遭遇倭寇埋伏，一次阵亡了200多人，损失巨大。倭寇则乘势占领了平海卫，企图夺船出海。

这一仗惨败让万历皇帝觉得失了面子、气愤不已，迅速下令革了游震得的福建巡抚一职，命其戴罪立功，并且紧急召回因父丧去官的谭纶担任闽浙总督，指挥福建抗倭斗争；另一边提拔俞大猷为福建总兵，又下令戚继光火速支援福建。这三人不仅是生死之交，更是抗倭史上战功赫赫、各有所长的杰出人物。

嘉靖四十二年（1563年）正月，新任福建总兵俞大猷于漳州招收农民武装6000人，在平海卫附近和刘显合兵一处，两队人马加起来万人有余，与倭寇数量基本持平，实力不相上下。就在大家都以为俞大猷会立即给予倭寇雷霆一击，一雪前耻之际，一向用兵稳重的他却决定暂时按兵不动，“列营以困之”[①]。俞大猷一边加紧修缮巩固壁垒、加强巡海，将敌人可能逃跑的陆路、海路全部堵死；一边写信给戚继光说：“猷与贼对垒，不肯轻战，专候公大兵至，并力收工。世人皆以为猷为怯、为迂，唯谭二华及公识猷心。贼在数日欲

① 俞大猷，《正气堂集》卷十五《兴化灭倭议》。

遁，愿公速至。人皆以为公迟，亦唯二华及猷能知公之心也。”[①]这份体察，这份甘愿奉献的赤诚之心着实令人感动不已，朋友之间的惺惺相惜就是如此，无须多言，更无须他人置喙。

戚继光其实也一直在为抗倭斗争做积极的准备，在他回浙之后，便立即向朝廷上书《议处兵马钱粮疏》，请求招募新兵，配备粮饷器械，给予便宜行事。朝廷鉴于福建倭患严重立即同意了他的请求，戚继光即刻于当年二月，再次到义乌募兵，16天内便得壮士万余人，他在挑选这些士兵的时候，特别看重他们的出身和素质，挑选的无一不是出身清白、家境贫苦但身体素质好且上进、服管的年轻人。而戚继光最为在乎的，就是他们是否有一个“勇”字在心头，是否是品德无差的好青年，是否愿以一己之力承担贡献朝廷、守护国土、保卫百姓的重任。当时情势紧迫，戚继光内心也是无比焦灼，三月初立刻与兵部副使汪道昆率兵赴闽，为了不贻误战机，他只得一路上边行军边训练，这样快马加鞭日夜兼程，最后就比俞大猷晚到了20多天。

戚继光刚一赶到，就不辞辛苦地到平海卫前线视察，回营后立刻拜会俞大猷、刘显两位将军，共同商定进攻策略。戚继光主动提出“这次主攻由我担任”，其余两人也一致同意由戚继光出任统帅总领三军。这就避免了联合作战中由于意见不统一发生主官之间争权夺利、朝令夕改、贻误战机的情况。主帅一定，作战计划也就顺利地制订了下来——由戚继光中路进军，从正面进攻，刘显带军负责左路，俞大猷军负责右路，兵分三路成包抄之势。另外，戚继光更是亲自张榜悬赏冲锋将士，使得军营内外士气大振，人人摩拳擦掌准备大干一场，抢立功勋。

此时，俞、刘、戚三军共计3万余人，而盘踞平海卫的倭寇仅有五六千人。听闻戚家军来了，倭寇们也害怕，纷纷带着抢夺来的财物装满了大大小小32条

① 俞大猷，《正气堂集》卷十五《与戚南塘书》。

船准备逃往海岛，逃跑路上遭到许朝光部队的突袭，一部分倭寇乘黑夜侥幸逃往清林南面的许家村，打算依托地势结巢死守。

戚继光一向火眼金睛，又怎能识破不了敌人的这些小伎俩？五月二十一日晚，趁着夜黑风高，戚家军以哨总胡守仁为前锋逐步逼近敌人老巢，待寇贼发现想要逃跑的时候已经迟了。戚继光命令先头部队大放火枪火炮，这是当时最先进的武器，一时间火星四溅炮声震天。倭寇派出的一百多名前锋骑兵四处流窜、战马受惊、队形大乱，更遑论什么战术战法了。战斗正酣，戚家军乘胜追击发起猛攻，刘、俞大军更是从左右两翼加入战斗，双方展开了近身肉搏战，白刃格斗。倭寇腹背受敌，根本招架不住，更无还手之力，于是仓皇之下狼狈窜回许家村。三路明军乘胜追到许家村敌巢，将其团团围住，并乘风发起火攻，迅速结束了战斗。

明军以闪电之势收复了平海卫，救出被掳百姓2380名，歼灭倭寇2200多人。不可不谓是一次鼓舞士气的大胜利啊！大有“待从头收拾旧山河，朝天阙”之感，这也难怪后人在评价此次战争时，用“至是始大创而去，浙、闽以次渐平”来总结其非比寻常的意义。而这速战速决的战法和战果也使得平海卫大捷成为抗倭战争史上著名的战例之一。它一扫倭寇长年累月地进犯带给沿海人民深重的灾难，也一扫区区日本弹丸之地对我堂堂天朝大国的不断冒犯，扬我国威，难怪嘉靖皇帝甚至专门去了一趟太庙祭祀，以大捷喜报告慰先灵、祈求安定。

谭纶在给朝廷上疏评价此次胜仗时说：“（戚继光）鞠躬尽瘁，用兵如神，岂止当今之虎臣，实为振古之名将。”[①]兵部覆勘也说他：“貌仅中人，勇逾万夫。超距先登，独入豺狼之穴；挺身力战，共称熊罴之才。”[②]的确，在

① 戚祚国等，《戚少保年谱耆编》卷四，嘉靖四十二年六月，第106页。

② 杨博，《杨襄毅公奏疏》卷六《覆巡抚福建都御史谭纶恢复兴化府治献捷疏》。

这次战斗中，戚继光率领的戚家军担任中路军充当主力，起到了中流砥柱的作用，而作为主帅的戚继光更是功不可没。明帝也因此连续擢升其官职，令其继任福建总兵，全权负责闽浙之地的抗倭斗争，并荫子为原卫所正千户。可俞大猷与刘显因为迟迟不肯动兵被误解为畏首畏尾、惧而不战，因此只获得了40两白银的奖赏，甚至还不如有些立功的士兵获封的多。戚继光都替他俩抱屈鸣不平，俞大猷也是心胸坦荡的英雄，不在乎名利，他反过来安慰好友道："我们打仗是为了朝廷的封赏、别人的崇拜吗？不是这样的，我们是为了打击倭寇，保卫家园。你我是至交好友，所以你的荣耀就代表了我的光荣啊，不必替我在意这些身外之物！"四月二十三日，戚家军正式接管兴化府城、安顿居民。二十七日，在班师回朝的路上，当地的老百姓依依不舍，一路相送，以他们仅有的茶酒瓜果敬献，以载歌载舞的形式表达他们的感激之情。这足见戚家军广受百姓爱戴，也说明了"得人心者方能得胜利"的道理。

第二节　重建边防强兵力

经过平海卫一战之后，戚家军力量日益壮大，许多当地的青年人纷纷主动要求加入其中，期待为扫平倭寇隐患贡献自己的一分力量，一时之间福建省内戚家军人数达到1.28万人。戚继光也是意气风发，一鼓作气率领部下接连开战，前前后后歼灭了侵扰政和、寿宁的大部分倭寇，取得了连江、宁德等大大小小20余场战役的胜利，所到之处无不以漫卷西风之势碾压敌军，终于在嘉靖四十一年（1562年）冬，将到达福建的万余敌寇歼灭，还福建广大地区以暂时的安宁。

戚家军当年食用的光饼　徐恒业 摄影

戚家军以赏罚分明、纪律严明著称，无论走到哪，条件如何，他们始终对沿途居民以礼相待，与弟兄战友相互扶持，即使对待俘虏对手，也是心存善意、绝不嗜血滥杀。打仗行军时常需要急速奔行，为了节省时间，戚继光提出将面饼用绳子穿在一起，挂在脖子上，官兵们饿了可以就着壶里的凉水咬上几口，这样就能充饥，又能节省时间，做到边吃边行军打仗。

当时，戚家军还给这种饼起了一个好听的名字——“光饼”。直到今天，在当地的美食特产名录上，“光饼”还赫然在列，导游会对每一位前去游玩的旅客讲述这个有些心酸也颇为感人的故事。

戚继光发现年纪小的士兵觉得疲惫想放弃或者士气低沉的时候，就组织将士们齐唱他自己编的军歌，戚家军将士慷慨激昂，打着拍子，同唱《凯歌》：“万人一心兮，泰山可撼。惟忠与义兮，气冲斗牛。主将亲我兮，胜如父母。干犯军法兮，身不自由。号令明兮，赏罚信。赴水火兮，敢迟留……”声音豪迈雄壮，响彻天空，刹那间这股力量又回来了。有时候杀的倭寇太多了，士兵们也于心不忍，戚继光就下令杀贼不必取首级，只取性命，不可不谓是仁心仁德。军报说军中瘟疫横行，1000多名士兵已病倒。戚继光想到这些士兵远离家乡水土不服，又有疾病缠身，便时常去探望他们，给予心灵的抚慰，同时调拨物资，紧着伤病员先用，又亲自向当地经验丰富的村民、大夫讨教，如何去瘟疫、防传染。类似这样的故事还有很多很多。戚继光贵为将军，可丝毫没觉得自己身份特殊、待遇优渥，反而同战士们吃在一起住在一起，毫无架子，除了行军打仗，还时常关注他们的思想动态、情绪变化。

一次，在连续的奔袭进攻，又拿下一场胜仗之后，戚继光在巡视时问手下，此时此刻最想干什么？士兵笑笑说：“只想好好睡一觉，连睡他个三天三夜。”如此质朴却真诚的愿望不禁使戚继光感动之余，陷入了沉思：的确，将士们跟着自己出生入死毫无怨言，吃不饱穿不暖也就罢了，可是连一个好觉都没睡过，往往是休战的空隙和衣而卧，更不要说远在他乡的父母子女了，他们能不思念吗？能不担忧吗？于是，戚继光做了一个大胆的决定，趁战事之余，将万余人分为两拨队伍轮续驻守，一拨行使巡防职责，一拨回老家进行休整。这样，留在福建的就只剩下的6000多人了。此举一出，士兵们自然欣喜若狂，也得到了明廷的支持。不过也正因为此，为后来的艰苦战争埋下了伏笔。

反观这时的倭寇，面对戚家军毫不留情的进攻，已经无路可退、丧心病狂，走投无路的他们把抢夺来的宝贝全部洒在地上，想要用这种极端卑劣的办法分散明军注意力，趁机逃走。可让他们大吃一惊的是，面对这满地的金银财宝、绫罗绸缎，竟然没有一名戚家军动心，放下武器低下身子去捡、去抢，于是军民内外、部队上下无不竖起大拇指称颂戚将军治军有方，带兵有道。

但是，倭寇之患仍然像一颗不知道什么时候就会爆炸的炸弹一样困扰着沿海居民们，时不时冒出来搅得人鸡犬不宁，老百姓真是被他们祸害怕了。在许多偏远的地区仍有小股倭寇四处流窜，所有这一切说明，福建的形势依然不容乐观，更不能掉以轻心。在福建巡抚谭纶的支持下，戚继光提出了“加强海防十二事”[①]，开始着手对福建地区的沿海防御系统进行整顿，以保证全境和人民的安全。这“十二事”中就包括了任命戚继光为总兵官、汪道昆为按察使，加强当地民兵组织的训练、减免百姓苛捐杂税、恢复沿海的五水寨、水路陆路全面设防等一系列措施。

留在福建的6000余人被戚继光分成8个营，每营800人，分北、中、南三路设防。北路负责福宁（今福建霞浦地区），南路驻守漳州、泉州，负责福建南部地区的防卫工作，胡守仁主要负责中区，剩余两营由戚继光统率，作为机动部队并联络救援于各路。另外专派一营驻扎连江，护卫省会安全。水路方面，除加强海上防御，恢复烽火门、小埕、南日、铜山、浯屿五处水寨外，依照戚继光原本的设想，每个水寨应设兵船40只，士兵1.3万人。水寨是海面上的守护长城，主要用来负责海上拦截、打击来犯和逃亡之倭，一旦有倭寇登陆，陆兵则将其歼灭。不过因为条件所限，只得暂时增修战船92只，每只都配备火药器

① 即《倭寇暂宁条陈善后事宜以图治安疏》。

械，按水寨大小分给各处，以增强各自的战斗能力。这是继浙江之后，戚继光再次修筑的从南到北连成一线的海防工事，极大充实了海防力量。这样，福建的海防更加巩固了。

“御戎之策，惟战守两端”，“自古防寇，未有专言战而不言守者，亦未有专言守而不言战者，二事难以偏举”。[①]戚继光正是早早预见到了这一点，才主张因地制宜、灵活用兵，只有战中有守、守中有战、战守结合，方能赢得最后的胜利。

管理，就在于把人管好。所以在平时，戚继光就很注重对年轻将士的栽培和提携，这种帮助教导不仅体现在教他们如何带兵打仗上，更体现在如何帮助他们成为一名心智成熟、矢志报国的人上。他认为，“首教以立身行己，捍其外诱，明其忠义，足以塞于天地之间，而声色货利为人害者，悉去之”。[②]无论如何，一个人的品质、认识是最重要的。在这样润物无声的言传身教之下，军营内的青年人纷纷成长起来了，成为在关键时刻可以独当一面的后起之秀，让戚继光颇感欣慰的是，现在即便没有他现场指挥，戚家军照样能不乱阵脚打胜仗。这说明手下的将领都已成熟，他练将的目的达到了。

戚继光的接连胜利受到了众人关注，而在这林林总总的目光里，夹杂着各种各样的复杂情绪：有敬佩，有不屑，有崇拜，也有不服。在以文官为掌政主流的社会秩序下，某些别有用心的人害怕戚继光文武兼备、功高盖主，就利用手中的权力对戚家军设置重重障碍，将人性的复杂自私体现得淋漓尽致。比如调运粮草物资等事上，许多地方官不予支持，使戚家军的战斗力受到了一定的影响。泉州战役时，戚继光派人向广东求援请求共剿倭寇，而广东方面怕削弱自己的实力以种种理由推脱，拒绝出兵。这样的事已经出现过好几次，戚继光

---

① 《皇明经世文编》卷之三百四十八。

② 戚继光，《纪效新书》（十四卷本）卷十四《练将篇》。

能不着急吗？他深知，将国家百姓的安全置之不顾，这种狭隘的功利观会使得接下来的战斗更加艰难，使许多本该早就结束的战斗拖了又拖，造成大量不必要的伤亡和物资浪费。这真是让他无奈又心痛！

第三节　以寡敌众取仙游

就在戚继光刚刚把现有的6000多士兵部署好之后，倭寇们又一次奔袭而来。平海卫之战，倭寇虽然败了，可还固执地认为这不过是明军侥幸，靠着戚继光的名声，再加上戚家军一点点运气而已。更重要的是倭寇从兴化城劫来的大批财富还没来得及从海路运走，很多人惦记着这事，他们听说这批金银财宝被藏在仙游等地，于是秋汛一到，就迫不及待地集结成了2.7万多人的队伍，准备趁戚家军休整之际杀个回马枪。他们打算先用1.5万人劫掠仙游把财宝抢回去，其余的等明年春天再来。福建历史上最大规模的一次倭寇入侵就这样爆发了。

敌人来势汹汹，戚继光却犯了难。彼时他手下能调拨使用的也不过是这轮守福建的大约6400人，敌我力量太过悬殊。此时留守的人员经历了平海卫等役和突如其来的疫病，战士们能撑着完成驻守工作已是不易，怎么还能在正面战场与气势汹汹的敌人相抗衡呢？更让戚继光意想不到的是，在如此紧急的情况下，戚家军的另一半精兵强将却被拦在浙江，被以各种莫名其妙的理由拖延着不允许他们迅速归队参加战斗。种种主客观条件的限制，声声“江郎才尽”的质疑，夜夜愁思难眠的煎熬，内忧外患之下，戚将军抗倭生涯中最富挑战性的一役就这样在他紧锁不展的眉头、紧握的拳头、耳鬓间突然生出的白发中开始了。

从嘉靖四十二年（1563年）十月二十三日起，倭寇就开始陆陆续续在福建边境沿海登陆，无论日期、地点还是数量，都让人摸不着头脑，似乎没什么规律可循。面对这样的情况，戚继光和谭纶亦不敢轻举妄动，只能先做好防守再积蓄力量，以不变应万变。首先，他们命令五大水寨、陆路水路全线准备抗击，打敌人于出其不意。其次，命人快马加鞭奔赴浙江，与当地驻守官员协调关系解决矛盾，“催取上班官兵建城赴闽”，同时命轮休的另一半士兵立刻回营援助。最后，召集周围各地负责抗倭斗争的领袖共商歼敌大计，反复琢磨预测敌人可能采取的攻城策略。

戚继光的这些策略，有动有静、有实有虚，充分显现出他作为一名身经百战、百战百胜的指挥官的战斗智慧，也让对手不敢轻易来犯，即使他们人多势众，只要提到“戚家军”，他们还是有所忌惮的。由于前期准备充分，戚家军在阻挡敌人登陆的水陆战斗中，取得了全面的胜利，有效打击了敌人的嚣张气焰，戚继光也从倭寇看似无规律的四处奔逃中，敏锐地判断出了他们进犯登陆的真正目的地——仙游。所以，戚继光事先挑选了200名精兵强将驻守仙游县城，告诉他们防守的攻略与要义，同时命令泉州府惠安、南安等周边县城严加防范。然后，他亲自率领一支最强悍骠勇的队伍，于十一月初五进驻兴化，伺机向仙游城外移动。就在这支机动队伍马不停蹄地赶往仙游重地的途中，2万多倭寇于十一月初七突然包围了仙游县城，随时准备攻破城门，抢夺财物。城门外剑拔弩张，城内百姓命悬一线，民兵队伍加上前期派来的守卫部队，也不过就是四五百人，面对城外黑压压一片，任谁也没有勇气拼死一战。就在这样艰难的时候，戚继光准确分析形势，考虑到目前敌众我寡、敌明我暗、敌人对于戚继光、戚家军的威名还有所忌惮的主客观条件，决定采取先以防守为主，保住仙游，等待援军到达之后，再发兵围攻倭寇的策略。在仙游一役，戚继光首创“以游击战为主、正面对抗为辅”的城市保卫战，这也成为后世战法的经典范例。

戚继光和他的部下为了守住仙游，可以说是殚精竭虑，想出了一系列虚实结合、真假难辨的对策去蒙骗、麻痹、消耗敌人。防守最好的办法就是“打铁还需自身硬”——加强巡逻、坚固堡垒。戚继光派胡守仁、蒋伯清带领队伍占据仙游城北的最高地——铁山，令其身居险要之处占据地利之便同倭寇对峙。继而，他选派500名机敏灵活、经验丰富的士兵组成神出鬼没的游击队伍，时不时偷袭、骚扰一下倭寇，待倭寇整装队伍出门迎击时，他们也不多做停留，“打完就跑”，简直让敌军防不胜防、不胜其烦。这样一来，倭寇的精力就被分散了，没法专注于攻城略地，客观上为戚家军争取了时间。

在仙游保卫战中最令人拍案叫绝的，莫过于戚将军唱的一出“空城计”了。他一面命人偷偷向城内不间断地运送火箭、火药等兵器，命人加紧赶制防御器械；一面率本部驻扎在毗邻敌人大营不远处的沙园，大兴土木建营寨、遍插旌旗，营内鼓声震天、士气高昂，每天定时开展训练，为进攻做好准备。与此同时，在回浙士兵迟迟未归的情况下，他只好选600精兵伏击在倭寇大本营附近，四面设置疑兵，防范倭寇四处作乱、烧杀抢掠，尽可能保证百姓的生命财产安全。让人没想到的是，戚继光还主动找人去倭寇那里和谈，说要和平解决仙游之事。这下子，敌人彻底迷惑了，戚家军到底有多少人在城内？他们到底还藏着什么先进的武器？面对我们的万人围攻他们居然不害怕？戚继光葫芦里到底卖的什么药啊？想到平海卫的惨败，倭寇心有余悸，短时间内也不敢轻举妄动了。

交战多年，戚继光十分了解倭寇贪婪无度的本性，鉴于他们看见什么抢什么的流氓作为，戚将军顺势而为，让下属专门制造一种特殊的武器送上门去。这种武器的弹药后膛极薄，里面填充了火药和铅。它表面看起来与其他炮筒无异，其实就是两门巨型大炮。倭寇知道谁拥有了它们，谁就掌握了毁灭整个仙游的力量。他们看到之后眼睛都红了，不疑有诈，早早派人守在运弹必经的道路上，将这两枚“杀伤性武器”，连带着火药一并劫了去。就在倭寇们弹冠相庆，将两门大炮运至城门下、点燃炮筒准备一举攻下仙游城时，意外发生了。两声巨响之后，并没有出现如倭寇脑海中演练了数遍的情景：城墙变成废墟，他们毫不费力地攻入城内抢夺财宝。出现的景象是——围在大炮周围看热闹的数百敌人被炸得血肉模糊、死无全尸。戚将军就这样不费吹灰之力干掉了数百名敌人，倭寇们即使恨得牙痒痒也无可奈何。

这样苦苦支撑了两个月之后，倭寇终于估计出戚家军的真正实力了，原来戚家军不过是虚晃一枪，驻守此地的明军不过几百人，不足为惧。意识到这一点后，他们立即准备全力攻城。幸运的是，戚继光有先见之明，将有限的人员合理布置在水路和陆路几个重兵要地上，既可防止倭寇转而进犯省城，也能将他们后退逃跑通道堵死。这样一来，倭寇就成了瓮中之鳖，前无进法后无退路，等待他们的只能是被歼灭的命运了。而此时，久候未至的主力部队终于克服了浙江当局种种无理的刁难和拦阻，在这千钧一发之时赶到了。他们刚一进入福建，戚继光就紧急召见各分队将领，宣布围歼倭寇、保卫仙游的方针部署，同时要求这支队伍必须于十二月二十五日前到达驻地。一场大战一触即发。

第二天，戚继光到仙游城附近观察敌情。他站在一座小山上向敌营望去。倭寇营地铺天盖地，漫山遍野，把仙游城围了个严严实实。倭寇正拼命攻城，疯了一样下来一批，又上去一批，十分凶猛，城墙上的士兵只能勉强应战。戚继光早得到战报，目前城中火药短缺、粮草不足，最危险的是少数守城官兵因为胆怯，心思多有不定，形势十分危急。

他意识到，如果不能及时把这股倭寇赶下去，仙游失守在即。戚家军就是死也要守住自己的阵地，和敌人展开血战。面对困境，谭纶下令：全境兵马都由戚继光统一指挥，全面反攻，以彻底歼灭倭寇，解仙游之围。

当时围攻仙游的倭寇集结为四巢，分别盘踞在东、西、南、北四个方向的城门外面。戚继光认为，敌军有1万多人，在人数上已方并不占优势，但好在四方城门之间都相隔一定的距离，可以逐一夺取，于是决定先合力进攻南巢，然后再攻打东西二门的营垒，以期进攻一处、歼溃一部。整个兵力作如下的布置：

中路分左右二部，守备王如龙的部队为中左路，督守备胡守仁统率右部，两军共取南巢；把总陈濠率领陈禄、陈文澄、童子明等右翼奇兵为右翼，取贼东巢；以游击李超带人攻打盘踞西门外的倭寇；把总金科等率部为大营正兵，以吕崇周、副总兵金文秀领标兵400守铁山，以牵制北巢之贼；代理把总傅应嘉从背面抄击西巢倭寇；以中军吴京押送火枪弹药，随军接济。另外，戚家军还公布出了一整套行军作战的注意事项，如防止中敌人埋伏，所经路段必须经过仔细搜查后才可前进，尤其是青草覆盖着松土的地方，极有可能是敌人布置的陷阱；如不要冒进贪功，不要争财赌气，拿下一处立即前进，以免贻误战机；还提醒大家注意安全、小心防护，分清诱敌和进攻的信号，随机应变，务必以最小伤亡赢得最大胜利。

嘉靖四十三年（1564年）正月初八，大军分道开至新岭扎营，胡守仁部开至天光岭扎营。这天夜里大雨不停，路上没有一个行人。第二天一早浓雾弥漫，伸手不见五指。各路军队在漫天迷雾的天然掩护下艰难地出发，摸索前进，直到接近城外才被倭寇发现。此时的仙游城战斗正酣，倭寇推着8座庞然大物准备攻城。这种武器名叫吕公车，是一种十分厉害的攻城工具，高出城墙1丈多，每辆车可容纳100多人，车子的前面、左面、右面都包了厚厚的几层竹片、棉毡，它既不怕刀枪，也不怕火器。眼见几百倭寇离城墙越来越近，城内的士兵不停地放火箭，无奈敌人数量太多，眼见着逐渐落了下风。一旦车子有机会靠近城墙，高处立刻放下梯子，倭寇顺梯而下，不断地涌上城头，仙游城危在旦夕。就在这千钧一发的紧要关头，戚家军如有神助，从城外东西两边及时杀到。倭寇大梦方醒，眼见“帅”字大旗迎风招展，旗下威风凛凛的将军不是别人，正是让他们闻风丧胆的戚继光。两旁将士盔明甲亮，威风八面。城上军民精神一振，奋勇争先，与倭寇展开面对面硬碰硬的贴身肉搏战。

攻城倭寇见势不妙，丢弃吕公车停止攻城，向戚家军冲去。按照戚主帅的预定计划安排，中左路王如龙奋力迎战，胡守仁率中右路军齐进攻，直冲倭寇南巢，一下就端掉了南门大营。敌人支持不住，退回巢穴，坚守不出。戚家军砍断栅栏，打开缺口，冲了进去。士兵一边冲杀，一边放火，整个巢穴顿时淹没在一片火光之中，戚家军勇猛不减，只管继续杀敌。倭寇残敌支持不住，于是向东边逃窜。东巢就建在仙游大道上，狡猾的倭寇在这一带设有陷阱伏击，童子明率军杀到虎啸潭时，不幸中了戚家军抗倭用的火炮，壮烈牺牲。战友们悲痛不已，激扬斗志，继续投入战斗。敌人的东门据点都被焚毁，灭倭数千，西门也被荡平。漏网的倭寇再无斗志，不再做垂死挣扎，纷纷投奔北门倭营，戚继光亲自上前线指挥督战，以迅雷不及掩耳之势扫除此等残兵剩勇，彻底粉碎了倭寇进攻，解除了仙游危机，凯旋回城。城内无论老少男女全部聚集于城门边，携美酒带笑颜，欢呼声颂扬声一片，为戚家军庆功。

此一役，倭寇损失惨重，死伤以数千计，不仅大本营被全部焚毁，被缴获的武器更是数量惊人，可以说是大伤元气。反观明军，由于策划精密、布置得当、士兵骁勇善战，最终阵亡的不过24人。这是以戚家军为主力的明军继平海卫战之后取得的又一个重大胜利，也被传为历次战斗中以少胜多、扭转战局的战斗佳话。谭纶在为仙游之捷请功时，给朝廷的上疏给予这次战役高度的评价："用寡击众，一呼而辄解重围，以正捷。盖自东南用兵以来，军威未有如此之震者"。[①]仙游之战才刚刚落下帷幕，战士百姓们还沉浸在赶跑敌人的喜悦之时，戚继光已经开始冷静分析局势了。他认为，这是一次将倭寇彻底赶出福建，永除倭患的大好机会，必须乘胜追击。于是他锲而不舍地继续沿着倭寇逃跑的路线紧追不舍，先后在王仓坪、蔡丕岭连胜两场，擒首级、缴武器、解

① 谭纶，《谭襄敏公奏议》卷二《水陆官兵剿灭重大倭寇分别殿最请行赏罚以砺人心疏》。

救俘虏，“自后倭寇脱归者，始之犯华不利状”，于是乎，“倭寇不敢复窥八闽”。朝廷也称此为“是诚十年未有之功。”困扰了福建、广东、江苏、浙江、江西等地沿海地区数十年的倭寇之扰，终于在戚继光和威武善战的戚家军的努力下被消灭殆尽，明朝百姓终于看到了和平安定的曙光。

福建倭患平息后，当地老百姓无不欢欣雀跃，对戚将军感激不尽，称戚继光为再生父母亦不为过。史上有词为证：

石马冈，塞草黄，岛夷如蚁戈如霜。孤城发发祸叵量，将军赫然怒，洒泪誓戎行。伊余有事在边疆，愿与百雄俱存亡。朔风动地吹沙场，卷甲宵驰石马冈。

战南城，捣连营，蠢尔倭奴方打域。将军从天下，军声如雷轰。招摇焯耀，稀摩震惊，三面崩溃，万姓欢迎。谁不曰，吁喔乎，戚父生我。

第四节 围剿吴平斩内奸

吴平是谁？与倭寇沆瀣一气的大海盗、奸诈狡猾的大恶人。相传吴平是福建诏安四都人，早年间投靠倭寇成了内奸。他在广东潮州一带烧杀抢夺、无恶不作，将所到之处的一大批无业游民、地痞流氓集结在了一起，自立山头。

嘉靖四十三年（1564年），福建剿灭倭寇之战中的逃兵仓皇逃往广东，跟本土的倭寇会合，广东的潮阳、揭阳地区成为他们新的目标和据点。“地头蛇”吴平趁机与倭寇串通，把广东地区变成了第二个福建，百姓苦不堪言。此时，镇守广东地区的，恰好是平海卫之战中力排众议等待戚继光的那位贤臣——俞大猷。俞大猷在任，安抚百姓、剿灭倭寇，想使当地的生产生活尽快恢复到正常状态。为此，俞大猷率先抛出橄榄枝，想要招抚吴平，为己所用。吴平大概也清楚自己作恶多端、不得善终，于是表上是答应了招安，顺从地被俞大猷遣送回原籍安置，背地里则打着自己的算盘：继续练兵造船，扩充人手，期待着能有一天东山再起。

戚继光在知晓了这样的情况后，立即部署兵力，决定不给吴平以喘息的时间，先发制人。有的官兵不理解，为什么倭寇都赶跑了，还不能休息休息？一个吴平算得上什么威胁？面对这种懈怠、散漫情绪，戚继光语重心长地说：“各位弟兄们远离家乡故土跟着我南征北战，非常辛苦，我个人心里充满了感激；大家天天风餐露宿、吃不饱睡不暖，心里还思念惦记着远方的亲人，你们的辛苦我都看在眼里。现在倭寇之患基本消灭，按理说应该给大家放假，给你们充足的时间好好休养生息、尽享天伦之乐，这也是人之常情。可惜吴平这个奸人网罗了一大帮流氓地痞，到处抢劫作恶，还跟倭寇勾结作恶。如果我们不一鼓作气彻底消灭他们，万一过几年这股势力壮大起来，倭寇又卷土重来，到那时，我们会打得更辛苦，牺牲的兄弟也会更多。到那时，我们何以面对江东父老？你们想这样吗？你们一定不想。所以，我们还要打吴平，而且一定要打赢！只有这样，我们才能高高兴兴，带着自豪、带着满足荣归故里得见亲人！”一番慷慨激昂的演讲，瞬间点燃了小伙子们的战斗热情，他们纷纷表示：不打垮吴平，绝不班师。

嘉靖四十四年（1565年）二月十九日，戚家军向吴平方向开拔，一场恶战随即展开。

吴平心机很深，他不知从哪儿先听说了这个消息，自知不是戚继光的对手，所以首先做的就是把自己的家人、积蓄都转移到船上，准备逃往广东。戚继光也想到了这一点，命令水师负责人傅应嘉埋伏等候，一举击沉船只105艘，消灭敌人3000多人。[①]当时正值春汛，为保安全，戚继光并未多做纠缠，而是指派傅应嘉继续追剿，双方你争我夺，傅军在小范围内占据了优势，于当年四月班师回朝。结果没想到吴平贪婪无度仍不死心，刚吃了败仗，在六月又卷土重来，带着手下的一帮亡命之徒，驾驶几百艘战船回福建抢夺财物。戚继光命令傅应嘉、把总朱玑、协总王豪统领战船共计46艘分泊于玄钟等地防备。这次吴平有所准备，不仅俘虏了朱玑、王毫，还掠去了戚家军13艘战船。双方僵持不下，傅应嘉只好暂时退回铜山，吴平也后退至南澳岛，依地势之险，在深澳山大兴土木，修筑坚固的土堡木城，在宰猪澳精修篱栅，时不时出海骚扰一下附

① 参考《戚继光大传》。

近居民，抢夺金银粮食，当地百姓苦不堪言。

明军损失了两员大将外加10余艘战舰，震动了朝廷，这还是抗倭历史上从未有过的失败，最让人义愤难平的是，明军没有输给倭寇却输给了自己人。此时此刻，在朝廷看来，吴平已经不仅仅是集结了一些狂妄之徒的海盗，而是真正需要平定、剿灭的乱臣贼子和与倭寇沆瀣一气的心腹大患了。皇帝亲自下令，由戚继光掌帅，福建、广东总兵全力配合，“严督兵将，协力夹剿”吴平。

吴平虽是乡野鲁夫，可也是诡计多端，这在他选择避难的位置上可见一斑。南澳岛在广东省饶平南的大海深处，位于闽粤交界，是倭寇由闽入粤的咽喉重地，呈狭长形，东西长40余里，南北最宽处20里，岛上森林茂密，利于设埋伏，四周还有深澳、隆澳、云澳等重要港湾，可停泊船只，方便隐蔽、出逃。深澳地势尤为险要，入港处水道狭窄，小船只能鱼贯而入，若吴平派人固守此港，只需少量兵力即可达到“一夫当关，万夫莫开”的效果。吴平将大本营设在这里，同时又在云澳、隆澳上部署了驻兵。

南澳所处的地理位置，易守难攻，不管是航渡还是登陆都困难重重。所以，戚家军出战首要面临的，就是航渡问题。军队大规模航渡太过显眼，本身就存在被敌人消灭的风险。其次，面对这样复杂的局势和地形，将士无论在体力、注意力、精力上都已经消耗许多，很难与驻守的敌军相比，从海路转到陆路还需要一段适应和休整的时间，弄不好就被敌人打得人仰马翻了。为此，俞大猷和戚继光做了充分的准备，俞大猷在海门集结船只，戚继光调拨军队1万余人，战船300艘，渔船500艘，粮食3000石到达漳州，为打持久战做了充分的物质准备，并提前命令漳州知县调集当地熟悉海防的民众防守柘林以南，防止吴平乘船出港逃入大陆；临近的渔船全部交到当地政府，切断吴平的后勤保障；戚家军的兵船环列宰猪澳、竹栖澳及大沙澳等水域，将敌船压迫于小小深澳港内，完全封锁海上通道，让吴平成为瓮中之鳖，避无可避，无处可逃。

九月十六日，戚继光率领陆兵到达进攻南澳的出发地拓林，亲自乘小船出海察看南澳地形。一番细细勘察之后，他选择了相对平坦、吴平驻守不严的龙眼沙作为登陆点，决定实行水陆夹击的方式，期待先突破龙眼沙后，再迅速向前推进，就能将敌人一步步逼向绝路。之后，戚继光等人对渡海、登陆进行了周密计划，不但对兵船的航渡序列、登陆前的准备做了细致的安排，并预估了各种可能发生的情况，兵船的坚固程度，武器的安全系数和士兵们可能遇到的困难等，尽量将作战风险降低到最小，确保万无一失。戚继光还是按照他最擅长使用的左中右包围夹击的方式：中路由偏将曹南金率领，正面冲锋，戚部策应；金科率领金崇岳、冯焕等从左路突围；张迈负责右路，吴京等驻守在老营，随机应变。

戚继光要求士兵按照这个队形不断演练，队形排列好之后，按照左、中、右、老营的顺序航渡，每一路为一支大船队，路中的每一总为一支小船队。各路挂上红、蓝、白、黄各种颜色的旗帜，既能用来区分，也可以相互辨认，保持队形。戚继光还严格规定了登陆步骤，比如等到全部航船到齐之后才能听命令一起登岸，上岸之后禁止横冲直撞，过一里便扎下营寨，等到各路站稳脚跟之后再齐头并进、互相照应。上岸之后，每个人需要准备一双木底鞋和一双草鞋，有敌人埋伏竹签的地方就穿木底鞋，这样竹签不会扎到脚，没有埋伏竹签的地方就穿草鞋，这样脚比较舒服行军速度快。每天要备足干粮，不能一顿吃光。战斗的时候不许割敌首级，不许抢夺财富。这些规定和做法都是从此前的战斗中一点点总结出的经验，也是在面对劲敌时所做出的最全面、最大限度确保成功的策略。

九月二十二日，一连刮了几十天的飓风终于停了，戚继光亲自督促士兵登舟渡海，在龙眼沙登陆。登陆地点山深林密，处处有吴平设置的伏击障碍物。戚家军保持高度的警惕性，一面伐林开路，因地结营；一面严阵以待，谨防偷袭。各营按照部署，一边登陆，一边行进，一边建木栅。这时吴平派了2000余人前来诱战，戚继光派出曹南金一队率先迎战，他要求曹南金务必取得全胜，以此鼓舞士气，灭敌威风。曹军直接冲向敌方前锋，与敌人展开硬碰硬的正面交战。吴平这个草台班子眼看大势已去，不得已向后退逃，丢盔弃甲、相互践踏，溃不成军，死伤数百人，十分狼狈。

二十五日，吃了亏的吴平准备再次亲率队伍讨回便宜，他自以为自己的兄弟都是出生入死的交情，于是招贴告示以3000银子作为奖励，选精锐3000冲到山下展开反攻。戚继光一面迎敌，一面散发劝降传单，劝告胁从分子放下武器，既往不咎。吴平的部下在看到传单之后犹豫了，3000白花花的银子竟然还敌不过一张传单，可见戚将军威名震天，与他为敌没有人不害怕的。正在敌人犹疑不定、裹足不前的时候，戚家军趁势一口气杀贼500多人，大获全胜。吴平落荒而逃，戚继光顺利稳固了登陆点。也正是这一天，俞大猷统领参将汤克宽和300余艘战舰日夜兼程赶到了南澳，明军顿时声势大震。戚、俞会师后，立即召开会议重新部署，面对吴平已经将主要的注意力和兵力转移到陆路这一现状，戚继光认为，吴平是为了保住老巢，对宰猪澳、大沙澳的防守就势必会放松。于是，会议对作战部署重新做了安排，由俞大猷负责水师，分三处围追堵截，遏制各澳口以防止吴平逃跑，戚继光统领陆军迂回进攻，分两部歼敌，这样就可以水陆并进，一举斩获吴平叛军。

哪知道天公不作美，一连几日的大风直到十月初四方停，初五那天拂晓刚至，戚家军便整装待发、准备行动了。战船载着陆兵渡海，天刚亮便到达宰猪澳和大沙澳，中军在宰猪澳，直接朝着吴平的大本营疾驰而去，左军攻取吴平后寨，右军进攻土围，策应部队一路跟随。吴平虽然亲自到本寨大石上指挥军队，仍然难挽颓势，不久便落了下风，贼寇们无心恋战、四散而逃，吴平退据木城（即本寨）。戚家军从四面合围包抄，迅速攻破本寨，吴平最后的逃生之地也被占领了。

眼见贼巢、贼船都已被毁，知道大势已去无力回天，吴平带着剩下的800人

嘉靖四十四年（公元1565年）明廷为旌表戚继光父子功绩而建的父子总督牌坊　戚继光故里提供

逃跑了。俞大猷立即命令下属乘胜追击，击沉小船18艘，击杀船上100多人，吴平最后只余下仅有的700多人狼狈地向潮州、饶平地区流窜，沿途受到当地人民一系列自发的打击。吴平先是逃到了饶平的凤凰山，俞大猷的手下几次攻打，效果均不理想，给了他以喘息的时间。他趁机夺取民船沿水路逃往潮州方向，戚继光派人紧追不舍，双方展开激烈的阻击战，吴平败，再逃。他好不容易逃到雷州（今海康）、廉州（今合浦）一带，又被傅应嘉和汤克宽部队击败。只剩战船30艘还打什么！吴平走投无路，他不堪失败的打击、内心崩溃，最终在逃亡安南（今越南）的路上投海自尽了。

这一场大胜如同“久旱逢甘霖”的及时雨，鼓舞人心。此役，明军最终总共斩敌1500多人，烧伤淹死的更有7500人之多，解救被俘群众1800多人，将倭寇及其依附彻底赶出了东南沿海区域。两位将领互帮互助、完美配合，在战斗的过程中充分显示出了二人惺惺相惜的情谊和过硬的军事作风。俞大猷从小生长在海边，熟悉海情海防，海上斗争经验丰富，因此负责水路攻击；戚继光更擅长陆上战术，善于将敌人逼到死角再一招制胜，兵书上写的“出其不意，攻其不备”一招被他运用得出神入化。这二人意气相投、脾性对路、互相配合、相得益彰，交相辉映，任何敌人都不足为惧了。真让人不得不慨叹“人生得一知己足矣”。

嘉靖四十五年（1566年）春天，戚继光奉命监管潮州、惠州二府及神威营（在江西南部）的戎务，这样戚继光管辖的地区就包括浙江的金、温和福建的福、兴、漳、泉、延、建、邵武、福宁，广州的惠、潮两地等，肩上的担子又重了一些。[①]

① 杨博，《杨襄毅公本兵疏议》卷二十《覆议福建广东各该总兵官镇守地方疏》。

第五节　万众一心了夙愿

戚继光自踏上山东抗倭战场，就立下了保卫国家、造福百姓的宏图大志。历经10余年的艰苦，转战山东、浙江、福建、广东四省沿海。他率领的戚家军让敌人闻风丧胆，直到10多年之后，在大明的疆土上，倭寇祸患尽除的宏愿终于实现。戚继光也得到了“忠诚懋著，文武兼资，貌虽不逾中人，才则可将十万”的中肯评价。[①]而此时的戚继光，已经由激情飞扬的青年才俊，成为一名老成持重、经历丰富的骁勇将军，并且有了自己的一套带兵练兵之法，著写了一系列兵书。

想当年，倭寇犹如杀人不眨眼的恶魔，随着海上贸易的发展逐渐涌入沿海，所到之处烧杀抢掠、挖坟掘墓、强暴妇女、欺凌幼小，简直就是无恶不作，瞬间将沿海城市由富足之地变成人间炼狱。随着国力式微，明军的防范和进攻并不彻底，倭寇也日益嚣张起来，遇到军队进攻的时候，象征性地躲一躲，等军队撤走，他们又大摇大摆地继续回来作恶，甚至抢劫的财富超过之前几倍。这样担惊受怕的日子，沿海人民真是过够了，他们真心期盼着有人能够把他们从苦海中拯救出来。而这个救苦救难的“活菩萨”就是戚继光，这样

① 谭纶，《谭襄敏公奏议》卷一《倭寇暂宁条陈善后事宜以图治安疏》。

“你来我躲、你走我抢”的境况，也是在戚家军接手驻防工作后才彻底成为历史。

戚继光进驻福建之前，倭寇主要集中于横屿和烽头的两股势力，戚继光经过艰苦卓绝的四捷，将其消灭干净。待到戚继光二次入闽，则是把倭寇的新兴势力在形成气候之前彻底摧毁，并且顺带着将以吴平为代表的内奸铲除干净。这无疑起到了警示震慑的作用。如此荣耀的功勋，想必放在谁的身上都会好好炫耀、骄傲一番，可是戚继光就是这样默默无闻、踏实做事的人，他曾在多个场合多次表示，自己没有做什么了不起的大事，功劳是属于总督、监军和士兵们的。如此朴实无华的话语，怎能不让人感动、钦佩呢？难怪我们要说：“古今成大事者，必须德才兼备”，“德以配位”。否则一个人即使再能干，也逃不脱争议满身、众叛亲离的下场。

正是由于有了这样的爱国使命、博大胸襟、理性思索和人文关怀，戚继光才能在实战中不断汲取经验、不断获得成长，不断得到下属和百姓们的全力信任与支持，这于一位统领、一位将军、一位军事天才而言，都是最大的成功，也是最难达到的境界。

戚继光始终爱兵如子、爱民如子的深切情怀也令人钦佩。凡是戚家军所到之处，百姓无不载歌载舞地迎接为座上宾，老少男女携瓜带果、以美酒清茶呈奉，一面下拜，一面唱着自创的歌谣欢迎：“生我兮父母，长我兮疆土。生我不辰兮，疆土多故；奠我再生兮，维戚元辅。于皇元辅兮，允文允武；繄我今日兮，汉仪复睹。”将戚继光视为他们的再生父母般歌颂，足见人民对他的感激之情。当地无数有着报国之志的青年，更是主动请缨加入戚家军，为家乡扫平倭患、为乡亲赢得安宁贡献自己的一分力量。戚继光对他们，与自己嫡亲士兵并无二致，一样的悉心培养、一样的关怀备至，无论是在战斗中还是在休息轮防时，他都体恤下属，急人之所急，想人之所想，并且在实战过程中不断总结提炼兵法、发明改进武器，形成了一套独特的练兵理论。这样，戚家军也在不断进攻的过程中逐步发展壮大，成为威名一出便让敌人胆战心惊的常胜之军。

“众人拾柴火焰高”，有了高屋建瓴、身先士卒的将领，有了将士们万众一心的配合，再加上谋士助手的鼎力相助和百姓毫无保留的支持，这场仗才能获胜，才能以胜利之旗祭奠那些在战争和屠杀中无辜逝去的英烈和冤魂，也才能了却戚继光这“封侯非我意，但愿海波平”的宏伟夙愿。

倭患既已平息，等待戚继光的又会是怎样的使命和重任呢？

第六章

漠北荡寇　守疆戍边

朱元璋建立明朝后，通过武力迫使蒙古贵族败退漠北草原，后者不甘心失去在中原的地位，经常组织骑兵向明朝北方边境进攻。这些退居塞外的蒙古王公们始终是明王朝最强劲的对手，明王朝长期陷入与蒙古贵族对峙的局面。特别是16世纪中期以后，蒙古鞑靼，即东蒙古，分裂成几十个部落，其中势力最强大的是俺答汗，拥有骑兵10多万，领地在今天的内蒙古自治区呼和浩特市一带，距长城非常近，他时常派兵越过长城，骚扰和进攻明王朝北部边境。南方倭寇的骚扰基本消灭后，明王朝北部边疆依然是刀光剑影，这里将是戚继光续写辉煌的新战场。

第一节　临危受命调蓟州

嘉靖至万历年间，东蒙古鞑靼是明王朝在北方面临的最大威胁。

嘉靖年间，由于皇帝昏庸，奸臣严嵩实际把持着明朝军政大权，对于鞑靼的内犯，他非但不主张抵抗，而且认为“寇饱自去”，致使北方局势无法稳定。嘉靖二十九年（1550年）秋，明王朝遭遇了鞑靼部族规模最大的一次入侵，俺答汗亲率部队一直打到北京城下，严嵩坐视入侵者掠夺满载而去。这在中国历史上被称为“庚戌之变”。此后，明王朝与俺答汗之间时和时战。

受到惊吓的明朝政府“增兵益饷，骚动天下”，进一步加强北方防御，除长驻大军于蓟州外，在蓟州西还增设昌平镇，命大将镇守，以便“与蓟相唇齿”，遥相呼应。但是，腐败的明王朝及其军队根本抵挡不住骁勇善战的蒙古骑兵，蒙古人在明王朝北部边境地区来去自由，如入无人之境。这一地区终无宁日。明朝政府却把战败的责任归结到统兵大将身上，认为是将帅们没有尽心尽力。隆庆二年（1568年）戚继光总理蓟州军务前的17年间，蓟州镇的统帅先后更换了10人，每个人都是戴罪而去，有的甚至被处死。

北方蒙古鞑靼部不时袭扰，成了明朝廷的心腹之患。嘉靖四十一年（1562年），严嵩被罢免官职。嘉靖四十五年（1566年）十二月，明世宗朱厚熜驾崩，裕王朱载垕继承了皇位，是为明穆宗，以第二年为隆庆元年（1567年）。

穆宗比较开明，一方面重用了一批精明强干有作为的大臣，先后有徐阶、高拱、张居正等，采取一系列措施改善自身统治，另一方面，更加重视边防，特别是把加强蓟州边防作为巩固统治的重大措施。明朝的北部边防线东起鸭绿江，西至嘉峪关，绵延数千里，明廷沿线设置了9个军事重镇，分别是蓟州、大同、宣府、辽东、宁夏、固原、甘肃、太原、榆林，合称为“九边”。蓟州镇守地区相当于今河北省长城内，东至山海关西至居庸关，以及天津以北的广大地区，为近畿防卫重镇，总兵官驻守在三屯营（今河北迁西西北）。

隆庆元年（1567年），俺答汗再度率大军长驱直入，进攻山西，攻陷石州（今山西离石）等地。与此同时，另一支鞑靼骑兵进攻京师北大门——蓟州。朝廷大为震动，穆宗及其内阁根据蓟州极为重要的战略地位，决定从全国选调名将，前往镇守。工科右给事中吴时来推举建议，将在南方抗倭斗争中屡建奇功的谭纶、俞大猷、戚继光三人调到北方，专练北兵，抵御蒙古精骑。福建、广东一些督抚军务大员闻讯后，纷纷上书朝廷，请求不要将三员大将一齐调走。朝廷考虑到此三人都是威震敌胆、战功卓著的名将，如果一齐调出，势必会削弱南方防御力量，于是，明穆宗决定先调谭纶一人北上镇守北部边防。

谭纶上任后，发现北方边防松弛，长城年久失修，各处军营破落，士兵纪律松散，且多为老弱残兵，根本无法防御，更遑论打败蒙古铁骑了。他深深意识到，要改变边军面貌，坚固北方防务，只有在剿灭倭寇战斗中立下汗马功劳的戚继光才能胜任。于是，他立刻上书朝廷，荐举戚继光到北方任职，增强防务，以对付蒙古精骑。

隆庆元年（1567年）十月，朝廷下达诏令，将戚继光北调蓟州、训练边军。

消息传开后，镇守广东的俞大猷，因不能亲自为戚继光送行，便专门派人给戚继光送去贺信，并勉励道：“大丈夫在世，欲与一代豪杰争品色，宜安于东南，欲与千古之豪杰争品色，宜在于西北。”[①]这句话的意思是说，男子汉大丈夫，如果只想称雄当代，那在东南抗倭就足够了；但要想称雄千古，则必须要到北方蓟辽前线去建功立业。

在中国几千年的封建社会时期，北方少数民族的威胁向来是最困扰中原王朝的。所以，不只是俞大猷，明朝的武将们都觉得要到北方去抵御鞑靼、抗击蒙古铁骑，才算是更大的功业，戚继光当然也不例外。

“庚戌之变”那一年，戚继光恰巧在京城参加会试，他毫不犹豫地投入到京师保卫战中。从那以后，尽管戚继光由山东到浙江，经福建至广东，南征北战，御倭不息，但是他的心中一直牵挂着北方。尽管戚继光在抗倭战场上，出生入死战斗了十几个春秋，军职由指挥佥事晋升到署都督同知总兵官，可谓劳苦功高、功成名就，但他始终向往着有朝一日能够“兴十万之师”，“出塞千里”。在《纪效新书》卷首，戚继光就表达了这种要到北方去建功立业的雄心壮志。

戚继光当年在浙江、福建抗倭时，就十分关注北方形势，经常和好友汪道昆一起谈论“北虏”问题。他认为对付鞑靼比对付倭寇，存在五个方面的困难：

一、倭寇从海上乘船入侵，每次最多不过一二万人，平时不过几千人，甚至数百人，容易应对；而鞑靼内犯动辄几万、十几万骑兵，战斗规模比南方大得多。明军防线长，兵力分散不足，鞑靼一旦集中兵力进攻一处，明军便很难防御。

二、倭寇来去受风汛限制，有季节规律，便于我军掌握敌情；鞑靼骑兵忽来忽往，捉摸不定。

① 一说俞大猷对戚继光的这番话是在戚俞联军攻下南澳岛后说的。详见郦波著《抗倭英雄戚继光》，中国民主法制出版社，2010年7月版，183页。本书采用的是今人有关戚继光传记的一个普遍说法。

三、与倭寇作战，明军主要依靠火器取胜；但北方多西北风，敌军攻来时，明军常处东南方下风头，塞外风高地荒，敌骑又易分散，火器很难奏效。

四、倭寇多是步兵作战，不着盔甲，疏于配合，容易被明军挫败其攻势；而鞑靼骑兵装具精锐，行动迅速，冲锋猛烈，且习惯于大兵团作战，进退有据，明军难以抵挡。

五、南方战事在各省进行有先后次序，主要战区一段时间往往集中在某一省份，事权集中，便于统一指挥调度；北方战事经常在几个省份同时进行，各镇画地而守，号令不一，为了自身局部利益，不肯相互配合、救援。

戚继光当时不但洞悉到了对付鞑靼比对付倭寇的“五难”，他还找到了解决这五难的具体办法：一是给他便宜行事的权力，自主募兵练兵。二是军队要由步兵、骑兵和车兵组成，且要认真训练3年才能作战。三是战守结合，并采取以奇为正、以众胜寡、以实捣虚的战法。

可以说，对于如何抵御鞑靼内犯，戚继光早在南方抗倭战场上就已经有了战略和战术。

多少年来，戚继光一直梦想着能够成为流芳千古的一代名将，诸如卫青、霍去病、岳飞，都是他崇拜的偶像，他渴望自己能像他们那样，统兵几十万，纵横驰骋于西北大漠，荡涤“北虏”，永绝边患，留下千古佳话。过去十几年，他虽驰骋东南抗倭战场，历经大小数百战，年轻时也曾5次戍守蓟州，[①]但没能统兵十万，出塞千里，打几场真正的大仗，成就一番前无古人后无来者的大事业，他始终觉得是人生一大遗憾。

如今，时机终于到来了。

他受到朝廷器重要到北方大战蒙古军，去与千古豪杰争品色，想到要在北

① 一说“他年轻时连续3年带领民兵戍守蓟门”。详见范中义著《戚继光传》，中华书局，2003年4月版，第239页。

方战场上继续献身报国，建立新的功勋，戚继光颇感欣慰和快意。临行前，他会见一些老朋友，畅谈往日友谊，抒发未来情怀，并写下这样的诗句："感恩怀尺疏，直欲捣祁连。"[①]他要在北方大展宏图。

十一月，戚继光怀着激动的心情，告别了与他朝夕相处的抗倭将士和父老乡亲，启程北上。翻开了他镇守北方的人生新篇章。

① 《止止堂集·横槊稿上·奉诏北还元日邀曹都阃顾黄方三山人集大安暨氏耀金亭分得连字》。

第二节　上书言志筹边备

隆庆元年（公元1567年）岁末，39岁的戚继光依然锐气不减当年，踌躇满志地来到北京城。他是胸怀抵御“北虏”的雄韬大略北上赴命的。

可是，戚继光人还没进京城，皇帝就已经耳闻不少关于他的流言，加之秋季来犯的鞑靼骑兵此时也已退出塞外，戚继光在中央政府心目中的重要性随之下降。入京后，皇帝并没有派他前往蓟州训练边军，而只是留他在京师担任神机营副将。神机营是京师三大营之一，是禁军中习用火器的部队，并负责训练全国卫所军轮番赴京师受训的火器部队。设副将二人，被视为“临时职务”，是一个十分清闲的肥差，更是普通武将期盼着的最佳退隐之处。30多年前，戚继光的父亲戚景通就做到神机营副将，然后离职还乡。很多人认为，这个职务非常适合戚继光。因为，他已经在东南沿海的抗倭战斗中留下了常胜将军的美名，如今正该急流勇退保全自己的英名。而且在京城供职，只要不出大错，即便没有战功，也可以凭资历晋升上去。这对戚继光来说，可谓前途无量。

然而，戚继光追求的不是这些。神机营副将地位固然不算低，可是平时并不上阵杀敌。因此，在戚继光看来，这支部队不过是皇帝豢养在京城的羽林军，他不愿留在京城做这种半装饰性的军官，他已经在战火中锻炼成了一位成熟的忧国忧民的爱国将领，他的视野是九千里国疆、数千年华夏。他担忧蓟门的边防，国家的命运，他渴望到前线去建功立业，他习惯了战场上的艰苦生活，他看不惯神机营的散漫作风，却又无从管起，他不满神机营低下的战斗力，却又无权训练。他有满腔热血，被泼上了一盆冷水，他有一肚子通过长期学习实践总结的战争经验，如今似乎都没了用武之地。

他在痛苦中思索，在失望中依旧不坠青云之志。

到京师不久，他感到，当年与好友汪道昆谈及的北方御虏五难虽有解决的办法，可是另外两件事却令他苦恼不已：一是北方边军骄惰、疲弱，将领人各一心，不顾大局，各自为防，严重缺乏战斗力。二是北部边境特别是蓟州离京师近，出现任何情况，都容易引起朝议，镇守将领被处处掣肘、无所适从，导致成事不足、败事有余。

鉴于这种情势，忧国忧民的戚继光终于按捺不住，于隆庆二年（公元1568年）正月，针对边军存在的问题，向朝廷上《请兵破虏四事疏》，从练兵、议食、制器、均赏罚四个方面，提出了自己对边防军事的意见和战守主张。

练兵，是戚继光御倭成功的一个重要经验。

他首先请求朝廷给他便宜行事的权力，在边防地区招募训练一支像戚家军一样的军队，起码要有10万，由步兵、骑兵和车兵组成。认真训练3年后，编成一支联合作战的精锐部队，再以这10万人作种子、骨干，分散到九边及京师，带动其他边军训练，从而将整个北方守军都打造成强兵劲旅、虎狼之师。然后主动出塞打击蒙古骑兵，使之不敢轻易南下骚扰，彻底扭转明王朝北方被动挨打的军事态势。他认为这是上策。如果朝廷不能给兵10万，那么5万也行，用以抵挡鞑靼不敢南犯，这是中策。如果5万不行，至少要保证3万，敌人进犯时可做防守甚至可乘隙一击，但这是不得已的下策。如果连1万兵都给不到，那么鞑靼进攻时将无济于事、难有作为。

对于士兵来源，戚继光认为最好采取在浙江招募义乌兵的办法，由地方官府负责挑选，集中训练，然后登记造册，建立结保制度。这样既能防止士兵逃跑，又能做到管理有序。招募的新兵在地方训练初见成效后，再送至京师集中训练。此外，戚继光还建议调1万名训练有素、久经战斗考验的浙江抗倭将士到北方，作为骨干，与招募的新兵混合在一起训练，以提高边兵训练的效率。

议食，就是给军队筹集粮饷。过去，军队所需的粮饷，往往是从其他省份转运到练兵所在的省份，为了降低成本和劳务，戚继光建议直接从练兵的省份拨发。

制器，戚继光提出，制造部队作战用的各种器械，不必一一仰赖工部，可命令各省分别制造，造成后押送到各营地，不合格者，责成相关人员照价赔偿。

均赏罚，主要是对募兵、练兵的守边将官而言。戚继光希望朝廷让将官们放手去做，非有大过，旁人特别是朝臣不可随意指摘或任意阻挠。当赏则赏，当罚则罚。

戚继光这篇奏疏的重点是：抵御鞑靼内犯，须训练10万精兵，采取野战歼敌的积极防御战略。如果没有足够兵力，也要实行有战有守、战守结合的防守战略。其中的谋略，是戚继光多年带兵打仗经验的总结和发展，对北方边军来说，则是从练兵到战法的重大变革，如果能够实现，将会大大改善明朝北部边事。

可是，朝廷一些因循守旧的官员对这位南方武将充满敌意，不但反对戚继光的谏言，而且纷纷向皇帝进谗言，结果朝廷只任命戚继光担任京师神机营副将，使他既不能到边防前线带兵打仗，也不能负责训练边兵。

壮志难酬，可想而知戚继光心中的痛苦。

但是，戚继光并没有因此灰心丧气，他的志向在于练兵防边、彻底解除蒙古贵族对明朝北疆的袭扰和威胁。为此，他不遗余力地利用各种机会场合向朝廷大员宣传呼吁，并多次向朝廷上书，后来写成《请兵辩论》的文章，重申训练10万边军的重要性，强调建立车、步、骑兵三军合成作战的新战略战术思想。兵部官员读了这篇文章，都赞叹戚继光的远见卓识，但因建议涉及面太大，难以决断，最终不了了之。

然而，机遇终究垂青有准备的人！

隆庆二年（公元1568年）三月，明廷升任谭纶为蓟辽保定总督，谭纶竭力举荐戚继光总理蓟州、昌平、辽东、保定练兵事务，节制四镇，总兵官以下悉受节制，担任蓟辽仅次于总督的二号人物。这年五月二日，朝廷对谭纶奏疏的批复却是这样写的："命继光仍以署都督同知总理蓟、昌、保定练兵事务，该镇总、副、参、游等官，凡受总督节制者，并受继光节制，本官仍受总督节制，府州县官不得阻挠。"①可见，朝廷并没有完全采纳谭纶的推荐，实际任命戚继光为总理蓟州、昌平、保定练兵事务，将辽东镇排除在外。②

值得欣慰的是，戚继光在蓟镇受到总督谭纶和朝廷阁臣特别是张居正对他的倚重。总督谭纶是他的老上司、老朋友，早在抗倭战场上，他们就建立起了深厚的友谊，在御虏问题上他们有同样的志向和谋略，谭纶全力支持戚继光的工作。时任内阁大臣徐阶、高拱、张居正等都注重边防，他们都倚重戚继光。特别是张居正把边防作为第一重要大事，经常直接找戚继光商量有关蓟镇的重大事项，并多次与他通信交换意见提出建议。不仅如此，为了确保戚继光能够放手独立工作，他把阻挠戚继光练兵备边的官吏调往他处，调自己的门生任蓟镇总督。所以，在谭纶离开蓟镇、升任兵部尚书后，戚继光同先后任蓟辽总督的刘应节、梁梦龙的关系也处得非常好。在明朝文官统治、武官地位十分低下的情况下，戚继光的幸运在于，无论是南方抗倭还是北方御虏，均能受到文官

① 《明穆宗实录》卷二十，隆庆二年（1568年）五月辛亥。

② 一说隆庆二年（1568年）五月，朝廷直接任命戚继光总理蓟州、昌平、辽东、保定练兵事务，节制四镇，总兵官以下悉受节制，权力相当于总督。详见：《中国历代名人传丛书》之虞裴明著《戚继光》，江苏人民出版社，1983年10月版，第72页；童来喜著《戚继光》（军事科学出版社，1991年10月版，第89页；张艳虎编著青少年读本《戚继光传》，中国社会出版社，2006年9月版，第124页。本书采纳的是高扬文、陶琦主编《戚继光研究丛书》之范中义著《戚继光传》（中华书局，2003年4月版）的观点。

的倚重和支持，这为他克服困难施展才华创造了良好条件。当然，戚继光个人的锐意进取和超群才能，也是他受到倚重与支持的主观因素，因为，时势需要他这样的人才。

戚继光一心一意只想着如何练兵，如何加强北边的防御力量。就任总理蓟、昌、保三镇军务一职后，戚继光即开始全面了解边情，巡视军营，却痛苦地看到，整个边防军镇军务废弛，军纪不整，边城年久失修，边兵“营伍懈驰有年，而军旅偷惰成习”，部队战斗力低下，军饷和部队给养不能全部按时供应，边将不听调度，各项工作很难展开。

针对边关情势，自隆庆二年（1568年）五月至十月，半年之内，他接连向朝廷上奏多份奏章，主要有《定庙谟以图安襄疏》《呈修各路边墙》《预定策应兵马》《添筑黑峪关重墙》等，强烈建议全面整顿整个边防军事。

他在隆庆二年（1568年）十月上奏的《练兵议条奏七原六失四弊疏》，对蓟州军务分析得尤为全面具体而深刻。

七原，是说蓟州之兵多而无用。

六失，是说边塞兵将不练。

四弊，是指妨碍练兵成效的弊端。

七原、六失、四弊，可以说直指当时蓟州军务的要害。戚继光分析认为边军存在的各种弊端，关键原因是缺乏训练，甚至是不训练，问题的根子“不在边鄙，而在朝廷；不在文武疆吏，而在议论掣肘”。所以，他请求朝廷允许他专门负责练兵，其他将帅和文臣不能干预。此外，他从蓟州一带地理条件的特殊实际出发，提出建立车、骑、步三军，并建议实行“因形战守”的策略。

他过去的想法是要将边军练成10万节制之师，采取积极防御战略，由于朝廷不给他相应的兵权和兵员，所以无法实施。因此，他只能采取防守战略。戚继光认为，最好的防守战略就是“驻重兵以当其长驱，而有乘边墙以防其出没”，就是说要建立重兵集团抵挡鞑靼的长驱直入，又要依托边墙（长城）防备敌人出没。戚继光所说的重兵主要是指由车、步、骑三军混编而成的战营，尤以车营为重，这样就能与敌人的骑兵相抗衡。经过深思熟虑，他提出创设7座车战营，建立7个步兵营、7个骑兵营和3个辎重营，并具体设想了每个车战营的编成和装备。同时，他主张把车、骑、步各营混合编队进行训练，便于部队在各种地形条件下机动迅速地发挥整体作战威力。

隆庆二年（1568年）冬天，针对蓟州的防务情况，戚继光提出，将蓟州镇的全部防区划分为12路，然后将这12路分为东西两部分，由协守（和主将同守一城称为协守）的两名副总兵分管，每路下设一名将领具体负责统率3000名士兵。

戚继光的这些奏疏，得到关心边事的大臣张居正的赞成和蓟辽总督谭纶的支持，在他们的努力下，一些意见逐渐被明穆宗采纳。为了让戚继光拥有统一的事权，在兵部的建议下，隆庆三年（1569年）正月十一，朝廷改任戚继光为蓟镇总兵官，负责镇守蓟州、永平、山海关等处，赋予他便宜行事的权力。由于蓟镇总兵官是无权节制昌平、保定总兵官的，所以，相比之前总理蓟州、昌平、保定练兵事务一职，这次任命，戚继光的职权范围被明显压缩了。没有任何过失，官职却降了不少，可见他当时处境之艰难。

对戚继光而言，职务的升降并不重要，令他心寒的是：一年来巡视边塞发现的问题，偶尔传来的“百舌”谗言，御敌方略不能被采纳，练兵事宜受到种种掣肘等，这一切更让他深感报国的艰难。他曾写道：“伏轼长嘶动石门，时艰满目几销魂。非干冀北空群久，羁靮年来苦渐繁”①。他以“伏轼长嘶”的战马来抒发自己当时处境的艰难，“羁靮”的苦恼。

苦恼归苦恼，戚继光练兵御敌的意志和热情并没有因此而动摇和减弱，他依然初心不改，像告别死去的战友时说的那样随时准备献身报国。他改变了自

① 戚继光，《止止堂集·横槊稿上·宿石门驿闻马嘶》，第35页。

己御敌方略，把以战为主的上策，改为以守为主的下策，把着眼整个北部边防御敌，变为仅限于蓟镇地区。他充分利用争取到的蓟州总兵官具有统一事权的便利，呕心沥血、尽心尽力地投入练兵工作。

第三节　钢纪治军练边兵

戚继光就任总理蓟、昌、保三镇军务一职后即开始巡视军营，就任蓟镇总兵官后，对蓟镇的军务又做了进一步的考察，了解掌握的情况让他感到深深的失望。蓟镇的军队数量不少，但成分复杂，且弊端丛生，号令不明，纪律松弛，旗鼓不闻，火器不用，器具不精，训练无法，士气低下，畏敌如虎。一些士兵甚至聚在一块赌博，眼里根本没有长官，对上级置若罔闻、熟视无睹。将领的素质更差，平时不知练兵，战时只会逃跑，对杀敌本领不感兴趣，倒喜欢练些没用的花架子。

面对这群劣习成性的北方兵，戚继光虽然长于练兵，但还是感到前所未有的压力。这种压力还来自他关于练兵的建议并未完全实现。一是他的募兵计划落空了。他原本请求朝廷允许他亲自招募10万士兵来训练，但最终朝廷只批准戚继光在蓟镇现有的兵力中抽出3万来训练，分十支，三大营，即便这个结果也还是在时任蓟辽总督谭纶的支持下争取到的。二是征调他的部下1万浙江兵作为训练示范的主张，仍未得到朝廷的积极支持。

在行事艰难的情况下，戚继光没有消极等待，而是因陋就简主动作为。一方面，他加强对蓟镇现有军队的整顿训练。在将蓟镇全部防区划分为12路的基础上，建置了7座车营，并配以骑兵、步兵混合训练。另一方面，他把更多心思和时间用在修筑边墙敌台的防御工事上。与此同时，他再次上书朝廷，请求调一部分戚家军士兵北上归他训练指挥。

戚继光的老朋友，与他一起在南方抗倭、一起北调的谭纶，早在隆庆二年（公元1568年）四月，就向朝廷上书，支持戚继光的意见。只是谭纶奏疏的意思与戚继光略有不同，一是他以应付防秋为名，请求调浙江的鸟铳手北上；二是他要求北调的浙江兵人数只有3000人，远低于戚继光想要的1万名。尽管如此，戚继光觉得如能得到朝廷应允，依然不失为好事。时任内阁大学士张居正，非常欣赏二人的建议，在他的暗中支持下，戚继光的请求终于得到朝廷批准。

隆庆三年（1569年）八月十七日，3000名戚家军士兵，在戚继光的老部下、杭嘉参将胡守仁的率领下到达密云郊外。不巧这天天降大雨，既未得到入城的命令，也未被通知就地解散，这支3000人的戚家军当如何自处呢?

这是戚家军第一次到北方来，可是戚家军的故事早已被当地百姓口口相传。但蓟镇的官兵多数认为那不过是被天真的百姓夸大了的传说，根本不可能是事实。看着哗哗下着的满天大雨，得知戚家军要在这一天进城，不少官兵幸灾乐祸，等着看戚家军的笑话，看他们在大雨中乱作一团、四散避雨的惨象。但他们一直没有等到这一幕，他们以为大雨会让戚家军没法按规定时间赶到，他们更要看看戚继光会不会真的拿军法处置他的老部下。

当人们听说戚家军一早就抵达城外，并列队待命时，几乎没有人相信，甚至有人特意跑去郊外要看个究竟。

他们看到，瓢泼大雨倾注不止，戚继光手执军旗威风凛凛，冒雨站立在点验场的指挥台上，抗倭将士们虽然被大雨淋得浑身湿透、睁不开眼，但始终一丝不乱，且精神抖擞。相形之下，边兵们却狼狈不堪，拖沓，半天集合不了，进入指定区域后，军容松散，后来摄于戚继光和浙江兵的样子，才逐渐安静下来。

点验一直持续到下午，雨一直下个不停，3000名戚家军也一直军容严整地挺立在大雨中。雨水顺着每个人的脸颊流进脖子，可是没有一个人伸手擦一下，雨水浸透了他们的衣服，积水没过了他们的鞋子，但他们的双足似乎种在了地里，3000人的部队纹丝不动、鸦雀无声。据《明史·戚继光传》记载，这3000人是“自朝至日昃，植立不动”。意思是说，他们在雨中从早晨站到了傍晚，一动不动，远远望去，就像一片森林。

3000名戚家军在雨中矗立一天，岿然不动，而且无人晕倒，足见他们的素养和体质非同一般！边塞将士被他们的出色表现深深震撼，对戚家军的纪律严明赞叹不已，齐声高呼，愿意追随戚将军，修筑长城，保卫疆土！

戚继光激动不已，当场赋诗一首：

独立怀知己，多歧叹宦情。
古今谁侠气？天地一愁城。
万里犹投笔，千年羡请缨。
君俱学剑者，报国有新盟。

练兵之初，戚继光就反复向当地官兵强调遵守军法的重要性，可是当地官兵一向漫无军纪，无论如何不能理解军法的严肃性。直到亲眼见识戚家军在大雨中纹丝不动的军容，他们才开始对“军法”这个词有了深切的感受和认识。从此以后，边兵中违犯军令的大为减少，以身试法的更是绝迹，部队风气一天天地好起来。

戚继光以这3000人浙江兵作为示范，重新整顿蓟镇地区的军纪，在戚家军将士们的带动下，蓟镇的练兵工作终于走上了正轨，建造长城修筑边墙的工作也得以顺利开展。

来到蓟镇后，戚继光和在南方一样，在繁忙的军务之余，也不忘记及时总结提炼自己练兵的心得，他从实际出发编写了他的另一部重要军事著作《练兵实纪》。书中汇集了戚继光多年亲身从事练兵工作的经验体会，具有很高的实用价值，是至明代为止中国战争艺术的最高总结。书名中的“实纪”即为实用的意思，他编写此书的目的既是为当时也是为后代练兵人留下一部实用的练兵手册。书中首次提出了练兵五步骤，即练伍法、练胆气、练耳目、练手足、练营阵，而且还专门论述了如何“练将”，内容相当独到。他将此书一卷一本，发给部队，练将的部分给将领，练兵的部分既分给士兵也发给将领。

戚继光在北方练兵，特别重视对车步骑营合成军的训练。他创造性地提出车步骑营的建设问题，并认为只有经过较长时间的严格训练，才可能使车步骑营形成整体战斗力。车步骑营实际是炮兵、步兵、骑兵协同作战的一个战斗集体，存在着车与车、兵与兵，以及车与兵之间的各类协同，要指挥和训练这样一支部队远较单一兵种复杂得多，对指挥官能力素质的要求很高。因此，在抓合成军训练时，戚继光又突出了对将领的训练和士兵胆气的训练。由此，他牵住了边兵训练的“牛鼻子”，成功地将车步骑营改造成了真正能攻能守的好营阵，将边军训练成了一支精兵劲旅。

在搞好边军训练的同时，戚继光还对北方使用的武器，进行了全面更新、改造，并创造了新的兵器。经过戚继光独特的练兵备战，边防军的战斗力大幅度提升：有了高素质的将领和勇敢的士兵，使用的都是最新式、最精良的武器，而且官兵们能够熟练操作车、步、骑三军联合作战的新战法，灵活运用针对鞑靼特点的战术。在戚继光的筹划和训练下，蓟镇部队形成两大类型：一类是执行战略任务的机动部队；一类是戍守长城一线的守备部队。这就从根本上改变了原来沿长城一线单纯防守的被动态势。

第四节　修墙筑台固长城

在戚继光看来，要巩固北部边防，除了练兵备战打造一支虎狼之师外，还有一件重要的事情就是修筑边墙敌台，加强防御工事，以此才能实施他“驻重兵以当其长驱，而又乘边墙以防其出没”的防御战略。

戚继光在考察蓟镇边关时发现，大同、宣府一线边墙，明嘉靖年间总督翁万达、杨博曾先后进行过整修，并建有烽火台，防御功能较好，但蓟镇地区的边墙是明初开国元勋徐达所修，已存在近200年，其后虽整修过，但已是破败不堪，而且未筑墩台，难以抵御蒙古骑兵内犯。于是他向总督谭纶提出修边墙、筑墩台的建议。谭纶当然支持，并要求他正式上报朝廷前，务必再做一次周密的实地勘察。

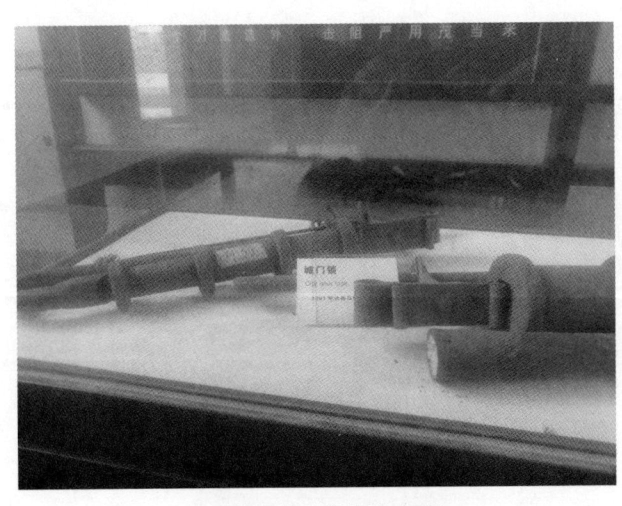

边城墙门锁　徐恒业 摄影

隆庆二年（1568年）五月，戚继光在调查研究的基础上，拟订了修墙筑台

修建敌台用构件 徐恒业 摄影

方案，上呈朝廷。是年底，他再次上疏，请求建造空心敌台。隆庆三年（1569年）春，戚继光又一次组织人马，到边防一线实地勘察，以便进一步完善修建敌台的方案。他翻越崇山峻岭，行走羊肠小道，亲自踏遍蓟镇的山山水水，看遍蓟镇的地形地貌，对修建敌台墙垣做到了胸有成竹。一是确立了修筑墩台的原则，即以长城为依托，以关隘城堡为重点。二是确定了边墙修筑的高度、层次和敌台修筑的密度、台型。三是提出加强长城防御力量、修复边墙工作的主要着力点，即一方面，加高、加固、加厚原有城墙，并在墙两面设垛口，战略要地应修筑两重城墙；另一方面，在城墙线上加筑敌台，作为边军的堡垒，既能用于驻守又能用于战斗。提出修筑空心敌台的方案，戚继光是史上第一人。

鉴于蓟镇边防线绵延2000里，为了避免出现一瑕则百坚皆瑕的问题，戚继光建议修筑3000座敌台。为了减轻国家财政负担和民众的徭役，他还建议整个修筑工程全部由戍守士兵承担，认为这对边军来说也是一种训练和锻炼。戚继光的建议虽然在朝中引起了巨大分歧，但经过以张居正、谭纶为代表的支持派的争取，朝廷还是批准了，但应修敌台的数目被减少到了1000多座。

隆庆三年（1569年）春，艰巨的修墙筑台工程开始了。戚继光处处身先士卒率先垂范，但一向疏于训练安逸度日的北方士卒们，哪里受得了这样的苦，经得起这样的“摧残”！没干几天，许多人便开始牢骚满腹抱怨不迭了，有说“劳民伤财”的，有说“做无用功”的，还有甩手不干的。无论戚继光怎么解释修墙筑台的重要作用，将士们依然在私下议论纷纷。加之人们从未见过更没修过空心敌台，即便有戚继光事先制订的筑台规则参考，心里还是没底，都在观望。部分将领消极怠工，士兵们也不想卖力，结果全军人心浮动。

戚继光正在为此一筹莫展之时，他的弟弟戚继美从山东沂州（今临沂）带着一支7000人的部队来到蓟镇戍边。戚继光喜出望外，他正需要得力干将帮他打开困局，于是急忙奏请朝廷留下这支部队为他修墙筑台。得到准允后，他勉励弟弟要恪尽职守尽忠报国，并亲自教授弟弟修筑敌台的方法。兄弟一心其利断金，在兄长的感召和鼓舞下，戚继美首先在大水谷（今北京密云西北）一带筑成7座敌台，且质量甚好，从而为各地筑台树立了榜样。筑台工作进行了一段时间之后，戚继光又组织士兵进行了一次依托防御工事对敌作战的演练。从发现敌情到烽火报警，从登城迎战到入台坚守，最终使敌人不敢深入。这次演练，让边军们感受到了边墙敌台的御敌功效，令那些持怀疑态度的将士心服口服，人心开始安定下来，各地修墙筑台工作渐次展开。

修墙筑台本是一项非常辛苦的劳役，但是戚继光请求朝廷拨款，由军兵承修，给每台50两犒赏银，并进行质量评比，评为上上等的，赏银50两，评为上等的，赏银40两，评为中等的赏银25两。这样一来，官兵修台不但不用像历朝历代那样由出工者自己掏腰包，而且还能因此增加点收入，也就不感到太苦了，对大家把台修好更是一个极大的鼓舞。这些做法，使得军兵没有因劳累而逃亡，而且还能进行军事训练，没有耽误防守。

此外，由军兵修建敌台，虽然有赏银，但还是大大节省了费用。按照当时的计算，军兵修建每台的花费总计不过100两，仅为民间修建费用的十分之一。在施工过程中，戚继光注意节约一分一厘。绝大部分原材料或就地取材，或由修台的士兵们自己制造。如此一来，更是为政府节省了不少开支。比如，第一期工程原计划共需资金120万缗，实际上只用了10万缗，不到预算的10%。

戚继光修边墙筑敌台没有劳民，没有伤财，还为民造福，这与以往修长城是不同的。

在修台过程中，戚继光不辞辛苦，栉风沐雨，经常到各处巡视督查指导，费尽心血。隆庆三年（1569年）十月，戚继光巡查到石塘岭（今北京密云北）这个地方时，看到一个名叫陈勋的参将组织修建的一座敌台坚固而又精巧，简直与江南亭榭无异。戚继光大加褒奖，并鼓励各处诸将要像陈勋那样把敌台修好。

此后，随着时间的推移、工程的推进，敌台的修筑越来越坚固，越来越精巧，大大超过了原来的设想。比如，在古北口东就有那么一座敌台，坐落在陡峭的山巅上，骑墙而立，想入台，必须从墙内侧过一小段狭窄陡峭的山梁，从台窗钻入，非常隐蔽。这样的敌台，即使敌人登上城墙，也难以占领，可见建造者的良苦用心。

经过紧张艰苦的施工，至隆庆五年（公元1571年）秋[①]，第一期造台工作基本完成，蓟昌二镇共建台1200百余座。后经戚继光提议，明廷又追加两期修筑敌台的工程。分别在万历三年（1575年）和万历九年（1581年）完工。至此，在东起山海关，西至镇边城（今居庸关西）的2000里边防线上，巍然屹立起1400余座精坚雄壮的敌台，壮观而

修建敌台用构件　徐恒业 摄影

---

① 一说隆庆六年（1572年），见高扬文、陶琦主编戚继光研究丛书之范中义著《戚继光传》，中华书局2003年4月出版，第273页。

美丽。由于用料和构筑技术都十分讲究，以至于这些敌台虽历经400多年人间沧桑，但除人为破坏外，绝大多数至今依然保存完好。成为当今的游览胜地，游人登上这些敌台也不能不为之赞叹。

边墙敌台的建成，大大提高了明朝边境的防御能力。但戚继光同样深知，"险而无设，与无险同，墙而不守，与无墙同"。[①]修而不守等于不修。为此，戚继光不仅殚精竭虑督造了有史以来最为坚固的长城，而且构建了完善的防御体系，采取了严密的防守措施。主要是：常年设防，给每座敌台配置固定的台军；配备精强的军械，撰写《守哨条约》，让台军互相传看学习，时刻提高警惕。为了在台与台之间形成相互救应，他规定传烽火的方法，并把各种敌情信号编成通俗顺口的《传烽警报法》，要求守军背熟，确保遇有警报，能够迅速传遍整个蓟镇防线。

在戚继光的精心整治下，蓟镇的边军面貌焕然一新。

戚继光镇守有方，对蒙古精骑构成巨大威胁，迫使他们不敢轻易内犯袭扰。加之这一时期，正是明穆宗朱载垕和万历皇帝朱翊钧前期，政治比较开明，重视边防军事，并对蒙古俺答汗采取睦边政策，边境比较安静。以至于戚继光苦心设计的战法并没有机会在大规模战事中应用，分布在漫长防线上的16万大军，也从未集中起来进行过总训练。如何指挥大兵团在茫茫草原上与敌人进行决战，戚继光脑海中还没有一个清晰的认识。这对戚继光而言，不能不说是一种遗憾。他期待着有朝一日能统率所练16万大军，依托坚固的长城防线，狠狠打击蒙古骑兵，以长边军威风。

① 《翁万达集》文集卷十《集众论酌时宜以图安边疏》，上海古籍出版社1992年版，第299页。

第五节　汤泉实演壮军威

隆庆六年（1572年）金秋时节，戚继光终于盼到了一个千载难逢的良机。

明朝政府派出一些高级官员巡视陕西、宣府、大同、蓟州、辽东等地军事防务，考察将校。负责巡视蓟州的正是戚继光的老朋友——兵部右侍郎汪道昆。接到命令的戚继光喜不自胜，连夜上疏，请求借此机会组织一次大阅兵和模拟实战的对抗演练，既能实现综合演练10余万大军决胜草原的夙愿，也能起到震慑北虏、壮我军威的作用。

这件事很快得到戚继光的老上级、已经升任兵部尚书的谭纶和朝廷首辅张居正的支持与鼓励。张居正对蓟辽总督刘应节说："合练之法，不独勤兵习战，又可以预伐虏谋。守边之策，无急于此矣。"[①]并特意写信给戚继光，让他放开手去搞，为边防军的整体训练总结出一套切实可行的方案。

有了朝廷首辅的支持，戚继光对搞好这次演练自然是信心满怀，专门起草了《练全镇兵马实守实战条略》，规定了合练的具体事项。他决定集中10万大军进行演练，并将阅兵演练地点放在蓟镇的中心——汤泉（今河北遵化北），那里有一大片开阔地，完全可以容纳十几万大军。为了防止敌人乘各路人马外

① 《张文忠公全集》书牍四《答刘总督》。

调空虚之际进犯，他还安排各营留兵共计6万作为防守，并做出严密部署：各营未参加演习的骑兵、步兵，均要到边墙上防守；在敌台的军兵，非特殊情况不得下台；责成留守将官用心督促防备，否则军法处置；在演习前10天，选派老实人员远出边外侦察敌情，直到演习完毕、各路兵马回到原驻地方可回营，在此期间，侦察人员不得泄露演习日期和相关事宜。

戚继光做好了演习前的一切准备之后，特率部将迎接汪道昆等巡视大臣的到来。他希望把此次演练当作实战一样进行，不虚张声势、不要花架子，件件能从实处做来。所以，他向负责阅视的汪道昆及各位大臣请示，准允参演将官们免去一切参谒之礼，等实战演习结束后，再行拜谒，恢复平时迎送的礼节。汪道昆认为戚继光所言极是，完全同意，并明确告知凡军中之事由戚继光主张不必请示。

十月二十二日，阅兵演习开始了。

清晨四五时，长城南侧的汤泉，方圆数十里，旌旗招展，战鼓隆隆，主客官兵共约10万人，进入指定地域，排成各种阵势，犹如条条巨龙。

不一会，汪道昆和蓟辽总督刘应节等要员在身披铠甲的戚继光陪同下，兴致勃勃地登上阅兵台。成百上千的将校分列两侧，等候观阅。

随着三声响雷般的号炮声，戚继光宣布“大阅开始！”整个汤泉大地沸腾起来，一时间鼓乐齐鸣。造型新颖的战车，整齐昂首的骑兵，英姿飒爽的步兵依次通过阅兵台，他们步伐铿锵，队形严整，号声嘹亮……威武的阵容、壮观的景象，令阅兵官员们深深震撼、肃然起敬。

又是一阵隆隆的号炮声，戚继光下令“演阵开始！”他挥动令旗，发出撤退的号令。大军潮水般散去，队伍行动迅速不见一丝混乱，没多久，偌大的空地上不见一人。

突然，一队“蒙古骑兵”从东面一座小山头上飞驰而来。“敌兵”刚一出现，最近的烽火台上狼烟腾起，瞬间，左右墩台也燃起狼烟，一个接一个，很快，长城沿线都得到警报。看到烽堠报警：附近士兵们迅速拿起武器，有的登上边墙，爬进敌台，严密监视，有的跑步前进，向最初起火处增援。

明朝从葡萄牙传入的火器——佛朗机　徐恒业 摄影

数万名“敌军”骑兵，以迅雷不及掩耳之势，突破边墙，闯过关卡，气势汹汹地直“犯”内地。正在此时，却见明军骑兵、步兵出现在“蒙古骑兵”前方，空旷的原野上，双方展开了一场大规模的厮杀。“敌骑”蹂躏入阵，明军兵强将勇，在战鼓声中，摆成鸳鸯阵，奋力拼杀。拼斗多时后，明军渐渐支持不住，向后退去，“敌骑”毫不犹豫地追击溃退的明军。同时，主力“敌骑”突破长城防线，压向明军步阵。明军寡不敌众，力战不支，被迫后撤。

后撤中，只见几路明军伏兵一齐现身，数千辆战车冒着弥漫硝烟驰向“敌阵”。战车上装置有佛朗机大炮、鸟铳和火箭等新式火器。离“敌骑”较近时，战车列成阵势，向着“敌骑”施放火器，杀伤“敌”兵，乘胜陷阵。步兵依托战车，手持拒马器，排列冲锋，用大刀砍“敌”马腿，用狼筅、长枪刺“敌”骑兵。

随着战场形势的变化，车、步、骑兵配合作战，时分时合，时攻时守，时而攻守结合，相得益彰，三个兵种结成一个完整的战斗团体，机动灵活的战阵，令“敌骑”手忙脚乱，逐渐抵挡不住明军混合部队的进攻，向着“边墙”

外退去。

明军乘势而上，三个兵种一齐向前推进，步兵仍旧与车兵一同行动，骑兵则加快行军速度，追向“敌骑”，但与之稍一接触就向后退去，待“敌骑”追来，正好明军车兵、步兵一齐赶到，再次与骑兵配合作战，“敌骑”大败，转身后逃，明军骑兵又冲上去与之缠斗，“敌骑”不得不应战。如此一来二往，“敌骑”打不过也逃不了，苦不堪言。

几经周折，“敌骑”终于接近“边墙”，以为可以逃出塞外了。不料敌台上，明军火器齐发，“敌骑”猝不及防，应声一排排倒下。随后追来的明军截断“敌骑”退路，向“敌军”发起总攻，一番激战后，一小撮“敌骑”越过“边墙”向塞外逃去。这些漏网之鱼正暗自庆幸，突然，从“边墙”外又杀出一路明军，阻断了他们的去路。“敌骑”应接不暇，拼杀不多时，便被悉数歼灭。

这场实战演习，从二十二日报警开始到二十八日追堵歼灭敌人为止，前后共用了7天时间，对车、步、骑营各兵种均进行了演练。它不仅让戚继光对蓟镇的防御更加有信心，而且对蒙古各部、朵颜等卫起到了一定的威慑作用。

此后，戚继光还组织演练了夜战、近战、攻城、守城、阵法和比武等内容，直至十二月初整个演练阅视才结束。阅视之后，汪道昆“举劾三镇文武大臣，独推练兵总兵戚继光为首”①，朝廷为此给戚继光晋升一级。戚继光指挥组织的这次大规模、长时间、广地域的实兵演练，在中国古代练兵史上是个创举，也为后人进行大兵团实兵演习开了先河。

---

① 《明神宗实录》卷十五，万历元年（1573年）七月庚子。

第六节　连败虏酋绝边患

由于戚继光练兵科学、准备充分、部署严密，在他任职期间，蒙古骑兵的进犯屡次被打败。

隆庆二年（1568年），戚继光刚刚上任蓟州、昌平、保定三镇总理一职后不久，东部蒙古的朵颜部酋董狐狸和他的侄儿长昂，便联合图门汗，向蓟镇地区发动了一次入侵。

当时戚继光并不完全熟悉当地的地形，也不十分了解属地官兵，更没来得及训练部队。面对突如其来的战斗任务，他别无选择，沉着冷静地设法应战。他分析董狐狸的这次进攻不过是试探性的，如果发现明军的实力比较强大，就会主动退去。基于这种判断，戚继光亲自领兵直冲青山口。用人数上占绝对优势的明军向敌人先头部队发起进攻，并用火器将敌人打得稀里哗啦，董狐狸还没动手就被吓跑了。为了不被敌人识破真假，戚继光还率军又追击了一阵才收兵回营。

事实证明，戚继光的判断是正确的，董狐狸在这一次试探性进攻中感到，戚继光的部队不好对付，明军的主动出击，更令他感到十分意外。他一时摸不清戚继光所率明军的实力，所以在相当长的一段时间，董狐狸没敢再大规模入侵蓟镇地区。

这是戚继光上任后的第一仗，算不上大仗，但对屡遭蒙古骑兵骚扰、士气低落的边军而言，首战告捷，确实令将士们士气大涨。这一仗，也确立了戚继光在蓟镇的地位，赢得了朝官们对他的信任，也使得后来明朝中央同意他关于事权统一的请求，把蓟镇原来的总兵郭琥调至别处，任命他为蓟镇新的总兵官。

万历元年（1573年）春，董狐狸与长昂再次向戚继光的辖区发起试探性进攻。

此时，是戚继光到北方的第7个年头，他早已是蓟镇多年的总兵官，练兵工作进行了相当一段时间，辖区内军令畅通，并于两年前修好了边墙敌台，蓟镇守军战斗力有了相当大的提高。朵颜部的这次进犯，正好为戚继光提供了一次检验练兵效果的机会。于是，他动员部队一定要旗开得胜，打赢这一仗，挫败敌人的锐气，使其仍旧摸不清明军实力，从而不敢轻易内犯。

由于这次交战来得突然，戚继光没有带车兵，主要是骑兵和步兵配合作战。他将部队分成三路，向着长城以外的鞑靼人发起进攻，再次大获全胜。

董狐狸不甘心失败，一个多月后，在这一年的夏天，又向桃林地区进犯，想再一次诱明军出击，以报上一次战败之仇。与此同时，他的侄子长昂向界岭进兵，试图牵制明军主力。

这次交战，戚继光终于有机会指挥明军车、步、骑三个兵种混合作战了。经过与众将商议，戚继光决定将计就计，分兵应敌。但为避免明军骑兵以硬碰硬，他采用战车与董狐狸的主力部队对阵，而用主力骑兵，去进攻长昂的部队，以确保完胜。戚继光料想，即便车兵不能战胜董狐狸，但董狐狸一旦得知长昂战败，怕被明军抄了后路，也会主动撤走。双方交手后，戚继光指挥明军车、步、骑三个兵种组成立体交叉的进攻态势。按戚继光规定的编制，每一辆战车配备20名士兵，10名火器手，专门负责施放各种火器，另外10名杀手，组成鸳鸯阵随战车作战。鞑靼人的马队被明军骑兵咬住，难以驰骋，加上明军步兵的进攻，使他们顾了上面顾不了下面，而明军则始终处在车阵的掩护之下。

这一仗明军又是大获全胜，也证明了戚继光新设计的车步骑兵混合作战的战法是行之有效的。

可是，和平并没有维持多久。万历三年（1575年），董狐狸与他的弟弟长秃、侄儿长昂再次侵扰明朝边境。

这一次，经过长期训练后的明军，在戚继光的指挥下，车、步、骑三个兵种混同作战更加机动灵活，完全掌握着战场的主动权。在战车与火器面前，鞑靼骑兵的优势不复存在，基本处于被动挨打的境地。在明军骑兵的缠斗下，他们想脱身逃回大草原都十分困难。明军三个兵种协同作战，边打边追，一直将敌军追杀了150余里，而且活捉了长秃。

董狐狸得知消息，大惊失色，急忙率领各部酋长和亲族300人，“叩关请死罪”，自己则“服素衣叩头乞赦长秃”，并发誓今后不再骚扰边境。戚继光从明朝大局和长远利益出发，考虑到董狐狸等已经知道明朝边防有备，不敢再猖獗胡为，便与蓟辽总督刘应节商定，为了边境安宁，接受董狐狸的降表以及被掳去的边塞哨兵、居民和马匹，释放长秃。

自此，直到戚继光离开蓟州，董狐狸、长昂等果然没敢再来侵犯，在戚继光的几次打击以后，他们也没有实力再发动进攻了。朵颜部恢复向明王朝的朝贡，并在边境上与明朝保持着长期互市的关系。戚继光的防区内进一步安定下来，北边恢复了和平。

但是，辽东地区的形势远不如蓟镇太平，战事一直很频繁。神宗即位后，图门汗连年进犯辽东，万历三年（公元1575年）犯长勇堡（今辽宁沈阳西南），万历六年（公元1578年）犯东昌堡（今辽宁海城西北），万历七年（公元1579年）入锦川营（今辽宁绥中西北）。此后又进攻锦州、义州、长安堡、广宁等地，辽东地区可以说岁无宁日。

对辽东频繁的战事，戚继光看在眼里，急在心里，多次向朝廷请求率兵援辽。后经明廷批准，戚继光先后两次率兵援助辽东。一次是万历七年（1579年）十月，图门汗率4万多骑兵进犯辽东，辽东告急，向朝廷请求调兵增援。明朝政府一面命辽东总兵李成梁坚壁清野，一面命戚继光火速出兵，伺机邀击。十一月间，戚继光率军抵达山海关，根据侦察得知图门汗运动方向后，命士卒将自制的一种类似地雷的爆炸武器“自犯钢火轮”，埋在敌人骑兵必经之地，然后诱敌出战，鞑靼兵被炸得人仰马翻，惊慌失措，阵势大乱。戚继光乘势出击，打得敌军落荒而逃，戚继光率军乘胜追击数百里，大获全胜。

戚继光第二次援辽是在万历八年（1580年）十月，图门汗以10万之众进犯锦州、义县等地，戚继光再次率军出关，与辽东总兵李成梁配合作战，击退敌人。

戚继光两次援辽成功，本身就有力地说明蓟镇防御的巩固。

从“庚戌之变”鞑靼部首领俺答汗犯京师起，到戚继光坐镇蓟州之前的17年间，蓟州经常遭到蒙古骑兵的袭击，不得安宁，明廷因此连续撤换了蓟镇10员大将。但是自戚继光就任以来，从隆庆二年（1568年）正月，戚继光奉命总理蓟州、昌平、保定军务，至万历十一年（1583年）他被调南下，负责这一地区军务长达16年，几乎抵得上他的10位前任任期的总和。其间，他整顿军纪，训练边军，修筑边墙，建造敌台，创立新兵种，严密部署，蓟镇地区出现了难得一见的升平景象，也成为明朝北部边防线上军容最好的防区。《明史・戚继光传》称赞“继光在镇十六年，边备修饬，蓟门晏然”。

表面看来，戚继光在镇守北疆期间，只打过一些小仗，没有打过什么大仗，似乎没有取得像在南方抗倭那样的赫赫战功，但实际上，他为保卫蓟镇和周边地区人民所立下的功勋绝不亚于南方，甚至更加伟大。摄于戚继光的兵威，蒙古骑兵从来不敢组织大规模进犯，也几乎没有越过边墙大肆劫掠，这不仅让京师没有警报频传之忧，也让蒙汉双方的老百姓过上了和平安定的生活，促进了民族交流与融合。可见，在北方，戚继光达到的是兵家称之为“善之善者”的崇高境界，建立的是“不战而屈人之兵”的不朽功勋！

为了表彰戚继光镇守蓟镇的卓越贡献，明廷于万历二年（1574年）晋升其为左都督，万历七年（1579年）秋，诏加太子太保，援辽取捷后，加封为少保。这是明朝武臣的最高荣誉。因此，历史上，人们也称戚继光为“戚少保”。

第七章

身遭厄运　将星陨落

戚继光镇守蓟镇，虽然没有经历过一场大战，想一战永久消除北部边患的理想没有能够实现，但他镇守边关16年，“边备修饬，蓟门晏然”，功绩卓著。因此，万历二年（1574年）正月升左都督，加太子太保。万历七年（1579年）十月因援辽有功，又加少保。作为明代的将军，得以晋升一品高官，算是到顶峰了。可惜，“木秀于林，风必摧之；人高于行，人必毁之。”朝堂之上，诬陷戚继光的人越来越多，加上他与张居正的关系，朝廷不再信任他，以“少立战功”为由，一纸调令，将他贬谪广东。自此，将军暮年，伟大如戚继光者，也只能哀叹“时不我与”，徒呼奈何了！

第一节　宦海多舛遭贬谪

在镇守边防期间，由于责任重大，加之南北兵之间矛盾重重，常常令戚继光夙夜难眠，操劳过度，得了肺病，当劳累过度时，常会昏厥。

这一切，让一个要强的将军经常感叹韶华易逝，人生易老。但作为将军的职责，也是将军的习惯，他仍坚持亲自处理军务，去军营巡视，了解士兵的状况。因此，这位名震南北的老将军在士兵中威望相当高。有人劝他多休息，注意身体时，他摇摇头说："身为军人，本应当马革裹尸，我幸而未血染沙场，自应该加倍地努力，以报国恩，怎么可以谈到好好休息呢？"

白驹过隙，日月如梭，戚继光正当壮年来到蓟镇，一晃16年光阴。逝者如斯，这时他已年过半百，两鬓染霜，身体状况大不如前，每次练完武，总要喘息一阵子，再加上长年征战，一身伤病，无法及时治疗，已经伏下了病根。

万历五年（1577年），一天，戚继光正埋头处理军务，北京一使者送来了一封信，他预感到出了大事，当他拆开看完，不禁五内俱焚，接着失声痛哭。原来他的老朋友、老战友、老上级，谭纶去世了。

谭纶，字子理，号二华，江西宜黄县人。抗倭名将，杰出的军事家、戏曲家，官至兵部尚书、太子少保。谭纶自幼饱读诗书，思维敏捷，智力过人，性格沉稳。嘉靖二十三年（1544年），中进士。谭纶作为文官，在明代是一个特例，他虽然是进士出身，在东南地区就官至福建巡抚，成为一名高级文官。但是出于抗倭需要，也由于个人喜好，他精研兵法，有时还亲自到前线指挥战斗。嘉靖四十二年（1563年），倭寇驻扎在崎头城，都指挥使欧阳深在激战中牺牲，倭寇占据了平海卫，攻陷了政和、寿宁，并各自扼守海道作为退路，谭纶用栅栏环绕截断他们的退路。倭寇不能逃走，就转移到了渚林。戚继光赶到了，谭纶亲自统率中军进逼，大败倭寇。据说在战斗中，谭纶两肘都是鲜血。由此可以看出，他也是一位实战经验丰富、很有战斗精神的官员。他非常清楚部队的真实情况，也清楚抗倭需要有军事才华又能干的人。在与戚继光的接触中，他见到戚继光不凡的军事才华，因此，从保卫国家安全的需要，他不遗余力地支持和关心戚继光。不管是在浙江、福建，还是在广东、蓟镇，他都给予戚继光大力支持。可以说，没有谭纶，就不可能有戚继光后来的功绩。而且他们还是多年的老友，当年他们曾一起并肩作战，共商军机，促膝交谈，互相勉励，诗词相和。但如今斯人已去，生者悲伤，他在悼念谭纶的祭文中这么写道："惟并起艰虞，蒸蒸然逮有今日，则知公者某，成某者惟公，不能不哀而术之。"[①]戚继光为失去这样一位至交好友和好上级而深感悲痛。此外，戚继光心中还有一丝隐隐的不安之感。

两年之后，戚继光的好友，抗倭英雄俞大猷也去世了，俞大猷的去世对他打击也很大，他悲痛了好几天。在谭纶死后的第二年，俞大猷向朝廷请求离职，这时他给戚继光写信，希望能在回家前与老朋友见上一面。他在信中写道："自古有志之士不多，见于世或有之，……同志之士知圣世有若我二人，又使我二人交谊自管、鲍之后，乃一再见，岂不快哉！"[②]俞大猷一连写了4封书信，但两个好朋友始终无法相聚。实际上戚继光也非常希望能见一见俞大

① 《止止堂集·横槊稿下·祭大司马谭公》，第221页。

② 《正气堂续集》卷一《与戚南塘书》。

猷，与老朋友畅叙一下心中的苦闷与抱负，但由于种种原因没能如愿。结果，俞大猷于万历七年（1579年）回到老家，当年就与世长辞。戚继光又失去了一位老朋友。想当年在浙江抗倭时，他与谭纶、俞大猷“以安社稷，济苍生事业，皓首相期”[1]，而今天，边防尚未巩固，谭、俞二人相继过世，不能不使他忧愁感伤。接着，不好的消息接踵而至。他的老部下，一起出生入死的兄弟陈大成、王如龙、丁邦彦、陈子銮、金科、朱钰等人先后去世。这一连串的打击使得他顿生世事无常之感。人生易老，他开始喜欢回忆，常常在梦里回到过去的峥嵘岁月，与好友、部下、兄弟们一起，共同杀敌，一块喝酒。可是，酒醒之后，身边却空无一人，于是愁涌心头，前面的路将走向何方呢？

随之而来的是个人厄运的临近。

与许多历史上忠臣良将的不幸相比，客观地说，戚继光是比较幸运的。在浙江，李天宠、张经作为他的上级领导，为官清廉，不打压不排挤，放手让他施展军事才华，重用他并尽全力呵护他、支持他。总督胡宗宪是官场老手，圆滑世故，但对戚继光也是关爱有加。岑港之战后，俞大猷被捕入狱，而他在胡宗宪的保护下，没有受到半点伤害。

嘉靖四十一年（1562年），严嵩倒台，其党羽纷纷被打倒，胡宗宪也因此而罢官，当时就有人攻击戚继光和胡宗宪关系密切，企图打倒他，但当时的首辅大臣徐阶为官清正廉明，没有听信谗言，对他非常的信任，在这场斗争中，他没有受到伤害。

在福建抗倭中，谭纶作为他的好朋友，给予了他鼎力支持。北调蓟镇后，谭纶先是他的直接上司蓟辽总督，后升任兵部尚书，对戚继光的支持力度更大。总督刘应节与戚继光是同乡，关系本就密切，两人之间相互信任、相互支持。总督梁梦龙对戚继光也是非常欣赏，后调任兵部尚书，对戚继光同样给予

---

① 《正气堂续集》卷五《祭谭二华文》。

支持和关照。

在所有的这些支持者中，有一个人对戚继光的帮助至关重要，那就是当朝首辅张居正。张居正是明朝难得一见的有所作为的大臣，他对明王朝实施了一系列的改革，使当时已呈败象的明朝出现了中兴的迹象。就在戚继光奉命北上的前几个月，张居正被任命为大学士，入阁之初，他就着重整顿军备。由于戚继光出色的军事才能，也由于拱卫京师的需要，张居正为戚继光整顿蓟镇军备提供了一切力所能及的帮助。

为了让戚继光放手施展才华，张居正对他的要求基本上是有求必应。当然，如果张居正都无法做到的，戚继光也就无法强求了。但是，事情发生了变化，张居正一跃而成为首辅。事情发生在戚继光北上之后的第6年，隆庆皇帝去世，年仅9岁的万历皇帝即位。首席内阁大学士高拱以顾命大臣的身份，自视甚高，对这个“孩子皇帝”不尊重。高拱，字肃卿，河南新郑人。《明史》说他“才略自许，负气凌人”，属于难以和人相处的人。隆庆皇帝驾崩后，遗诏命高拱、张居正做顾命大臣，高拱在前，为首辅大学士。有一次，新皇帝有事派人去征询高拱的意见，他竟对来人说：“你自称奉了圣旨，我说这是一个不满10岁小孩的话，你难道能让我相信他真的能管理国家大事吗？”这句话被内臣第一大太监冯保知道，马上告诉了皇帝，万历皇帝早慧，一听首辅大臣看不起自己，跑到两位太后那里哭诉，太后也觉得高拱太放肆了，这是欺君。于是设计消减高拱的权力。不久，宫中传出命令，说皇帝召内阁、六部、五府进去听旨，高拱还不知内情，高高兴兴地去听旨，结果，圣旨宣布说，大学士高拱擅权，把持朝政，不许皇帝管事，不知道他想干什么，因此责令他回原籍闲住，不许停留。至此，张居正正式位居首辅，一人之下万人之上。当然，这是张居正和高拱权力斗争的结果，两人同为顾命大臣，一山难容二虎，结果高拱败于张居正。张居正取代高拱，成为首辅大学士，万历皇帝和他的两位太后对张居正十分尊重，称他为“首辅张先生”，从这个时候开始，张居正实际控制了明王朝的最高权力达10年之久。张居正向来关心重视边防军事，无论是作为内阁大学士，还是权倾一时的首辅，正是在他的支持下，戚继光在北方逐渐走向他一生事业的顶峰。

朝中政策向蓟镇的特殊倾斜引起了其他军镇的不满，浙江兵北上也引发了新的问题，这就是南兵与北兵之间的矛盾，戚继光成了这一切的焦点，对他进行攻讦的也大有人在。张居正一方面写信给戚继光，要他一定保持谦退的精神，千万不可居功自傲，招来大家的嫉妒。另一方面，他也不动声色地把攻击戚继光的官员或降职或调离，不让他们影响戚继光的练兵工作，使戚继光在蓟镇可以不受掣肘。

正是在张居正的支持下，戚继光相对于其他边将来说，有着更大的行动自由，这也是他在北边取得功绩的有利因素之一。可是，他仍旧免不了受到各种各样的不公正待遇，受到来自北方军官集团的排挤。有一次，俺答汗的骑兵南下打算向明王朝发起进攻，可是就在战事即将发生的时候，不知什么原因，俺答汗突然改变了主意，下令撤军。这一件事在张居正看来完全是因为戚继光布置得当，俺答汗无隙可乘，才主动撤兵。可是与戚继光相邻的两个军镇却把功劳据为己有，向朝廷上报说他们击退了俺答汗的进攻。对于他们的这种无耻行为，戚继光深恶痛绝，可是又无可奈何。张居正给谭纶写信，告知谭纶，他已经以皇帝的名义承认了这两镇的自我吹嘘，也给予了他们犒赏。因为他不想就这个问题彻查下去，搞得矛盾激发，他要求谭纶在奏折中不仅不要与两个军镇争功，还有主动把功劳归他们。戚继光明白，张居正也是一番好意，如果真的争执下去，可能将会给他树立更多的敌人，他们会不遗余力地对他进行攻讦，直到把他整垮为止。

类似的遭遇戚继光不止经历过一次，每一次他都只能徒呼奈何。他的老部下都已经离他而去，现在他甚至无处诉说他内心的凄苦。

自谭纶入京成为兵部尚书以后，他就一直是戚继光在朝中强有力的支持者，再加上张居正暗中的扶持，戚继光取得了明朝立国以来武将们很难取得的辉煌业绩。万历五年（1577年），谭纶病死，可是这并没有影响到戚继光的地位，他与张居正的关系越来越密切了。

万历六年（1578年），张居正回江陵葬父，这时戚继光的上级官员蓟辽总督换任，张居正担心自己的离职会引起戚继光不必要的担心和忧虑，所以特意写信给戚继光，告知他接任的总督将会是梁梦龙，是他的学生，他们私人关系也很不错，他一定会支持戚继光的工作，让戚继光放心。由此可见，张居正对戚继光的倚重和关照。

正是张居正、谭纶等人的支持，使得戚继光在北方的十六年，总体来说相当顺利。当然，戚继光能够成为幸运儿，起决定作用的还是内在因素。他出身将门，幼承庭训，勤于职守，清正廉洁，忠君效国，德行高洁，爱兵如子，善于处理上下级关系，与各色人等都能相处融洽，从而得到了很多人的支持，得以施展智慧和才华，由此创造出了伟大的功绩。

但将军有着自己的苦恼，自从隆庆元年（1567年）戚继光镇守蓟州，到万历十一年（1583年）调任广东，在北方一共度过了16年岁月。作为一名将军，这是他最美好的岁月和年华，这时的他不仅在精力上、智商上都处于巅峰，而且处于对倭寇战事中积累丰富战斗经验、创造力旺盛的时期。这16年，戚继光创造性地提出过去无人提出的车、步、骑营的建设问题，采取独特方法训练边兵，修建了有史以来最坚固的边墙，大规模建空心敌台，成为明代边防工事的首创，构建起了完善的抵御鞑靼的防御体系。也正是这种完备防守和训练得法，对北方鞑靼形成巨大威慑，使得这16年戚继光没能有机会与蒙古骑兵打过一场他期待的真正意义上的大仗。这对于“欲与千古之豪杰争品色”的戚继光而言，不能不说是一种遗憾。以至于当时的朝臣也因此对他多有诟病。《明史》这么评价戚继光：“继光更历南北，并著声。在南方战功特盛，北则专主守。”甚至后人提起他的时候，都知道他是抗倭英雄，却认为他在边疆的16年是默默无闻的。这些评价显然不符合历史真实，但也的确是戚继光晚年痛楚的原因之一。

万历十年（1582年）七月，张居正去世，戚继光失去了在朝中最强有力的支持者。张居正施政期间，触犯了朝中部分权贵的利益，因此逝世后即遭到了他们的无情攻击，说他“贪滥僭奢，招权树党，忘亲欺君，蔽主殃民”[①]。万历十一年（1583年），清算张居正进入高潮，籍没其家，其子敬修自缢而死。权贵们自然不会放过与张居正关系密切的戚继光，欲置之死地而后快。甚至有人说戚继光当时给张居正的信件“虽夜中开门递进，意欲何为？莫非反状乎？”[②]真是欲加之罪，何患无辞！

路遥知马力，日久见人心。关键时刻往往反映一个人的品行与人格。如果只是外人的攻讦，其情可原，最可恶的是自己的部下，也加入了这场攻讦的浪潮。

戚继光部下有个叫杨四畏的将领，是他一手提拔起来的，按理说应该对他感恩戴德，但杨四畏为了能够取戚继光而代之，不惜落井下石，趁机到处散布戚继光的谣言，不遗余力地对他进行攻讦。还有官员甚至上书说，戚继光在南方能打胜仗，但到北方却一事无成，可见戚继光是淮南之橘到淮北而为枳了，无法适应北方的情况，还不如把他调到南方。这个用意是阴险的，但昏庸的皇帝竟然批准了这个请求。因为，这份上书看似是为戚继光着想，为朝廷着想，以求做到人尽其才，但只要稍微明白事理的人都懂得，正因为有戚继光镇守蓟镇，外敌才不敢入侵，保了北方10余年的平安。

张居正事件，受牵连的不止戚继光，其亲属和部下也连带受责。戚继光的亲信胡守仁、李超先后被调走，弟弟戚继美被调任贵州，这时的戚继光倍感孤

① 《明神宗实录》卷一百三十一。

② 《张忠文公全书》书牍十二《答总兵戚南塘授击土蛮之策》撰修后记。

独，也闻到了山雨欲来风满楼的某种气息。

戚继美临走时，戚继光为他送行。这时的戚继光心情是忧伤的，他对弟弟说："你趁赴任之机，顺道回家看看，我也借以图个安慰。我忙着战事，20多年没能回家了，然而，故乡的一点一滴总是萦绕在心头，挥之不去，有几次我巡视山海关，站在城墙上，遥望南方，恍惚间看到了蓬莱城。你回到家乡后，一定要代我向父老乡亲问好。"说完，取出一封祝文交给戚继美，说："这是我写的祝文，不能亲自告慰祖上，就请你代为告慰吧。"

戚继美望着这个以父事之的兄长，满是关切之情，动情地对他说："大哥，你尽管放心，家中之事我会料理妥当。到任之后，我也一定会勤勉。不过……"他望着日益消瘦的大哥，关切地说："大哥一定要保重身体！"

戚继光点点头，兄弟二人，洒泪而别，从此，千里共婵娟。

万历十一年（1583年）春，一纸调令，戚继光调任广东，任广东总兵。这个时候的南方，倭寇已经荡平，广东已无战事可言。对一般人来说，这是一个安享晚年，安稳度日的好差事，但对戚继光这样的将领来说，无异于虎落平阳，失去了英雄用武之地，他的内心万分痛苦。

自古英雄多遭嫉，岳飞屡建奇功，却屈死风波亭；于谦击败蒙古，却被皇帝处死；朱纨抗倭，却遭陷害，含恨而死；俞大猷屡立战功，却遭不平，归隐家园，不一而足。现在，戚继光也难逃这种厄运，不过相对而言，他还算幸运儿，毕竟没有受到肉体伤害。

第二节　赋闲未敢忘忧国

离开蓟镇到赴任广东，对戚继光来说是一个无奈之举，一个爱国将领不能驰骋疆场，马革裹尸，而是无所事事，尸位素餐，无异于猛虎被关进了笼子。但皇命不可违，只好含愤赴任。

戚继光镇守蓟镇16年，为老百姓打造了一片安宁的环境，一朝离去，怎能割舍？蓟镇军民为了留住戚继光，许多人专门去北京请愿，请求朝廷让他留任。这对那些正在苦苦寻找口实的人来说，却是一个绝好的借口，戚继光在蓟镇已有深厚的根基，他在百姓中威望这么高，一旦造反，将无法抵挡，朝廷将落得无法收拾的局面。功高震主，这些话让本来就对戚继光有些怀疑的当权者更是害怕不已，于是赶紧催促他尽快去广东赴任。

临走那天，蓟州军民夹道相送，他们无法理解朝廷的意图，也不想离开他们爱戴的将军，送了一程又一程，依依不舍。

戚继光眼含热泪，感慨万分。为了这样有情有义的百姓，哪怕血染疆场、马革裹尸，又何惧哉。但身不由己，只能强忍不舍，跨马扬鞭，洒泪而别。

戚继光的老部下，参将陈第在诗中描写了当时送别的场景："辕门遗爱满汇燕，不见胡尘十六年。谁把旌麾移岭表？黄童白叟哭天边！"这是当时情景的真实写照。

四月，戚继光回到了阔别近30年的故乡——蓬莱。“少小离家老大回，乡音无改鬓毛衰。”离家时是青葱少年，回到家乡时却已两鬓斑白，为了国家安定、百姓安宁，把青春挥洒在了疆场上，此时他却近乡情怯，心潮难伏。几十年过去了，如今，故乡景色依然那样优美，大海依然那样湛蓝，人们依然那样淳朴，而自己已是年过半百，“儿童相见不相识”了。想起近30年的军旅生涯，一心报效国家，而如今却遭人疑忌，戚继光不免心灰意冷，顿生归隐故乡，终老林泉之念。荡舟蓬莱阁下，赋诗一首，以寄心情：

三十年来续旧游，山川无语自悠悠。
沧波浩荡浮轻舸，紫石崚增出画楼。
日月不知双鬓改，乾坤尚许此身留。
从今复起乡关梦，一片云飞天际头。

然皇命在身，故乡也不能久留。七月，戚继光又踏上了赴粤的征途。他渡长江，过梅岭，浮想联翩：

再渡长江旅梦牵，歌声子夜逐秋舷。
人间苦海波犹沸，天上春风只自偏。
北去南来已白头，逢人莫话旧时愁。
空余庾岭关前月，犹照渔阳塞外秋。

从诗中可以看出他既有过去的愁思，“人间苦海波犹沸”，也面临未来的苦海，“北去南来已白头，逢人莫话旧时愁”，但依然挂念着曾经战斗过的渔阳塞外，“犹照渔阳塞外秋”。

就在戚继光赴任广东的路上，朵颜等部又开始侵犯北部边塞，万历十一年

（1583年）六月，趁明军外出放马之际，侵犯古北口，抢夺马匹170余匹，杀害家丁11名，掳走军士17名。七月，小阿户人侵犯黑谷关，杀人30名。为此，总督周泳和巡抚翟秀裳被夺俸半年，刚上任的总兵杨四畏则被降级。

更为严重的是，自万历三年（1575年）后一直对朝廷敬服的长昂，于万历十二年（1584年）九月再次内犯，掳掠男女40余人，明军贸然出击，阵亡及重伤者8人，轻伤100余人。

当年，戚继光镇守蓟镇，外敌丧胆，俯首称臣，而如今长城自毁，外患复起，百姓遭殃，家国不宁。边防危机，戚继光虽有满腔报国志，却无法赴国难，唯有慨然长叹、暗自神伤。

戚继光经过长途跋涉，行至福建诏安梅岭时，想起了当年消灭海盗吴平的战斗场景，又勾起了当年抗倭往事，触景生情，口占一首：

四十年来汗血间，
征鞍重度穆陵关。
如今南北良将多，
何日天王为赐环。

戚继光被谪调广东，心中是不痛快的，而此时的广东情况使他更感心寒。众所周知，明朝重文轻武，文官的社会地位高，而武将地位相当低。当年镇守蓟镇时，由于有张居正的一手安排，所有军政大权都由戚继光亲自掌握，而谪调广东的戚继光，虽然也是总兵，算是平调，但手中的权力与过去无法相提并论。广东将官唯一的职责是督兵作战，其他一切军权如兵员补充、兵器制造、士兵操练、军官选拔等，将领都无权干涉，一切权力由文官控制。就是领兵打仗，将领率兵还没有与敌人交手，后边文官的雌黄之口就已经议论纷纷了。这对戚继光来说是无法忍受的。过去自己之所以能打胜仗，有很大一部分原因是自己能控制整个部队，自己招募兵员，检验兵器制作，军队操课训练，军官选拔任用，而如今这一切权力都没有了，自己对军队就没有了控制能力。当然最主要的还是当时的文官们既没有管理军队的能力，也没有为官的操守，他们今天革火兵，明天裁杂流，无非就是贪污军饷，伺机腐败罢了。戚继光一生廉洁，如何能够忍受这样的贪腐行为？但也无可奈何。愤懑之下，他上疏请求隐退。但由于他的名望，当地官员上疏请求把他留下，朝廷见此就驳回了戚继光的请求，令他继续留任广东。戚继光在广东无事可做，心情郁闷，也有对朝廷调他镇守广东的不满：

年来岭海偃旌旗，瘦骨何妨万里移。
云拥三城多瑞霭，梦回孤枕愧支离。
登高渐喜瞻天近，抱病翻思去国迟。
粤路脸峨君莫问，天街更有路多歧。

虽然有不满、有愤慨，但是将军并没有颓废，也没有消沉，“一片丹心风浪里，心怀击楫敢忘忧！”既然无法隐退，戚继光就尽力做好自己的本职工作。他在恶劣的环境下，依然拖着病躯，恪尽职守。首先做的一件事就是整顿自己身边的标兵。这支标兵只有2000人，但长期以来养成了松散习惯，纪律涣散，兵器有形而多锈蚀。戚继光花了很大的力气才算把这支队伍整顿得像个兵样。与此同时，他于万历十二年（1584年）四月，巡视广东沿海惠州、潮州、肇州、庆州等地兵备情况。他本想借此次整顿标兵之机，再次整顿水寨和沿海防务，但不久就旧疾复发，整顿兵备之事只能就此作罢了。由此可见，戚继光虽然是被谪调，但“任真任怨，以国事犹家事，谋兵如谋身，必舍而后达，轻小而求大者”，他并不是如那些贬损他的人所说的那样“悒悒不得志，强一赴”，而是走遍广东沿海，“理粤事如蓟。遂首编标兵，整饬营武”，为广东的兵备和边海防稳定做出了重要贡献。直到如今，北到南澳岛，南至深圳河，都还留有戚继光的足迹。

养病期间，戚继光眼见广东军备不修，部队腐败，本打算彻底整饬，但朝廷、地方都将其视为权党（张居正一派），对他的话置之不理，不得已他只好把精力集中于整理自己的著作上。

早在北方生病期间，有人劝他休息，他说：将领本来应当为国牺牲的，现在我幸而未死，当整修边墙，使之没有箭穿的缝隙，还应该把自己一生的战斗和练兵的经验、教训写成文字，留给后人，使他们能有所借鉴。来到广东，环境恶劣，无法从事军备事务，他就重新收拾起心情，继续整理文献，甚至病倒之后，依然“杖藜徙倚蕉窗下，几度从容检内篇”。万历十二年（1584年），他把《纪效新书》重新雠校完成，交由布政司刊刻，这是他在东南抗倭和蓟镇练兵、防卫的经验进行的总结和补充，是他治军思想的凝结。此外，他还对另一部著作《止止堂集》进行了重新整理。虽然已经无法亲自领兵打仗，无法在疆场上为国效力，但他把自己一生心路历程写成文字，以寄后人，以寄将来，希望能为国家培育后人，果真是“心怀击楫敢忘忧”啊！这些珍贵的文字，给后人留下了宝贵的遗产。

这时朝廷攻击张居正之风愈演愈烈，兵科给事中张希皋乘机弹劾戚继光。万历十二年（1584年）十一月，戚继光广东总兵职务被罢免，由右军都督佥事刘凤祥代之。

万历十三年（1585年），戚继光差点蒙受不白之冤。起因是前内阁大学士高拱的遗著《病榻遗言》的问世。在这部书中，高拱提到了“王大臣事件”。在万历登基，高拱被逐以后的半年，一天清晨，宫中侍卫在皇宫门口逮捕了一个名叫王大臣的人，他假扮太监，在宫门口游荡。张居正和冯保欲借此事打击高拱，就在他的衣服内放了两把剑，并唆使他说是高拱派他来刺杀皇上的，可是在东厂的审讯中，王大臣翻供了，冯保就把他毒成哑巴，让审讯草草了事，王大臣也被问斩，此事就不了了之了。但事过10年之后，高拱在《病榻遗言》中一口咬定，王大臣是戚继光的部下。万历皇帝大怒，想下旨重查此案，只是由于首辅申时行的劝告才不再予以追究。但戚继光再也不可能得到皇帝、朝廷的信任了。

由于朝廷的昏暗，戚继光在广东的任期内没有用武之地，官场的争斗，使他感慨无限，他这样写道：

瘴海氛多晓亦寒，维舟更识主恩宽。
放怀到处青山外，幽梦那知白日残？
别酒闻歌还障袂，除书拭目听弹冠。
人间薏苡容身易，天汉风波把舵难！

这位在宦海遨游40余年，向来对上对下恭谨从事，也一直比较顺利的老将，现在也深深感到“把舵难”了。

但他依然没有忘记感恩朝廷、感恩皇上，认为能在广东校雠完两部著作，是皇恩浩荡，给予他时间。而且，他把对容许自己归隐家乡，看作是“圣明独鉴孤臣，眷未衰也”。

但驰骋疆场的豪气总是无法忘怀的，报国的信念也是无法湮灭的，归途经过梅岭时，他又想起了塞外边关。

五岭山头月半湾，照人今古去来还。
青袍芒履途中味，白简朱缨天上班。
烟水情多鸥意惬，长林风静鸟声闲。
依稀已觉黄粱熟，却把梅关当玉关。

第三节　生离死别话凄凉

万历十三年（1585年）春，戚继光久劳成疾，肺病复发，再加上年老体衰，精力也大不如前，于是上疏朝廷，请求解甲归田。

这本是一次很正常的奏疏，但又被别有用心的人拿来作为攻讦的理由。张希皋认为戚继光告病还乡是假，对皇上不满是真，请求朝廷予以严惩，以儆效尤。所幸的是，当时的很多朝臣认为戚继光德高望重，功劳卓著，清正廉洁，忠君爱国，此种说法是无中生有，不足凭信。万历皇帝终于批准了戚继光归乡的请求。

将军踏上了归乡之路，此时的戚继光心灰意冷，抑郁不平，作诗表达了自己的心情：

万里归心系别船，高情直与九霄联。
望迷北斗知天远，水尽南陲见地偏。
帆逐晚云随去住，鸥浮春雨任翩跹。
圣朝不薄庾关外，新拜元戎已出燕。

但毕竟无官一身轻，归乡途中，戚继光绕道江西去看望老友汪道昆。汪道昆，明代文学家。字伯玉，号南冥，又号太函，歙县西溪南松明山人。嘉靖二十六年（1547年）进士，出任义乌知县，历任襄阳知府，福建按察使，福建、湖广巡抚等职，仕终兵部左侍郎。任福建副使时，他配合戚继光筹谋策划，招募“义乌兵”赴前沿参战，打败倭寇。也在此时，他与戚继光结下了深厚的友谊。汪道昆晚年任兵部要职，不辞辛劳，亲赴海防前线视察，并从国防整体的角度大胆改革弊政，提出强化边防的整套军事方案，为明朝的边海防做出了重要贡献。万历三年（1575年），汪道昆因言官纠劾告归，里居近20年，致力诗文。此时两人已是一介平民，无官身轻，自由自在。老友相见，虽然都是两鬓斑白的老人，但心怀欣喜，一起畅叙友谊，谈古论今，吟诗作对，游山玩水，不亦乐乎。两人缅怀过去，期许未来，相约以后再见，汪道昆还为戚继光起了晚号“孟诸”以为纪念。但没想到此次分别竟成永别。

晚年读书处—孟诸书屋　徐恒业 摄影

戚继光原本打算在汪道昆那里住个三年五载，但是弟弟戚继美在他被罢官之后也遭罢免，回到了家乡，兄弟两人3年没见了，非常想念，戚继光急着赶回家去见弟弟，没想到竟也无缘再见。

戚继美是戚继光的胞弟，生于嘉靖十二年（1533年）七月，小戚继光6岁。由于父母早逝，戚继光和妻子王氏对他百般呵护，关爱有加，戚继美也以父事兄，以母事嫂。

按照戚家传统，长子戚继光袭职，参军入伍，从小受父兄影响，戚继美也想同哥哥一样入伍从军。嘉靖四十二年（1563年），戚继光在福建抗倭，屡建战功，晋升署都督，本来想让儿子袭职入伍，但戚继光知道弟弟想从军的愿望后，就把袭职的机会给了弟弟，让他到福建军中任职。在抗倭斗争中，兄弟二人相互照顾，一起杀敌，共同作战，一同为国奋战。

隆庆元年（1567年），戚继光调往北京，戚继美回到蓬莱管登州营事，第二年，又调往山东沂州任把总，统领民兵1200人，防御倭寇。

当年，为了整顿军纪，提升战斗力，谭纶上疏请求从各防守部队中抽取士兵3万，交由戚继光训练。为弥补抽调士兵的空缺，他又提出，鉴于倭寇已平，调戚继美所带民兵来蓟镇协助防守。经朝廷批准，戚继美也来到了蓟镇。十二月，经由谭纶上疏，戚继美升任署都指挥职衔，领山东班军，戍守蓟门。

隆庆四年（1570年）4月，戚继美任金山游击将军，来到南方；第二年十一月，被任命为河南都司掌印官；万历元年（1573年）正月，转任浙江金台地方参将，率领南兵镇守蓟州，但戚继光为避嫌，上疏请求回避，朝廷便改戚继美为湖广靖州参将；万历四年（1576年）二月，升任为提督狼山等处地方副总兵；万历九年（1581年）正月，又升为南京右军都督府佥书；万历十年（1582年）进京，被授予都督佥事勋，拜骠骑将军。

当年，戚继美离开京城来到蓟镇看望哥哥，兄弟之间分别近13年，一朝相见，分外高兴。然而，时隔不久，戚继美便被调往贵州任总兵，这一别又是3年。如今，兄弟二人都被罢官归乡，兄弟情深，期盼早日相见。不承想，戚继光还在半道上，便接到了弟弟逝世的噩耗。

原来，戚继美在归乡途中，他特别喜欢的二儿子与国暴病夭折，悲伤过度，随后去世。戚继光闻之，悲痛不已，他不顾疾病缠身，日夜兼程，赶回家中，看到亲人的灵柩，号啕痛哭。弟弟的离世对戚继光来说又是一个巨大的打击。

除此之外，打击更大的是他的原配妻子王氏离他而去。王氏本是万户王将军家之女，两人结婚之后，夫唱妇随，相敬如宾，感情融洽。后来，戚继光镇守蓟镇，家里一切事务都由王氏一手操持，包括抚养戚继光的弟弟和妹妹，长嫂为母，她还亲自为弟弟戚继美张罗了婚事。王氏为戚家操碎了心，刚开始戚家条件不好，她还卖掉了作为嫁妆的首饰贴补家用。

此外，王氏还不乏巾帼豪气和胆识。浙江抗倭时，戚继光北去宁海，新河空虚，倭寇进攻新河。危急时刻，王氏首先安抚人心，然后动员老百姓和城中妇女都穿上明军的军装，拿上武器，披挂上阵，并在城头上擂鼓呐喊。倭寇原以为新河城空虚，没想到城中人数不少，不敢贸然进攻。王氏的空城计延缓了倭寇的进攻时间，第二天拂晓，戚继光的援军赶到，内外夹击，倭寇全线败退，取得了新河大捷。

王氏无出，婚后只生了一个女儿，“不孝有三，无后为大”，戚继光没有儿子继承家业，这在封建时期是很不合时宜的。但王氏是一个强势的女人，戚继光不敢纳妾。于嘉靖四十二年（1563年），戚继光背着王氏纳妾沈氏，一年后因其无出，又纳妾陈氏，万历三年（1575年）又纳妾杨氏。陈氏先后生子祚国、安国、报国，沈氏生子昌国，杨氏生子兴国。后王氏得知他纳妾生子后，无法接受，十分恼怒，按汪道昆《孟诸戚公墓志铭》记载，王氏“日操白刃，愿得少保而甘心”。戚继光得知后，内穿铠甲入王氏卧室，号啕大哭，诉说祖宗遗愿，王氏得知原委，扔掉利刃，抱头大哭，然后把安国过继给自己做儿子，夫妻俩又和好如初。王氏把全部心血都花在了安国身上，但天有不测风云，安国不久因病夭折，王氏失去了精神寄托，生活希望几乎破灭。她性情大变，加之不满丈夫的所作所为，收拾起积蓄，回娘家去了，再也没有回来。戚继光不知如何劝解王氏，但他知道王氏娘家这时已经败落，她这一回去，不知道该如何生活，可王氏不管这些，执意要走，戚继光只好把多年从军的积蓄全让王氏带走了[①]。

王氏这一走，戚继光不仅举目无亲，而且生活立刻窘迫起来。当时的戚继光重病缠身，家无积蓄，连治病的钱都拿不出，王氏的离去，给戚继光的晚年更增添了几丝凄凉。

① 还有一说王氏一怒之下，把家中积蓄一卷而空，回娘家了。虞裴明著的《戚继光》、童来喜著的《戚继光》等取其说。但笔者根据戚继光的为人，还有王氏与戚继光之间的感情，以及根据郦波著的《抗倭英雄戚继光》中说法，认为戚继光主动把积蓄送给王氏更符合情理。

第四节　矢志报君心不了

万历十三年（1585年）十月，戚继光回到故乡蓬莱，转战多年，一朝回故里。是啊，自己和同僚奋斗多年，现在北方同蒙古和好，南方邻近之国也来朝贡，四海承平，可以安享晚年了，他可以和儿子们讲讲他当年驰骋疆场的酸甜苦辣了，他也不忘教育他们要继承自己的志向，要心系家国，忠君报国。同时，他修葺了蓬莱阁，还修建了家庙祭奉祖先。万历十五年（1587年）七月，家庙建成，他写了一篇很长的祝文，历述从始祖戚祥以来各代祖辈的功业，更多地叙述了自己袭职之后转战南北的成就，实际是一部自传和一生的总结。他向先辈禀告："虽用祖宗之积已多，未能为之益，亦未敢为祖

戚继光晚年回归故里后修建的会友观景的望云楼
徐恒业 摄影

宗累也。”[①]袭职时，他曾对父亲讲，要尽力为祖业有所增益，现在算是有了一个交代了，内心也长舒了一口气。但是，将军百战，情怀激荡，他在《寄都塞上诸知己》抒发情怀：

六月园林意自凉，纷纷开落住时芳。
莫招仙子层霄远，且傍佳人舞袖狂。
鸥鹭沙头原有侣，鹓鸾天上自成行。
宰官若问山中况，日日清风薜荔床。

凤鸟离群，免不了孤寂与凄凉，诗中况味，又有几人能解？

万历十五年（1587年）冬，戚继光的病情愈加严重了。就在此时，北方矛盾尤其是蒙古诸部和东北女真与明朝的矛盾日趋激烈，而朝廷内部矛盾也日益突出。御史傅光宅根据北方形势的发展，认为女真将是明朝今后的主要威胁，需有一名将大将镇守，方能稳住北方局势，遏制女真发展。而戚继光多年征战，军功卓著，名震塞外，是最佳人选，遂向朝廷建议起用戚继光。

戚继光得知这个消息，异常激动，虽然此时的他已经年老体衰，疾病缠身，但体内的热血已经沸腾，当即挥毫疾书：

寄书向知己，不解作家音。
男儿铁石志，总是报君心。

戚继光的报国之心从未曾泯灭，盼望着朝廷的诏令早日到来，好重新驰骋疆场，杀敌报国。但消息传来，傅光宅的奏疏不仅没有被采纳，而且他本人还

① 《戚少保年谱耆编》卷十二。

因此被革职还乡，夺去俸禄。朝廷对戚继光已经再无起用之意了。

听到这样的消息，戚继光悲愤交加，呆若木鸡，半晌无语，继而又感慨：看来自己非但老而无用，而且在当权者眼里已成灾星了。此后的戚继光心情更加抑郁。

英雄晚年，凄风冷雨，时近隆冬，戚继光时常登上丹崖山顶，或是蓬莱阁上，远眺大海，回忆起从前的沙场岁月，他想到已经故去的旧友，还有牺牲的部下，过去的点点滴滴涌上心头，无语话凄凉。

戚继光的身体状况一天不如一天了，他也感觉到自己的活力在不断减少，这是要离开人世的征兆吧？就在这一年，他旧疾复发，加之夫妻反目，他把一生的积蓄给了妻子王氏，这时的他已经无钱医治了。

一天，儿子戚祚国守在父亲的病榻前，思考着可以再变卖点什么去给父亲抓药，戚继光看着孩子，问道："孩子，你在想什么？"

儿子抬起头，看着父亲说道："我在想，可以再变卖点什么，好去给您抓药。"

戚继光脸上露出一丝丝苦笑，他轻轻地摇了摇头，说："你不明白，这不是药可以医治得了的，在这个世界上，每一个人都有他的任务，当任务完成的时候，他也就该离开了，我现在是完成我的任务了。"

戚祚国听了，伤心地哭了。

戚继光接着说道："不要哭，孩子。我现在感觉好多了，正想跟人说说话，你这一哭，可又要把我的心思搅乱了。"他又拉着儿子的手说："记得我在蓟镇为官之时，因为看到士兵打柴很辛苦，就免去了由士兵打柴供应总兵的惯例，可是我们家却因此而常常缺柴，有一年我们还在过大年时断了柴，导致没有办法过年，你还记得吗？"

戚祚国忙擦干眼泪说道："记得，您还为此写过一首诗呢。"

"诗还记得吗？"

“记得。”戚祚国抬头看着父亲激励的眼神，就背起父亲当年做的诗来：

试看腊向天涯尽，独有边愁恋二毛。
列塞云连青海色，双弧春隐赤鱼弢。
晨炊烟断家谋拙，旅病魂惊国事劳。
西望蓟门通御气，孤臣不惜敝征袍。

“好！好！”戚继光脸上露出了笑容，非常满意儿子的表现。

“您是想嘱咐我们什么吗？”

“也许吧。这几天病中无事，我自己一直就在回忆着我这一生的际遇，思来想去，我觉得可以称得上是对得起自己的良心了。古来名将虽多，可是有几人能为了体恤士兵而使自己家中断炊呢？我做到了，可是引以为憾的事还是太多了。”

“您还有什么未了之事吗？”

“孩子，什么叫未了之事啊？你现在还不能明白，人生就如同是一场战斗，虽然从当时人的眼里看来，有的人胜了，有的人败了，可是在后人看来，不论是胜者还是败者，还不都是一回事？一切都如同过眼烟云。人的一生只要是对得起自己的良心，无愧于天下苍生，也就不虚此生了。我应该可以算是一个不虚此生的人了。”

可是，这个自我感觉不虚此生的人的确还有未了之事，那就是没能实现最后为国尽忠的愿望。他一直幻想还能再次驰骋疆场，为国效力。当时，戚继光的一个侄子要进京受职，戚继光想借此机会上奏朝廷，幻想被重新起用。掌灯时分，侄子赶来辞行，戚继光拿起笔想写奏疏，谁知突然发病，竟人事不省，家人求他托付后事，都没能说一句话。万历十五年（1587年）十二月初八[①]，鸡叫的时候，这位转战南北，出生入死、功高盖世、忠君爱国的一代名将陨落。他在黎明时来，也在黎明时走，来得光明，走得磊落。

戚继光身为特进荣禄大夫少保兼太子太保左都督一品高官，但是在他死后朝廷竟然没有任何悼念活动，可见当时朝廷对于功臣的冷漠，这也体现了当政者的昏暗和腐朽。两年之后，戚继光长子戚祚国到北京请求恤典，朝廷才下诏予以祭葬。按照当时朝廷惯例，戚继光的功劳完全可以荫及子孙，但除了长子戚祚国袭祖职指挥佥事之外，其他儿子均没有得到袭职。直到后来，他的儿子们才先后得以袭职，其中除戚昌国官至都督同知外，其中未有显赫者。

但百姓对戚继光的怀念是永恒的。这位卓越的军事家和伟大的民族英雄，永远活在百姓心中，受万世敬仰和怀念。

① 关于戚继光的逝世年份为万历十五年腊月，即公历1588年1月，没有争议。关于日期，有两种说法，一为腊月初八，一为腊月十九，这里取前说。

第八章

寓儒于兵　独出心裁

在灿若星河的中华武将中，戚继光是备受后人推崇的一位著名将领、军事理论家，他抗击倭寇，扬我民族威风；戍守边关，心系社稷安危；著书立说，思想独树一帜；排兵布阵，令敌闻风丧胆。作为骁勇善战的统领，他临危不惧，率先垂范；作为寓儒于兵的军人，他爱民保民、练胆正心、爱卒善俘，用武、从武之德行充分体现了中华民族传统美德的仁爱精神，在他身上体现的勇、智、仁、信等军人人格道德修养、武德意识，在中华武德文化史册上，留下了浓墨重彩的辉煌一笔。

第一节　剑胆琴心著新篇

追溯晚明的边疆烽火，缅怀英雄的丰功伟绩，后人流连忘返的不仅是明末边域那一个个惊心动魄的史实，还有戚继光呕心沥血、剑胆琴心撰写的一本本传世之作。抚今追昔，回顾戚继光南征北战的辉煌功业，探寻戚继光军事思想的真谛，他的兵学经典在中国军事思想史上依然流芳千秋、熠熠生辉。

戚继光军事思想的发展形成，与他从军征战的旅程紧密相连，基本经历了4个阶段：1555年以前是积累酝酿阶段；1567年前，也就是隆庆元年以前的十几年，可以说是基本形成阶段；再到1583年为发展成熟阶段；此后是修改完善阶段。

嘉靖三十四年（1555年）夏，戚继光奉诏赴浙江担任浙江都司佥书。翌年，因德才兼备，受到浙直总督胡宗宪的赏识，被提拔为宁绍台参将，负责宁波、绍兴、台州（今浙江临海）三府的抗倭任务。根据抗倭战争的要求和队伍建设形势，戚继光提出编练新军的建议，历经坎坷最终得到胡宗宪的支持，利用拨给的仅3000士兵开始了练兵活动。1560年，他恢复官职后，被调任台金严参将，负责台州、金华、严州（今建德东北梅城）三府抗倭事务。到了1561年，他率领将士在台州地区消灭大批倭寇。此后在1562年，他又奔赴福建，在横屿、牛田、林墩等地歼灭大批倭寇，大胜而归。此外，他还在1563年率军再次与俞大猷、刘显等人深入福建，并肩作战，消灭了兴化、平海、仙游等地的大批倭寇。

这个阶段，戚继光不但立下了赫赫战功，连升都总兵等职务，他还利用作战间隙，深入思考研究，对作战的具体得失与练兵经验进行总结提炼，编撰写成了《纪效新书》，形成了一套独特的练兵思想。

戚继光军事著作《纪效新书》　徐恒业 摄影

1567年年底，也就是隆庆元年，戚继光被调入京城，翌年初被任命为神机营副将，后总理蓟州、昌平、保定三镇驻兵事宜。第二年，他被任命为蓟镇总兵官，负责蓟州、永平、山海关等处镇守任务。他接任期间竭力进行军队建设，操练兵马，改进武器，加固城墙，从山海关到昌平镇，构筑起一道坚固的战略防御体系，得到了首辅张居正、总督谭纶等人的赞誉和支持。到1571年，戚继光将这一时期撰写的一系列奏疏，制订的各项规章制度和练兵经验进一步加以整理，编著写成《练兵实纪》。这部著作是《纪效新书》的姊妹篇，主要阐述了他在这一阶段练兵的方法和心得。

与《纪效新书》相比较，《练兵实纪》增加了许多新内容。在抗倭战争中，他针对倭寇力量分散、武艺高强、擅长刀法等特点，坚持使用小股部队，采取独特的鸳鸯阵法，实施小规模的歼灭战。在镇守蓟镇时，他针对蒙古诸部力量集中、机动性较强、擅长骑射等特点，请求朝廷调拨重兵，创建新型的车步骑营，配置新式的武器装备，实施大规模的阵地战。戚继光的独特之处在于，他始终能根据敌我双方的具体情形，确定正确的作战方法。所以，在撰写兵书时，《纪效新书》适应消灭倭寇的要求，论述的是小规模的战斗，包括训练水兵问题；而《练兵实纪》根据镇守蓟镇的需要，论述的是大规模的战役，

戚继光军事著作《练兵实纪》　徐恒业 摄影

涉及建立车步骑营、修筑边墙敌台和训练将领等问题。从《纪效新书》到《练兵实纪》，戚继光不断丰富和发展着自己的军事思想。

明朝万历十一年，戚继光在仕途上遭遇了重大挫折，在朝野上下清算已经病逝的张居正期间，作为备受张居正执政推崇的将领，戚继光此时不可避免地受到牵连，被贬谪到广东任总兵官。虽是总兵官，实为一个闲职，并无多少事情可做，这对一心报国安民的戚继光来说，无疑是巨大的打击和折磨。但他并没有因此沉沦，而是积极争取整顿军务，同时把大量精力和时间用于重拾以往的著述。第二年，他把《纪效新书》《练兵实纪》重新加以整理写成新版《纪效新书》（十四卷本），这部著作吸收了旧版《纪效新书》《练兵实纪》的精髓，与旧版相比，无论是军队组织、军事训练和训练将领，还是结合实战具体操练的内容都更加丰富，结构更加严整。这次编撰，使戚继光的军事思想越发系统完整。

在中国兵法理论体系中，戚继光第一次系统阐述了练兵理论。他在书中论述，《孙子兵法》“纲领精微莫加矣，第于下手详细节目，则无一及焉。犹禅家所谓上乘之教也，下学者何由以措？于是乃集所练士卒条目，……择其实用有效者，分别教练先后次第之”[①]，遂成为十八卷本《纪效新书》。以后他练兵的理论方法进一步丰富完善，至万历年间十四卷本《纪效新书》成书时，最终

① 《纪效新书》十八卷本，自叙。

形成了完备体系。

戚继光的练兵理论大体包括下列重要内容：一是挑选精兵。戚继光选兵特别注重两点：第一是士兵背景，选择乡村老实有土作之色的矿工、农民和惯战之人，而不用油腔滑调和奸诈虚伪的人；第二是士兵的综合素质，除了注重从体质、武艺方面选拔外，更重要的是看人的气魄和胆量。二是注重建章立制。戚继光不仅将部队的最小单位由以往25人的伍改为12人的队，而且要求编制与阵法（即战术）相一致，“营阵之法，全在编派伍什队哨之际，计算之定”①。士兵入伍开始，就被按照鸳鸯阵队形组织起来，从此形成攻守兼备的节制之师。三是重练胆气。戚继光认为军队“大势所系在气”，因此练胆气是练兵的根本，而练气须从练心入手，因为练心才能让胆气自壮。具体怎么练心呢？首先是将领要倡导施行忠义之理，率先垂范，以身作则，以诚感诚，同时严格赏罚以平齐人心。其次，胆气训练不能仅靠场地的操练，而是重在平时军事生活的养成。四是注重军训。基本原则是按照实战要求练真本领，并定期考核武艺、严明奖罚。在搞好单兵训练的基础上再进行营阵训练，训练的次序是规模从小到大，地点从操场到野外，根据敌情攻守结合。五是严肃军纪。戚继光强调军令之信，“信于众则令可申，苟一字之种疑，则百法之是废”②。要求令出必行，使全军达到共作一只耳、一条心的程度。

总之，戚继光在《纪效新书》和《练兵实纪》两部著作中，系统梳理了练兵的整个过程，并对每个具体环节都提出了可操作的有效办法，形成了系统完整的练兵理论和方法举措。

戚继光还是中国历史上系统提出练将理论的第一人。孙武重视将领，但他只强调了将领要具备“智、信、仁、勇、严”五种基本素质，而未提出如何培

① 《纪效新书》十八卷本，卷一。

② 《纪效新书》十八卷本，总叙。

养选拔优秀将领的做法。戚继光在长期练兵治军实践中，切身体会到培养将领的重要性，于是提出军事训练中“必练将为重，而练兵次之”，只有练出良将，通过良将参与指导训练，才能训育出精兵，“练将譬如治本”①。

在戚继光看来，练将最重要的是练将德，而将德中最根本的是正心术，以实心干实事，不以死生患难易其念。其次是能够明死生，做到战场杀敌，视死如归，在死中求生。再次是坚定操守，清正廉洁，一心为公，体恤战士。同时还要尚谦德，有功能忘，有劳不伐。另外，身为将领，要避免声色、货利、刚愎、胜人、逢迎、萎靡、功名等弊害，做到不为淫声美色所诱，时时以军务为念；不贪钱财，而以淡薄节俭为务；不刚愎自用，集众思用群策；不嫉贤妒能，而是见人好处，敏己求之，极力行之；对上司不阿谀逢迎，而是直言不讳；不明哲保身，不欺软怕硬；不求益功名，而是尽力报国等。

为将须有将才，将才就是管理部队和指挥作战的才能。练将才，首先要正名分，使部队上下相安，职责分明，形成组织严密、战斗力强的整体，同时要精熟兵法，学习古今名将品德及其军事理论。有人认为将领的主要职责是指挥军队、可以不学武艺，针对这一观点，戚继光指出，将领不学好武艺，就无法分辨花法、实法，无法辨别将士技艺的高下，导致将士难以学好真武艺，而且将领战时要身先士卒，“身无精艺，己胆不壮，安能先众而往？”“必一切服习，兼诸卒之长。既习则必能辨，又须遍阅方可付士卒”②。

戚继光经过实践认为，培养造就智勇双全的将领，除了教授将领兵法武艺和丰富战场上的历练外，还有一个重要途径是开办武学。武学学员不论出身，“无分于武弁也，无分于经生也，无分于草莱也，择其有志于武者，郡督而理

① 《纪效新书》十四卷本，卷十四。

② 《纪效新书》十四卷本，卷十四。

之，首教以立身行己，挥其外诱，明其忠义……”[①]。学员在校读书习武，学习理论、历史、技艺，次序是先修身养性，后广博学识，通过三年学习，使其在文韬武略两方面都有很大提高。在校读书只是开始，还要有实习、实践的过程，“但于用兵处，将所储材士，分布行间，出则置诸战阵之后，将实境以试之；试之既久，小委以尝之；尝之无疑，然后可用”，如此方“得全才为干城之器”。经过系统培养，对军事修养突出且“兼以文义德量”者，可为大将；对军事修养不错而“优于技艺，励于鼓舞，短于方略”者，则任为偏裨；对才勇有余而志向不足者，只能为小将；对有一技之长而道德不足论者，只能“因事而使”。正因为戚继光练将理论的系统性、科学性，大批优秀将领在他的培养下脱颖而出，“部曲起家为大将者十人，内围玉者五人，副总参游而下无虑百计，得卫所世官者数百计”。[②]

① 《纪效新书》十四卷本，卷十四。

② 《戚少保年谱耆编》卷十二。

第二节 精研战法砺神兵

许多学者探讨戚继光军事战法思想，有这么一个论断：在中国军事史上，戚继光作为一位杰出的军事实践家和军事理论家，其地位举足轻重、无可替代。他可以说是真正把对战争艺术的研究带入到系统化、科学化、严密化、精细化高度的首屈一指的军事家。中国军事科学院范忠义先生曾经这样评价："戚继光对中国兵学的贡献即使不能同孙武并驾齐驱，也是继孙武之后的第一人。"

戚继光军事战法思想之所以大放光彩，是因为戚继光军事思想不仅具有重大的理论建树，而且经过了军事实践的检验，具有广泛的实践价值，贴近实战、注重实际、讲求实效。戚继光的战法思想自问世后，经久不衰、历久弥新，受到后世国内外军事学者的高度关注和赞誉。

戚继光强调打仗就要打算定战。他在《练兵实纪》中指出"大战之道有三：有算定战，有舍命战，有糊涂战"。戚继光主张实施算定战法去谋划战争，具体言之，就是战前要知己知彼，计算胜利条件的多少，如果自己没有胜算，处于劣势，那就要发挥自身的主观能动性，改变这种态势，创造条件取得胜利。不能仅凭一腔热血，一冲了事去打"舍命战"，更不能不知彼，不知己，糊里糊涂打"糊涂战"。谋划在前，用智慧和韬略战胜敌人，这其实是对孙子关于“庙算”思想的继承和发扬。

浙江台州之战是体现戚继光“算定战”思想的典型战例。当时，倭寇由健跳、桃渚、新河向台州进逼，总兵力万余人。戚继光却只有区区2000余人，面对敌众我寡的不利形势，他采取“并力合势，先讨其重大者，然后依次剿除”[①]的策略。通过研究敌情，他发现，入侵桃渚、健跳的倭寇进犯比较迟缓，而入侵新河之敌已兵临城下，应当迅速将其歼灭。于是他把优势兵力拧成一把“尖刀”，首先痛击威胁最大的新河一路倭寇，取得胜利后，根据情况再逐个击破由桃渚进犯至花街的倭寇，然后歼灭健跳的倭寇，先后取得九战九捷的战绩。

戚继光追求的“算定战”，不仅在战前对敌我双方形势进行周密的分析，更重要的是充分发挥官兵们的主观能动性，做好战胜敌人的各项准备。正是做到这一点，戚继光在镇守蓟镇的16年里，使京师北部的防卫得以巩固，达到了“边备修饬，蓟门晏然”的程度。他不但自己在任期间实践“算定战”，而且因为这一思想方法十分奏效，以至于“继之者，踵其成法，数十年得无事”[②]，后面接任他的将领也效仿他的做法，北部边境几十年都得以安全。

戚继光调任蓟镇总兵官期间，整修加筑边墙，在边墙上修建千余座空心敌台。在边墙内侧建立驻军的老营，使边墙成为打击敌人、阻止敌人前进的坚固防线；他整顿军队，裁撤老弱冗员，招募新军，严肃军纪，严格训练，建立了一支组织严密、训练有素、万众一心的军队；他改进创制火器，规定了严格的操作规程，充分发挥火器优势，使之发挥远胜于敌人弓箭的威力；他创建车步骑营，使蒙古骑兵无法接近，有效解决了明军骑兵在平原上作战的不足。这样就彻底改变了明军面对蒙古军时的不利态势，确保其对企图内犯的鞑靼处于优势地位。

---

① 郑若曾《筹海图编》，卷九《宁台温之捷》。

② 张廷玉等《明史·戚继光传》。

在具体打法上也要实行“算定战”。戚继光在蓟镇为抗击鞑靼的内犯，派出大量的明哨和暗哨，不断了解敌人的动向；建立烽火台，传递警报，以迅速调集援军，有效抗击敌人；巧用战法，在隐秘处埋伏疑兵，迷惑敌军，阻击顽敌；如敌人抵近边墙，则恃墙固守，歼敌于墙下；万一敌溃墙而入，则调集重兵追截，消灭敌人；若敌人退出，则步兵在险处设防打击敌人，骑兵实施追击，“必获功如愿而后返”。这种周密的战术设想，就使自己在未来的防御战中能够处于主动地位，而避免敌人一旦进犯明军处于被动挨打状态。

戚继光认为，尤其要在打仗之前，派出大量侦察人员，随时了解敌人的动向，掌握敌人所在地的地形。敌人的一举一动要有报告，隔一个时辰要报告一次。临战前要派出自己的亲信侦察人员，多至一二百人，分布在敌人的周围。“凡贼分合、出入、多寡、向往、进兵路径，举皆洞然矣。方以其所报情形，或以泥塑为山谷巢穴状，或以殊墨笔图别分布，使各头目了然如素履。”[①]战前将官对敌情“举皆洞然”，对地形“了然如素履”，然后集中优势兵力对“知彼”的敌方发起攻击，如此方能胜券在握。

戚继光戎马一生，参加大小战争数不胜数，但无论是东南抗倭，还是北方御虏，他都能根据敌我双方的具体情形，从实际出发，进行周密的准备，实行“算定战”，确定正确的作战方法，从而夺取战争全胜。

戚继光注重“大创尽歼”的歼灭战法。他认为打仗不战则已，要战就要打得敌人心寒胆战，一溃千里，达到一劳永逸的效果。对敌人“非大创尽歼，终不能杜其再至”，通过歼灭战，使敌人受到致命打击。为此，必须“以五当十，始为万全”，就是集中优势兵力，对敌人进行大规模歼灭战，消灭敌人的有生力量。

在东南沿海抗倭作战时，戚继光就卓有成效地实践了这一思想。比如，台

① 《纪效新书》。

州一役，他率军在临海大破倭寇，先后九战九捷，平定了犯浙倭寇。第二年在位于福建宁德东北20里的横屿岛，他率兵斩首倭寇达340余众，淹亡倭寇600多人，逃窜倭寇寥寥无几。1563年，他与福建总兵俞大猷和广东总兵刘显率兵水陆并进，歼灭倭寇2200余人，直捣倭巢，史称“平海卫大捷”。1569年，在仙游大战中，他采用分头进击、逐个击破的方法，连续作战，几乎将入侵仙游的万余名倭寇全部歼灭。

在戚继光“大创尽歼”思想的指导下，戚家军与其他抗倭将士并肩作战，在10余年间，平定了东南沿海200年猖獗的倭患，实现了“杜敌再至”的目标，在明朝抗倭战争史上留下了光辉的战绩。在北方，戚继光镇守蓟镇，抵御蒙古精骑，同样实践了“大创尽歼”的思想，在当时也实现了维护北部边域安宁的战略意图。

戚继光善于守城战法。《纪效新书》中阐述的守城战术用一句来说，就是依托坚固城池，利用大量火器，充分组织军民，进行层次防守。他指导修建城池是一个由壕、牛马墙和城墙构成的防御工事体系。壕，即护城河，是城池的第一道防御工事。第二道防御工事是牛马墙。牛马墙在城外壕内，距城八尺到两丈，是用大将军炮、佛朗机和鸟铳等三种火器击敌的处所。第三道防线是城墙及其附属设施。明朝城墙，除垛外，墙身高四丈或三丈五尺，城墙的附属设施还有垛墙、悬眼、雉（即战台）、骑墙铺。城的两侧均有垛墙，外高内矮。外垛墙，有六尺高，垛口用尖砖砌成。尖砖的垛口，扩大了射击面。每垛当中有悬眼，便于瞭望城下的敌人。每五十垛建一雉，是击敌的场所。每对一锥为一铺，作为守城者的休息场所。

武器配备既有火器也有冷兵器。火器有鸟铳、佛朗机、大将军炮，数量多，火力强，能有效地打击敌人。

守城战是一项综合性的作战样式，仅有城池和兵器是远远不够的，最重要的是组织人力进行防守。守城要动员全城之人，既要有守垛人员，也要有城内的策应部队，还要有守牛马墙的游兵，而且要十分注意哨探，防止敌人突然袭击。

戚继光独辟蹊径，还提出独特的水战战法。他提出的水战战术概括起来就是以火器为主摧毁敌船的战法。中国古代的水战经长期实践逐步形成了接舷战、撞击战、拍竿战和火攻等战法。到了明朝时期，拍竿战已经弃而不用，其他战法虽然在用，但在《纪效新书》里已居于次要的地位，用新的武器及战法代替。《纪效新书》的战法主要是以火器打击敌船。他在水军中配备大量火器，十八卷本《纪效新书》中，福船上半数战斗士兵使用火器，而在十四卷本《纪效新书》中，福船上则十之有七的战斗人员使用火器。这说明戚继光主要是以火器击敌的。这种战法歼灭敌船的方式有两种：一是鸟铳等火器杀伤敌甲板上的敌人，“使贼不敢出露身体于船之上，我可径造而擒之”，即俘获敌船；一是用无敌神飞炮和六合铳将敌船击碎使之沉没。

除了这种利用火器击毁船只的作战方式外，他在《纪效新书》中还阐述了另外两种作战方式：一是我船大，敌船小，用我船直冲敌船，将其撞沉，即犁沉敌船；一是敌船大，我用四五只小船围击敌船，其打法也主要是用火器歼敌。

戚继光超前运用了协同战法。明代的军种有陆军和水军，兵种则有炮兵、步兵、骑兵和辎重兵。这些军种和兵种当然可以单独击敌，但如果能够协同作战，那么重组之后就能发挥整体的威力和综合的效能。在《练兵实纪》中所涉及的车步骑营就相当于近代军事将炮兵、步兵和骑兵的协同军营，车步骑协同作战的战术，是当时较为先进的战法典范。其具体战法理念是以车距敌，以步应敌，来犯之敌较稀少，就可以通过骑兵突入碾压。车步骑三者之间，可以说谁也离不开谁。车，起着防卫作用，车营“用之环卫军马，一则可以束部伍，一则可以为营壁，一则可以代甲胄，虏马拥众，无计可逼，诚为有足之城，不秣之马也”。战车保卫着步兵，而当敌军靠近战车时，步兵出车作战，又起到保卫战车的作用，两者互为依存。此外，战车也保卫着骑兵，骑兵依托战车出战迎敌，战车又依托骑兵前进冲锋，战胜敌军。车兵屏蔽保护的炮兵，它以很强的火力痛击来犯之敌。车步骑营是步炮协同，骑步协同，骑炮协同，三者互为配合、互为弥补，形成整体歼敌威力。车步骑营在远距离作战时，必须随同辎重营予以配合，形成炮兵、步兵、骑兵和辎重兵的多样配合作战。

战场上的情况瞬息万变，“形势既殊，而因形措胜之法，亦必各异”。这就要求灵活运用战术，或防诈设奇，或其击以分其力，游伏以疑其事，“更番妙处俱在临时制变，将所自出”。“将所自出”的目的就是要达到攻敌之无备，出敌之不意。戚继光作战讲求机动灵活的战法，对敌实行出其不意的攻击，多采取快速机动、伏击战、夜袭战，以已之能示敌人之不能等，均使敌人在仓皇中迅速被歼。

台州花街之战，戚家军刚在宁海西南的梁王铺结束完新河战斗，又闻进犯桃渚之敌威胁台州府城，于是戚继光率兵饿着肚子连夜奔驰70里赶到台州，迅速列阵迎敌，迅速解决战斗，全部歼灭倭寇，斩贼首308，擒贼酋2人，解救5000余人，保住了台州府城。上峰岭之战，戚家军突然向敌薄弱部发起攻击，扩大战果，全歼倭寇。长沙之战，戚家军在夜幕的掩护下，突发攻击，全歼仓皇应战之敌。嘉靖四十一年攻取牛田连营的前站——杞店时，戚继光以“我兵远来，需养锐待时而动，非朝暮可计”来麻痹敌人，又在当天深夜，悄然整装出发，成功攻占杞店倭寇巢穴，全歼敌匪。

戚继光在打仗之中，遵循攻守结合的战法。“御戎之策，惟战守二端。”“自古防寇，未有专言战而不言守者，亦未有专言守而不言战者，二事难以偏举。”戚继光主张夺取战争胜利，必须战中有守，守中有战，战守结合。在北方，为了防御鞑靼骑兵的袭扰，他根据敌我双方实情，提出“须驻重兵以当其长驱，而又乘边墙以防其出没”的战守结合的策略。所谓的重兵，即指车步骑营；所谓的边墙，即指长城及其附属设施，也就是依托边墙的固守和重兵集团的机动作战，达到抵御强敌的目的。“车营，战中之守也；沿边台垣，守中之战也。”车营是活动的堡垒，四周环卫着步兵和骑步，是敌骑兵难以逾越的障碍，更重要的是它担负着堵截进剿敌人的任务，同时步兵和骑兵依托它进击敌人。因此，车营是战守的结合体。边墙无疑是主守的，但可以依托它在墙外部署伏兵和疑兵，袭击敌人。这就使边墙不是单纯的守，而是守中有战。

另外，突袭作战、坚壁御敌等战法，也都是戚继光军事思想的重要内容，对后世产生着相当的影响。

戚继光在几十年的军事生涯中，一方面在理论上继承并发展了我国古代以孙武为代表的军事家的军事思想，另一方面，在实践中他又独树一帜，形成了适应明朝战时急需的战略战法，在军事理论和军事实践等很多方面都做出了大胆的探索和突破，极大地丰富和提升了我国古代战争军事思想和实践。

第三节　忠孝节义重武德

有人说中华文化之美，犹如无声无息的涓涓细流，坦露的是底蕴，积聚的是内涵。谈及中华文德，大多数人都自然会联想到琴棋书画、知书达理、礼乐教化等；而要说中华武德，总觉得既非常熟悉又陌生。其实，在浩瀚的中国传统文化中，始终散发着绚烂的武德文化光芒。古代出征遵循师出有名、禁暴安民等作战军事道德，将帅士卒军旅生活也非常推崇为国尽忠、勇智仁信等军人人格道德修养，这些武德意识、价值观念源远流长，都是我国古代武德思想和武德实践精神的具体体现。

回顾古代用武、从武之德备受后人推崇的将领，戚继光可谓是独领风骚、首屈一指。他一生虽历经宦海沉浮、人间冷暖，却在中华武德文化史册上，书写了浓墨重彩的辉煌印迹。

年近17岁，戚继光便继承父职，担任登州卫指挥佥事，在此后的军旅生涯中，戎马倥偬，奋战在抗倭斗争的浙江、福建东南前线，创建戚家军，数败倭寇，屡立战功，晋升为总兵官。北调边疆，戚继光先后任职神机营副将，都督同知总理蓟州、昌平、保定军务以及蓟镇总兵官，确保北疆数十年无重大战事。但随着朝廷重臣张居正过世，戚继光被奸臣排斥，备受倾轧，调任广东后，病魔缠身，晚年凄凉，郁郁而终。

戚继光从小就向往军旅生活，爱军尚武，有志于成为一代名将，保家卫国、光照千秋。他的这种理想与志向，在很大程度上是受其将门家风的影响。由于自小就耳濡目染，在父亲的熏陶下，接受了良好的军旅教育，读书习剑立下成为“良将”的志向。正如他在一部兵书空处赋诗所言：“封侯非我意，但愿海波平。”戚继光承袭父职后，不负父亲教诲，发扬将门家风，在艰难困苦、生死未卜的军旅征战中，抗击倭寇，平定海波，同时，也净化自身灵魂，坚定了人生信念。

一支军队之所以威名远扬，就在于其具有良好的军人素质；一个统帅之所以千古流芳，就在于他具有高尚的武德情操。戚继光和他的戚家军名垂千秋，从根本上讲是他们具有正确的军旅人生观。这是实现军人人生价值的根本保证，戚继光用锐意进取、乐观豁达的军旅人生观，创造了他军旅生涯的辉煌。

“生”与“死”，是军旅人生观的首要问题。

戚继光常给“戚家军”讲，凡是“忠臣义士、英雄良将”，必须把艰苦利害死生患难，都丢在一边。他说“凡血气之类，莫不爱生畏死”，但是人毕竟是要死的，死，“不专在水火兵戈之中”，即使“城廓之内，富贵之家，既无官事拘摄之难，又无工作行役之苦，不曾当兵，不曾上阵”，但是，仍“有朝生而夕死者，有数岁而死者，有二三十岁而夭死者”，所谓“神仙佛老，圣贤王侯，哪个肉身今还在？”所以“为将者不必计生死，他要做得个忠臣义士，便此肉身受苦受难，不过数十年之物，丢他去了，换得名香万古，立像庙庭，哪个便宜？”总之，他认为，只要把生死问题看破了，正确地对待这个“生”与“死”，“便能真心任事，上阵不惧矣”。

戚继光对于生与死看得既轻且重，他往往立足于实践，通过战争来洞悉生与死之间的关系。他经常给部属讲，在战场上，只有具备不怕死的精神，勇敢拼搏，这样的军人才能有更多的求生机会，如果将士畏缩不前，贪生怕死，恰恰更容易被敌军取决胜败，将生死的决定权交给敌人。戚继光有句话说得很形象，他讲“指望退缩的必生，殊不思一动了脚，个个都死，若同心力战，我胜过他，务使他退缩，我如何得死？”当将士在战场上将生死置之度外，取得战争的胜利，就有生的希望。可以说，这既是戚继光的亲身体验，也是他作战经验的总结。

有一次，戚继光率领部队行进，因天色较晚，便在海门驻扎，没想到午夜时分，倭寇突然攀城而入，紧急时刻，戚继光临危不惧，跨马飞鞭，率先垂范，与敌搏战，将士们看见主帅冲锋陷阵，也奋勇争先，杀声震天，一举歼灭来犯之敌。戚家军以少胜多，得到城中百姓交口称赞。戚家军屡次在战场上常胜不败，杀敌众多，自己伤亡代价小，这其中便蕴含着从“不怕死”中赢得求生存的生死观，透露着“置之死地而后生”的战争哲理。

戚继光在著作中强调，骁勇善战的将士置身于“水火兵戈”之中，未必一定会死；否则，天下还有什么卫国将士？！他指出“果是阵上能死，如今也无人等得到大将还活在世，又有勇士，屡经战阵，刀痕遍体披面，尚且享有高年”。戚继光始终认为，作为一名合格的将领、军人，首先要能正确地对待生与死，做到既不贪生怕死，又不苟且偷生；只有不怕死，才能赢得生。如果要生，就要做个堂堂正正的“良将”“勇士”，如果要死，就要死得“名垂千古”、流芳百世。

戚继光的武德思想内涵是极其丰富的，概括起来讲，基本精神有爱民保民、练胆正心、爱卒善俘等，并呈现一定的逻辑结构。

戚继光认为，保卫国家领土完整，夺取并巩固政权，是军队存在的主要价值，但军队存在的根本还应当是爱民保民。因为没有人民，又何谈政权、国家的存在呢？他甚至认为，不是为了爱民保民，仅为政权、国家的存在而忠于职守的部队，就没有任何合理性价值。因此，爱民保民，就成为戚继光武德思想核心之所在。

自古以来，中国历代统治者深受爱民保民思想影响，王侯将相更是认为

“得民心者得天下”，戚继光的武德思想也深受这一观念的熏陶。当然，戚继光所强调的爱民保民更有其独到的含义。

首先，不叨扰民众。如果将军事生活给以划分，战场对抗时期毕竟是少数，更多的时间应当是和平时期。自古以来在和平时期，军人接触最多的是老百姓。在与身边老百姓来往中，军人应做到克己奉公、买卖公平；在驻地、在边塞应遵守当地风俗、民俗，不能扰民。戚继光对将士们说，驻扎营地，军人不能擅自挖人家墓、焚烧庐舍、践踏禾稼、砍伐树木。也就是说，在部队驻地，将士必须爱护当地民众的财产，与民众买卖要公平，不能巧取豪夺，不可践踏破坏驻地山水环境。

其次，不伤害百姓。军民鱼水情的辩证道理既简朴又深远，戚继光在封建统治的时期，提出不伤民是军人最基本的道德要求，这种认知是难能可贵的。客观地讲，战场上“民”不仅指我方民众，还应当包括敌方无辜民众。戚继光规定，坚决禁止杀害老幼、欺辱人妇，军人应该尊重他们的生活，保护他们的生命，绝不允许伤害民众、虚报功绩。

最后，不欺压人民。即军人要感恩百姓、不辜负民众的厚望。在《纪效新书》和《练兵实纪》两本书中，戚继光都谈道：“你们当兵之日，虽刮风下雨，袖手高坐，也少不得你一日三分。这银分毫都是官府征派地方百姓办纳来的。你在家哪个不是耕种的百姓，你肯思量在家种田时办纳的苦楚、艰难，即当思量今日食银容易，又不用你耕种担作，养了一年，不过望你一二阵杀胜。你不肯杀贼保障他，养你何用？”[①]在这段“饮水思源”的论述中，戚继光至少表达了这样两个道理：一要感恩百姓，二要为民杀敌。首先就感恩百姓而言，军人不用耕种劳作，衣食无忧，而这一切都应归功于老百姓的付出，没有田间百姓的“汗滴禾下土”，军人难以生存、生活，又何谈刻苦训练、杀敌立功？

---

① 《纪效新书》十八卷本，卷四《谕兵紧要禁令篇》。

戚继光认为百姓才是部队的衣食父母、坚强后盾。其次就为民杀敌而言，封建王朝养兵的目的并非让兵蹂躏百姓，而是让兵打胜仗，保社稷，维护民众安居乐业。要说报答百姓，感恩民众，最好方式莫过于保一方平安，为民杀敌。“养兵千日，用兵一时”，百姓养了军人多时，到关键时刻，将士保民、护民，歼灭扰民、害民之贼敌，这才是军人之所以备受推崇的根本价值体现。

爱民、保民是戚继光武德思想的灵魂和目标，“武艺练不精，不算合格兵”，实现这个目标就需要军人既练胆又习艺。戚继光强调军人要想做到爱民、保民，只有有勇有谋、智勇兼备才能实现。因此，练胆习艺既是保民、爱民的必要条件，也在戚继光的武德思想中处于重要的地位。

练胆本质上就是我们今天所推崇的训练军人战斗精神。练胆主要具备两个根本价值：首先是消灭敌人，保存自己；二是战死沙场，虽死犹生。从消灭敌人与保存自己两者关系而言，打仗的目的是战胜敌人，取得最终胜利。而要想取得胜利，必须殊死搏斗、我存敌亡。想实现这一点，军人在战场上一定要奋勇杀敌，不然就会死在敌人的屠刀之下。在交战双方实力大体相当而难分伯仲的情况下，“两军相拼勇者胜”，不畏牺牲、勇往直前者往往能够取得最终的胜利。戚继光强调在战场上，双方对阵角逐，胆怯偷生之人，因怕死试图临阵脱逃，最终无外乎触犯法条律令，被己方处死示众，而且还会牵连身边之人；相反，如果奋勇杀敌，视死如归，这样既能歼灭敌军又有希望得以生存，还将为家族、身边人带来荣耀，何乐而不为呢？面对征战沙场的生与死，戚继光有着自己独到的见解，“故凡血气之类，莫不爱生畏死”，哪怕战死沙场，虽死犹生。求生欲望为人之常情，然而死生无常，又怎么能说是仅仅局限于刀剑兵戈中。从古至今长生不老之人未曾见过，有的出生不久夭折，有的二三十岁正当茂年不幸逝去，还有的几十岁年老而亡，这些生生死死，穷人也好，富人也罢，莫不如此。然而，“况使死得当，立庙祭祀，血食百世，是死后还活，地方士女口碑，一日相传，是一日活在世间。若生前无闻于世，就活在世间，已是死了”。戚继光就认为，军人战死沙场，虽死犹生；而在战场上苟且偷生，虽生亦如犹死。军人只有征战边关，马革裹尸，才能书写军人的荣誉。

戚继光强调武艺是奋勇杀敌的技能，练习武艺是军人的看家本领，而不是答应官府的公事，有了基本作战技能，就能杀敌，否则若武艺不如敌人，就会被敌所杀。所以，习艺是军人自我求生的重要技能，也是战胜敌人、取得战争胜利的重要保证。

在艺与胆之间的关系上，戚继光就曾有过朴素的辩证认识，戚继光指出：“谚曰‘艺高人胆大’，是艺高止可添壮有胆之人，非懦弱胆小之人苟熟一技而即胆大也。惟素负有胆之气，使其再加力大、丰伟、伶俐，而复习以武艺，此为锦上添花，又求之不可得者也。”[①]他认为艺能壮胆，前提是将士有勇气，具备昂扬的战斗精神，只有如此，艺才能使胆锦上添花。从根本上讲，军人的战斗精神需要平时的训练，然后还要有所向披靡的武艺，但单靠武艺并不能解决将士从无胆到有胆的问题，真正使军人从无胆到有胆，还必须专门练胆，只有提升战斗精神同时具备高强的武艺，才能克敌制胜、战无不胜。

在明朝之前，古代军事家也较为详细地阐述了胆与艺之间的关系。比如《六韬·虎韬·军略》中“凡三军有大事，莫不习用器械”，就强调了艺的重要性。《墨子·修身》中“君子战虽有陈，而勇为本焉”。但此前关于胆与艺的论述只是泛泛而谈，而且认识大都较为片面。相比较而言，戚继光论述胆与艺的关系更为详尽，认识上更为系统、全面。

爱民、保民是军人武德的灵魂，练胆习艺则是军人武德的手段，这一手段也主要是通过官兵的努力加以实现，而爱卒善俘则是实现爱民保民、练胆习艺最基本的要求。追根溯源，中华武德思想史上爱兵的思想比比皆是，韩非说“慈于战则胜，以守则固”，指出爱兵对战争胜利的重要作用。《黄石公三

① 《纪效新书》卷一，束伍篇。

略·上略》说“夫将帅者，必与士卒同滋味而共安危，敌乃可加，故兵有全胜，敌有全囚”，就是说与战士荣辱与共，誓与将士共存亡，这种发自肺腑的关爱甚至决定战争的走向。戚继光切实深入挖掘了这些思想。

戚继光的爱兵善俘思想主要体现在以下几个方面。

首先，在生活中“使之依如父母”。戚继光认为将帅与战士要上下一条心，合心合力，他指出：“将者，腹心也。士卒者，手足也。”也就是说，将与兵在战场上谁也离不开谁，将帅指挥离不开士卒实施，最终的胜利更离不开官兵同心同德、奋勇杀敌。正是明白了这个道理，自古将帅为士卒疗伤吮疽、投酒于河与士卒共滋味等关爱属下的典故绵延不绝。因此，统帅应该常常体恤战士的家庭变故、饥饱劳累，使下属视其为父母，这样才能产生合力，上下一股绳。

其次，训练中“手把手耐心教”。在生活上多关心士卒，训练场上要从严要求，只有这样士卒才能在实战中保全性命，杀得敌军丢盔弃甲。戚继光认为官兵之间应当生死与共，如果统帅对士兵平时不要求，疏于训练，使得士兵不会使用兵器、运用战法，武艺不精通，那就无异于将士兵拱手献给敌人，当作放到砧板上的鱼肉，任人宰割。所以说，对士兵最大的关爱，就是各级军官在训练中手把手教他们练习武艺，使其上战场杀敌立功。而这也是关爱士卒的根本点。

最后，战场上“仁义暖俘虏”。戚继光要求部属，决不能滥杀投降的敌人，并要优待他们。戚继光指出：“战贼既败，所获子女人口，即是真达，不许杀取首级，只将生口送官，论功给赏。”他强调战场上俘获敌对俘虏，不管是士兵还是敌方的老百姓，决不允许滥杀无辜，否则，将严厉惩处。戚继光这样做能瓦解敌军，同时也可突显我军的仁义之举，使老百姓更加信服我方，让战争具有价值合理性。善待战俘不仅仅是仁义之师的集中体现，同时也是中华民族武德文化之中仁爱精神璀璨夺目的展现。

戚继光一生南征北战42年，忠君爱民42年。抚今追昔，当我们透过历史的窗口，来到明代中叶王守仁“心学”大盛之时，置身于明代抗倭战争的大背景下，探讨他的文韬武略，研读有关戚继光的军事思想和实践，会发现戚继光治军思想中，理学和法家思想并重的特色非常明显，理、法并重，理、法交融的思想始终贯穿于其治军的实践中，二者和谐统一。

戚继光重视理学研究与运用，但又不仅仅局限于理学，他把理学思想和法家思想相结合贯通，运用于治军实践中。同时，戚继光治军思想在一定程度上实现了儒学经世致用的传统，他与同时代的一些理学家一样，返归现实，崇尚实学的治学理念和实践。戚继光军事思想中的理和法的光辉，将在中华文化的长河中绵延不绝。

第九章

军中鲁班 独树一帜

工欲善其事，必先利其器。戚继光作为一名杰出的军事家，他不仅懂得战略战术的重要性，而且深谙军事技术、排兵布阵对战争结果的直接影响，他不仅懂得“形而上”的“道”所涵咏的软实力，更明白“形而下”的“器”所造就的硬手段。所以，除了熟读经书、研习兵法之外，他还把很多精力用在创制兵器、发明阵法、修舰造船上面，有些还在实际作战中发挥了决定性、逆转性的作用。戚继光之所以是戚继光，之所以与众不同，就在于他不仅善于思考，更善于动手，发明改造了一系列战阵、兵器、火器、战船、城池等，俨然“军中鲁班”，在中国历代军事家中光彩夺目、熠熠生辉，赢得了独树一帜的地位。

第一节　排兵布阵融妙意

熟悉中国历史的人都知道，在一些军事战争中，会经常出现令敌人闻风丧胆的奇特阵法，这些阵法机关重重、变幻莫测、威力无穷，有时坚不可摧，有时以一敌百，有时深不可测。神话小说《封神演义》中的各种诡谲阵法，让姜子牙等人吃尽苦头；历史小说《三国演义》中诸葛亮研制的八阵图，保住了川蜀的一片安宁；有"浑天侯"穆桂英大破天门阵，天门阵的奥妙和神秘更是牵动了不少读者的心。排兵布阵是军事作战的一门艺术，更是取得战争胜利的关键，如何获得一加一大于二的效果是历代军事家所追求的终极目标。

而最能体现排兵布阵效果的莫过于田忌赛马了。齐国的大将田忌，平日里喜欢赛马，他和齐威王约定，要进行一场比赛。各自的马都分为上、中、下三等，最开始的时候，两人比赛都是按照上中下相对应的方式，田忌的上马对应齐威王的上马，田忌的中马对应齐威王的中马，田忌的下马对应齐威王的下马，而齐威王作为君主，他每个等级的马匹都比田忌要强，如此比赛下来，田忌无一胜局。

有一次，田忌又失败了，垂头丧气，比赛到一半就准备退场了。恰在此时，他遇到了好朋友孙膑。孙膑就问田忌怎么如此无精打采，田忌就把赛马的过程一五一十地说了一遍。孙膑就说道："那依我看，你的马也并不比威王的马慢多少啊，怎么会一局都赢不了？走！咱们回去一块儿看看去。”于是，孙膑和田忌又回到了赛场。观察片刻，孙膑说：“我能让你赢！”田忌惊讶地说：“难道是让我换马？”孙膑胸有成竹地回答：“不是！不换马，还用现在的三匹马，但是，我能让你赢。”田忌说：“好吧！我信你一次，这次我押个大注！”说完，田忌径直走到了齐威王面前，齐威王此时正在得胜之际，不免得意忘形，眉飞色舞，看到田忌就挖苦说：“手下败将，又来做甚？还想再输一次？！”田忌二话不说，哗啦啦把身上的所有钱财都抖落在齐威王的桌子上，要求再赌一次，齐威王从未输给过田忌，自然是爽快答应。新一轮的比赛马上开始了。

第一轮，只见孙膑派上了田忌最下等的马，以此来对战齐威王的上马，结果自然是输。齐威王一下子又飘飘然起来，得意洋洋地大笑起来，而田忌心已经凉了一半，完了，又要输了，孙膑却不急不忙，手指着赛场，示意继续往后看。第二轮，孙膑派上了田忌最好的马，以此来对战齐威王的中等马，两匹马冲过终点，田忌的马率先到达，扳回一城，齐威王有点紧张了，表情略显凝重，刚才还是挂满笑容的脸忽然飘来了一丝不祥的预感，而田忌眼前一亮，终于赢了威王一次，孙膑果然是孙膑！第三轮，孙膑派上了田忌的中马，对应的正好是威王的下等马，赛场之中，只见两马齐头并进，奋蹄狂飙，鬃毛飞舞，尘土飞扬，马蹄声响彻整个赛场，比赛结束……田忌的马率先冲过终点，三局两胜，田忌取胜，齐威王败。孙膑在没有改变任何因素的情况下，只是进行了巧妙的排列组合，而改变了整个比赛的结果，这就是排兵布阵的效果，这就是排兵布阵的威力。

作为一代军事家，戚继光追求的是更高层次的排列组合，更高水平的排兵布阵，他追求的效果也是石破天惊的。正是创立了一系列实用、新颖、巧妙的阵法，戚继光作为军事家的身份才更加丰富和厚实。戚继光创立阵法的奇思妙想，是在抗击倭寇的实践中总结和发展出来的。

戚继光来到浙江担任浙江都司佥书，开始与倭寇面对面交战的军旅生涯，在和倭寇作战的过程中，戚继光敏锐地发现，明军根本不是倭寇的对手，明军纪律松散、队伍松弛，打起仗来毫无章法可言，好像是一群乌合之众，得胜时一哄而上，失败时做鸟兽散，俨然没有军队的样子，而倭寇则完全不同，虽然他们人数不多，但是个个作战勇猛，左冲右突，善于近身搏杀，战术素养极高，往往以少胜多。尤其是倭寇的双刀阵、长蛇阵、蝴蝶阵更是让明军吃尽了苦头，有时即使是几倍于倭寇，明军还是会被打得一败涂地。倭寇最令人闻风丧胆的兵器是长刀，刀身修长，材质精良，锋利无比，加上简洁明快的阵形更是难以匹敌。长蛇阵就是把战斗力最强的单兵置于纵队的首尾两端，用自己的头打明军队伍的尾部，用自己的尾打明军队伍的头部，貌似一条长蛇；而蝴蝶阵就是倭寇遇到明军之后，立即散开埋伏起来，倭寇的首领挥舞手中的扇子作为信号，埋伏的倭寇看到后从四面八方冲出来，挥舞着长刀，貌似蝴蝶一般。登陆作战的倭寇，往往采取这样的作战方法，让明军苦不堪言，先派遣少数武士，在两军阵前跳来跳去，时而腾空，时而俯身，时而跳跃，时而扑倒，诱使明军射出弓箭或者发射火枪，采取这种手段耗费明军的有效火力，待明军的这些远程攻击武器战力枯竭的时候，倭寇的首领挥舞扇子，命令埋伏的武士挥舞双刀近身作战，而明军素来害怕倭寇的双刀，自然是胆战心惊，溃不成军，落荒而逃，结果往往是以失败告终。倭寇所采用的这种双刀伸缩、招招相关、式式相联、人人相护的阵法，非常适合江南地区水网沼泽密布、道路曲折崎岖的地形特点。戚继光看到倭寇非常善于短兵相接，他们往往长线、多点、小股、分散，战术灵活，手段狡猾，与倭寇相比，明军存在着明显的缺点和不足，编制死板，战法呆滞，难以发挥作战效能。

通过一次又一次实战，戚继光发现了明军部队机械、呆板、臃肿的致命弱点，当时明军编制是五人为伍，五伍为甲，五甲为队，作战往往是按照大军团集结的方式，集重兵于一处，部队行进庞大壅塞，前后拥堵，左右拥挤，尤其

戚继光兵阵　徐恒业 摄影

是遇到敌人后，指挥混乱，调度困难，自相踩踏，自相损耗，根本不能发挥集团作战的优势。看到如此情形，戚继光陷入了深深的沉思。明明是我方人数占据绝对优势，敌人只有区区几十人，却能对我方造成极大的伤害，尤其是心理上对士兵所造成的伤害是越来越大，怎样才能发挥我方的优势、躲避敌人的优长呢？

戚继光在军帐中踱来踱去。他用双手比画着，左出一拳，右出一拳，模仿倭寇挥舞双刀的情形，“以彼之道还施彼身，以己之长攻其所短”，有了！既然倭寇喜欢近身搏斗，那我就想办法不让他靠近，既然倭寇喜欢用双刀挥舞，那我就想办法让他的双刀够不到我。戚继光敏锐地捕捉到了这一点，于是结合地形特点、倭寇队形和武器现状，创制了一系列别出心裁的阵形，在实战中发挥了极强的作用，也为提升戚家军的作战水平注入了活力。这就是著名的“鸳鸯阵”“一头两翼一尾阵”，以及从鸳鸯阵所演变而成的两仪阵、三才阵、设伏等战法。

鸳鸯阵是戚继光抗击倭寇的基本战斗队形。它采用长短兵器相结合，刺卫兼备、攻防兼具，每两人是一对，成双成对，出击灵活，应急方便，能够根据地形的特点变幻出不同的队形，由于是两人一组，共同进退，共同攻防，好似一对鸳鸯时刻相伴，故名鸳鸯阵。这一战斗队形共有12人组成，基本是左右对称的形式：一名队长在最前面；紧接着跟在其身后的是二名防御士兵，一人拿长牌，一人拿藤牌，长牌比较长、比较大，可以抵挡敌人的重矢、长枪，接敌时，长牌手低头持牌前进，掩护后面的士兵，藤牌是用藤条编成的圆形盾牌，相对比较轻便，藤牌手随身携带标枪二支、腰刀一把，藤牌手作战时先掷出标枪，敌兵必然会用手中的武器拨开标枪，此时，藤牌手趁机箭步上前，近身搏杀，用腰刀砍杀敌兵；牌手后面跟着的是二名狼筅手，狼筅就是用江南地区常见的茅竹或铁杆所制作的攻防武器，四面都是竹枝，竹子节杆稠密，质地坚硬厚实，竹头锋利尖锐，挥舞起来简直就是一把多头叉，既能够刺击敌人，又能够做好防御，可以有效地兼顾前后；在狼筅手身后的是四名长枪手，二名长枪手分别照顾前面的一名牌手和一名筅手，长枪比倭寇所使用的双刀、长枪都长，所以可以有效地击杀敌人，而敌人却难以近身，长枪手是阵中主要的攻击力量；长枪手后面的是二名短兵手，手持刀、棍等短兵器，如果长枪没有击中目标，短兵手就上前救应，保护长枪手，做到长短配合，彼此相应；最后一人是火兵，主要负责烧水做饭，做好后勤保障。

从12人的具体分工来看，戚继光确实是经过了深思熟虑，把每个人都捆在了一起，密不透风，形成了一个长短结合、前后相应、左右互动、攻防兼备的作战体系。牌、筅主要负责防御，长枪主要负责进攻，全队在牌和筅的防御下前进，长枪在牌和筅的保护下进攻，狼筅保护盾牌向前推进，长枪保护狼筅、盾牌稳扎稳打，短兵有效救援长枪，攻守兼备，灵活机动。进攻，可以摧枯拉朽；防御，可以滴水不漏。而戚继光在人员的配备上也是煞费苦心，他根据士兵的年龄大小、身材高低、体质强弱、思维快慢等特点，令其担负不同的分工。长牌宽大厚重，主要抵挡敌人的重型武器进攻，需要较强的抗击能力，所以选用力大如牛、勇猛刚健的士兵使用；藤牌轻便快捷，还肩负着进攻的责任，所以选用年少敏捷、有气力的士兵操作；狼筅形体沉重，枝干粗大，利刃在顶，是攻防兼备的利器，所以选用老成持重、年富力强、胆气过人的士兵使用；长枪作为主要进攻武器，锋利轻便，灵活善变，所以要选用反应迅速、思维敏捷、体魄强健的年轻人使用它；至于体力较弱、反应较慢的士兵，就可以安排作为短兵手和火兵。如此一来，不仅最大限度地发挥了兵器的作用，更发挥了每名士兵的长处，人尽其才，各尽所能，形成了一个坚如磐石的作战集体。

鸳鸯阵研制出来以后，戚继光立马组织大家演练，渐渐地，每名士兵对鸳鸯阵都烂熟于心了。一天，戚继光正在校场观看士兵训练鸳鸯阵，一名士兵跑了过来，说道："参将，我有事情禀报。"戚继光看了看这位眉目清秀的士兵，说："请讲。""参将，你发现没有？我们现在的训练只是每天在校场固定地练习，所有的套路我都背下来了，我都不用动脑筋就知道下一步要干什么。可是，真的遇到了倭寇，他会按照我们所想按部就班地进攻吗？还有，现在的地形只是校场，如果换个环境，怎么展开阵形，怎么进攻和防御？如果一直这样练下去，恐怕我们还打不过倭寇……"这位士兵的一席话一下子震醒了戚继光，俗话说，水无常势，兵无常形，练为战，仗怎么打就应该怎么练，不能再想当然地训练了。于是，他召集手下来到营帐，在沙盘上开始了推演。

如果是比较宽阔的地域，鸳鸯阵形应该如何变化？如果是比较狭窄的地域，鸳鸯阵形应该做什么调整？如果是敌众我寡，应该采取什么战术？反之，如果是敌寡我众，又该怎样作战呢？戚继光亲自带领着手下的把总，先列出实际条件，然后各抒己见，集思广益，大家你一言我一语，七嘴八舌，一条一条研究，一步一步布阵，终于创制出了适应不同地域、不同敌人、不同环境的几种阵形。

两仪阵就是由鸳鸯阵演变而来的，它更适合在宽阔地域作战使用，接敌面比鸳鸯阵更大，更容易展开作战。把鸳鸯阵的两列纵队各自组成一个纵队战斗队形，它的排列次序是这样的：牌和筅在前，两支长枪各跟着牌和筅，最后是短兵，这样的队形称为五行阵，如果把两个五行阵合在一起就是两仪阵。

三才阵也是由鸳鸯阵演变而成，主要是把队形从原来的纵队改为横队，可以分为大三才阵和小三才阵。小三才阵是由鸳鸯阵的一列纵队队形所组成的，狼筅居中，左右各跟随一名长枪手，长枪借助狼筅的掩护刺杀敌人，同时狼筅在长枪的保护下向前冲击。牌和短刀手在长枪两侧，起到保护作用。而大三才阵就是队长占据中间位置，二名狼筅手分列队长左右两侧，二名短刀手分随狼筅手身后，然后一牌、二枪各居于两侧，组成一个三角战斗队形。小三才阵增大了与敌人的接触面积，更利于发挥作战威力，大三才阵里面有正兵、奇兵的分别，正兵用于接敌作战，奇兵主要是补救正兵，“以正合，以奇胜”，接敌面积更加宽阔，尤其适用于开阔地形。无论是鸳鸯阵、两仪阵还是三才阵，戚继光始终围绕提升作战效能这一核心问题来研究思考，创制了令人耳目一新的新型阵法，十分灵活方便，能根据地形随时做出变化，士兵之间能够互相照应，攻守也相当平衡，在抗倭斗争中发挥了关键作用。

和鸳鸯阵相联系的另外一种是一头两翼一尾阵，这主要是用于大兵团作战。它把部队分成四营或者五营。一营是头部，是攻击敌人的主要兵力，也是阵形中的正兵，左右二营为翼，是为奇兵，最后一营是尾部，主要是策应部队。和敌人作战的时候，前营要分为前、后、左、右四个哨，前哨直接应敌，后哨策应，左右哨保护前哨攻击，前哨攻击一段时间后，退后休息，换做后哨向前攻击，如此轮番作战，好似车轮大战，有张有弛，使得阵中的士兵始终保持旺盛的体力和昂扬的斗志。当前营攻击的时候，左右两翼主要起到保护作用，以免敌人从侧翼包抄。左右两翼的阵形同样也要分作前、后、左、右四哨，其主要任务和作战功能与前营中的四哨类似。后营是策应兵，一方面可以作为伏兵突袭敌人，一方面更可防止敌人从后包抄，当前、左、右营遇到危险的时候也可随时支援。而且，这个阵形中的头、翼、尾并非是一成不变的，主要看作战的时候哪部分首先受到攻击，哪一部分首先遇敌，哪一部分就是前营，其左右两侧就是两翼，身后的就是尾。一头两翼一尾阵熔铸了戚继光的奇思妙想，不仅构思缜密，设计科学，而且实战能力强，发挥作用好，让进犯的倭寇吃尽了苦头。这种阵形采用三面进攻的方式，战斗系数非常之高，前后左右四哨之间互相照应，互有更替，节省了体力，使士兵始终处于精力充沛的状态，再加上浓厚的自我保护意识，最小的单位就是攻防兼备的鸳鸯阵，如敌人攻击左侧有右翼营的还击，攻击尾部有尾营士兵的抵抗，戚继光所创造的这一阵法好似天罗地网，令敌人逃脱不得，在台州之战、仙游之战、横屿之战等战役中屡立战功，名声大噪。

其实，古往今来，有许许多多的所谓兵家阵法流传于世，而经过实战检验的并不是很多，尤其是一些空头理论家只做“纸上谈兵”，根据自己的想象随意推演古阵法，故弄玄虚，故作高深，结果把人搞得一团雾水，自己更是云里雾里，不知所云。而戚继光与之截然不同，他是学思并用的典范，他是知行合一的表率，他在实战中总结阵法、发展阵法、创制阵法，他的阵法是实践的结果，所以，他的思想才会历经几百年后依然熠熠生辉，令人赞叹。今天，当我们仔细推演研读他的阵法时，仍然会不时地啧啧称奇，他的想法居然是如此周全，如此细密，他真不愧为一代伟大的军事家。

第二节　创改兵器运巧思

一提到创改兵器，相信很多人脑海中首先想到的就是诸葛亮所发明的木牛流马，至于其如何建造、究竟是什么样子，至今都没有人能够说得清楚，而正是通过木牛流马的故事我们明白了武器或者兵器对作战的重要性。戚继光作为一代军事名家，对兵器的研究也是首屈一指，而最为世人所津津乐道的就是戚继光刀。今天，我们仍然有机会一睹其风采，中国国家博物馆就收藏着一把戚继光担任蓟镇总兵官时锻造的戚氏军刀，这把刀造型大方，工艺精致，锋利无比，通长89厘米，柄长16厘米，上面刻有“万历十年，登州戚氏”8个字，堪称戚继光刀中的精品之作。戚继光刀的发明和制作是伴随着抗倭斗争的实践而产生的。

倭寇所使用的叫作倭刀，刀身狭长，略微弯曲，刀柄的长度超过20厘米，利于双手持握，砍杀起来力量显得很大，刀的材质也非常精良。倭刀的前身是中国的唐刀，经过日本人改造成为相当锋利的短兵器。众所周知，在冷兵器的时代，长大的兵器虽然有威力，但是不易控制，用起来还是不方便，而短兵器就与之不同，持握起来非常敏捷，但是攻击范围又十分有限，那么，如何将攻击范围和控制程度完美结合起来，就成为冷兵器制造的一个难题，经过古人的长期实践，刀和剑就成为人们总结出来的两个最实用的兵器。剑比较锋利，但剑身一般比较单薄狭窄，容易断裂，而刀又显得有些笨重，很难操控，那么，如果把二者的优长结合在一起岂不是相当实用的进攻利器吗？于是，日本人发挥自己善于精思的优势，对中国的单刀进行了改良，他们把刀身的宽度减小，同时将厚度变薄，一方面减轻了单刀的重量，灵活性增强，另一方面又不失单刀的攻击范围，攻击力不减，在刀的用料和做工上，大大加强刀的强度和韧度，刀尖部分微收。如此一来，从外形上来看，倭刀稍显弯曲，尤其适合劈砍，而在实战中，戚继光也明确地看到，明军和倭寇近身作战的时候，手中的武器总是被倭刀所砍断，一些士兵的头颅、胳膊和大腿也遭到劈砍掉落，这给明军的心理上造成了极大的恐慌，一提到倭寇就心里发颤。那么，如何制造出相应的兵器来对付倭寇的武士刀呢？戚继光费尽思量，寻找破解之策。

有一次，戚继光在和倭寇的战斗中，缴获了一批倭刀，他拿起那闪着寒光、刀身修长、刀柄适手的倭刀仔细端详，就是这样一把把尖刀让我的官兵望风而逃，难道这刀就不可战胜？他仔细地研究起来，发现倭刀并非没有弱点，由于重心的原因，倭刀通常要双手持握，劈砍之际威力极大，但是，若劈砍不中，倭寇的腋下、肩膀等薄弱部位就会完全暴露，很容易遭到对手攻击，防御性能不够好，把握好这一点后，戚继光决定对明军的单刀进行改良。戚继光对单刀的改造主要是重心更加合理，刀柄缩短，不仅适合双手持握，更可以单手把握，灵活性更强，提高了防御性能，正是使用了这种战刀，戚继光所率领的部队战无不胜，再也不惧怕倭寇的单刀。

除了戚继光刀，戚继光还对很多武器进行了改造。“其器械，旧可用者更新之，不堪者改设之，原未有者创造之”。戚继光始终秉持这个原则来创造和改进武器装备。狼筅，明朝初期是没有的，据说是戚继光所创，以茅竹为杆，然后用藤条缠缚起来，筅锋重半斤以上，这种武器不仅防守效果好，而且进攻起来威力亦很大。

戚继光是一个军事家，更是一个武器专家。当他风尘仆仆从江南水乡赶到塞北草原的时候，呈现在他面前的边防景象真是令人担忧，训练废弛，防御松弛，武器落后，装备简陋，如此下去，怎能抵挡蒙古骑兵的铁蹄？戚继光把目光瞄准了士兵手里的武器，武器是实实在在、能看得见的东西，那么就从改进武器开始吧！

戚继光自己说过，可用者就采用更新的方式，对于弓箭、大棒、线枪、快枪、佛朗机等兵器他就巧妙更新。弓箭这种兵器从远古时期就已经开始出现，起初主要用于射杀野畜和飞鸟，后来逐步用于作战。一提及弓箭，我们自然会想到“平明寻白羽，没入石棱中”的李将军李广，也会想到《水浒传》里的“小李广”花荣，弓箭在他们手中可以是驾轻就熟，那么作为一个成熟的武器种类，戚继光是怎么进行改造的呢？他主要是做了两个方面的工作：一个是对箭镞进行加工，点上上好的钢材，增强箭头的攻击力，使得箭射在石头上，都不会卷刃，一个是对射箭所用的指机进行了改良，指机原本是圆形的，而手指是扁的，两者难以契合在一起，弓箭手在射箭的时候一般要塞上一些纸或者布，不但麻烦，而且影响射击的效率。而戚继光把指机也改造成扁的，与手指正好吻合，操作起来十分舒适。

戚继光改造的部分火器　徐恒业 摄影

大棒是一种非常质朴原始的武器，主要是为了打击穿有盔甲的敌人，北方战场上会经常看到。戚继光同样对它进行了改造，在大棒的一头安装一个鸭嘴形状的枪头，这样不仅能够用来击打，又可以用来刺杀。原有的线枪形制比较短粗，刀刃又不锋利，攻击力很差，戚继光对它进行了改造，枪头达到2尺长，用铁制成，形状扁平而且锋利，枪柄有7尺长，适合远距离攻击。

以上都是戚继光对冷兵器所做的更新改造，对于火器他同样也倾注了智慧和心思。快枪是北方地区使用比较广泛的热兵器，要点燃它程序比较复杂，又不能瞄准，与鸟铳相比，攻击力和准确性都不够好。戚继光对这种火器进行了全面改造。他加大了枪筒的长度，以2尺作为标准，加上木柄有6尺多，提高枪膛的光滑程度和直线性，铅子要圆，大小也要一致，当敌人距离还比较远的时候，就发射铅弹进行攻击，如果敌人已经接近，就直接把线枪作为冷兵器来使用，击打敌人，做到远近结合、冷热结合，提高射杀能力。而对于从西方传入的佛朗机，戚继光并没有做太大改变，但是这种武器铸造起来不得法，发射不远，也很难击中目标，于是他对其中的关键部分进行了改造，舍弃木马不用，装药之后直接下铅子，然后使用铁制的凹心铁杆把铅子送入铳内，经过改造后的佛朗机攻击力明显大增，成为击杀利器。

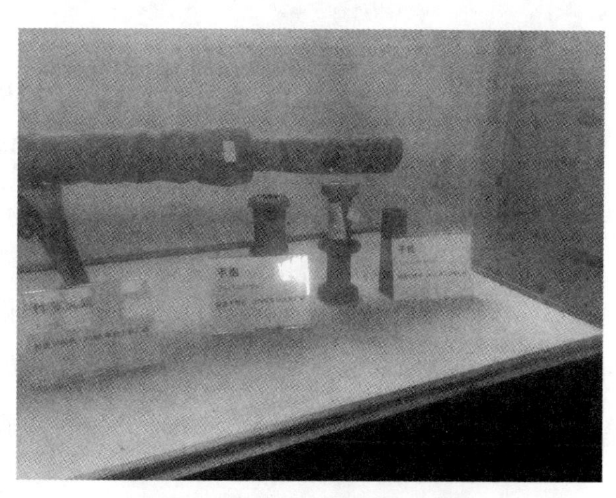

戚继光改造的火器　徐恒业 摄影

戚继光对于不堪再用者，主要采取创设的方法。比如狼筅这种武器，他用南方所常见的茅竹作为基本材料，然后安装铁制箭头，既可以保护自己，又能够利用锐利的箭头进行攻击。还有藤牌，戚继光看到倭刀的攻击力很强，于是就地取材，用南方常见的藤条编制成盾牌，防御敌人的砍杀，而且一手藤牌一手利器，机动灵活，极富战术意义。镗钯，戚继光在形制和规格上都进行了大胆创新，在形制上，中锋高出横股两寸，两股平平，可以架设火箭，不需要另

戚继光铸造发明的火器——无敌大将军炮
徐恒业 摄影

外单独架设火箭架，一器多用，功能融合。

而在火器的发明创制上，戚继光更显示了发明家的本色。戚继光根据佛朗机的发射原理，制造出了无敌大将军炮，这种炮分为母铳和子铳两部分，一般来说，一门大炮配备3个子铳，装放都比较方便快捷，炮身比较重，但并不笨重，因为采取车装推行的方式，非常适合机动作战，这种炮威力巨大，每一发出膛有500子，辐射面积20余丈，这种炮威力无穷，震慑效果极强，是大集团作战的利器。

还有一种炮叫作虎蹲炮，因为炮的样子很像一只老虎踞坐的模样而得名，它长约2尺，重达36到50斤，它是在传统火炮的基础上加以改造而成的，前面有2个爪子扎入地下，后用双爪尖绊，将炮身固定牢固，以免发射时候后坐力太强引起翻塌伤人。其威力不容小觑，一发有百子，比佛朗机要轻，比大将军炮要小一些，是一种很实用的火炮，戚继光改造完成后，一下子在自己的军营中配备了60余门。

石炮，又叫作“石雷”“石炸炮”，据说是顺天巡抚刘应节发明创制的，今天在山海关及其沿线的很多地区，经常会出土一些这样的石炮。石炮作为一种威力极强的守城武器，在长城山海关一线的设置和推广，自然离不开戚继光的推崇。这种石炮用当地所常见的易碎火成岩石制作，外形就是大小不同的圆石，在圆石的一面深挖出一个洞口，外小内大，里面装置炸药和引线，然后用土封筑完好。守城士兵事先把石炮放置在边墙之上，当遇到敌人进攻的时候，点燃引线并推下山崖，石炮滚落至敌军之中，火药炸裂，岩石碎片四处飞溅，造成致命伤害，击倒一大片。

而相对来说比较轻便的火器就是“三飞”——飞枪、飞刀、飞剑。其实都是用火箭作为推动力，箭头采用不同的材料，分别装置枪、刀和剑。这种火箭一般长约三四尺，重有三两，当然也有其他形制类型的。“三飞”动力非常充足，有效射程常常能够达到三百步，被击中者应声而倒。三飞的威慑力还体现在声音上面，发射的时候好似巨雷滚滚，敌人听到后胆战心惊，战马听到后暴跳不止。

戚继光改造的武器　徐恒业 摄影

此外，戚继光还制造过一种六合炮，就是用铁箍把6块木板匝合在一起，里面用子铳装上炸药，陆地上和海上都可以使用；他也制造过“钢轮发火”，是一种地雷自动引爆装置，当人和马踏在上面的时候，可以自动引爆爆炸装置，对敌人造成极大伤害，这种地雷防不胜防，隐秘性非常好，敌人不敢贸然进攻，给敌军心理上造成极大威慑。

除了改造、发明单个兵器，戚继光非常注重兵器之间的配合使用，注重发挥合力优势。冷兵器之间的配合我们可以从鸳鸯阵中略窥一二，而冷兵器与热兵器的结合，戚继光更是精心思考，巧妙搭配。以舰船上的兵器配备为例，火器主要配备无敌神飞炮、大佛朗机、百子铳、鸟铳、火桶、喷筒、火箭、六合

戚继光车营用火箭车　徐恒业 摄影

炮等，而冷兵器主要是长枪、藤牌、镗钯、钩镰刀、撩钩、犁头镖、小铁镖、弓箭等。当敌人在200步范围之内时，先用佛朗机、鸟铳、火箭，当进入30步范围时，加上喷筒、镖枪、弓箭，靠近船边的时候，用火桶、喷筒、火箭、犁头镖、小镖，如若再靠近，则用钩镰割断其绳索，将船勾住不让逃走，犁沉敌船就用撩钩捕捞敌人首级或者勾搭敌船，当然，当敌船靠近的时候也还可以使用无敌神飞炮和六合炮将敌船击沉击碎。从这些武器的配备来看，戚继光就是要形成一个200步以内、至少100步以内的火力杀伤系统。在这个系统里，佛朗机主要是击碎船板，大水淹入，沉没敌船，鸟铳、火箭、弓箭主要是击杀船板上的敌人，使其丧失战斗能力，喷筒主要是烧掉敌人的帆，摧毁其航行能力，无敌神飞炮和六合炮则直接将敌船击沉，一举歼灭。如此火力的配备，使得对面的敌人从远到近、从上到下全面遭受攻击，最终难逃覆没。如果仅仅是使用单一的兵器，必然不会产生如此强大的攻击力，正是这些武器融合在一起，成为一个作战体系，才使得戚继光所带领的军队无坚不摧。

可以看出，作为一名军事技术专家，戚继光在兵器的改造和研制上，在三个方面下了很大功夫。他首先强调自己的武器要优于对手，他所强调的优并不是一味地注重敌人用什么武器我就用什么武器，而是我所使用的武器能够有效地遏制住敌人武器的长处，使其不能发挥出来，这从狼筅、藤牌的创改上就可以看得出来。其次，他尤其注重各种武器的长短、远近的配合，讲究长短相杂、刺卫结合，远近皆有、相互支援，一支部队，既要有攻击性武器，又要有防御性武器，既要有远攻型武器，又要有近身型武器，既要有搏杀激斗的冷兵器，又要有杀伤力强大的热兵器，各种武器优化组合，相互配合，取长补短。最后，也是最重要的一点，无论武器多么先进，戚继光始终强调的就是人与武器的完美结合，让不同年龄、不同体质、不同性格的士兵使用不同的兵器，这样既能发挥士兵的长处，又能发挥武器的威力。

第三节　修城造船凝慧智

隆庆元年（1567年）10月，朝廷下达命令，把戚继光从南方调到蓟州，训练边军。一纸命令，戚继光从风光旖旎的江南转战到了黄沙漫天的北境。年轻的时候，戚继光也有5次戍守蓟州的经历，那时的经验为他后来的作战奠定了扎实的基础。到了蓟州之后，他更加注重深入一线视察，了解军情民情，在实地考察中，他获得了第一手资料，为其采取应对策略提供了极其有效的信息。身临其境，他才深刻地认识到，北方的情况与南方截然不同，呈现在他面前的不再是波浪滔天、百舸争流的河海风光，也不再是湖汊遍地、水网纵横的水乡景色，而是黄沙漫天、朔风吹拂的塞北风光。戚继光陷入了沉思：我在南方抗击的是乘船偷袭的倭寇，而现在需要对抗的是强悍迅疾的蒙古骑兵，倭寇小股作战，游走不定，武器精良，而骑兵以游牧为主，擅长骑马射箭，动辄数万、数十万甚至几十万，来如风，去无影。南方江河纵横，山地崎岖，道路曲折，地形复杂，难以展开集团作战，而北方地域广袤，幅面宽阔，一马平川的地域比较多，易于展开大面积作战。如何有效防御蒙古铁军的铁蹄呢？以现在的防御工事，能否抵抗住骑兵的践踏？

阳春三月，戚继光又一次踏上了边地勘察的行程，南方还是“人间四月芳菲尽，山寺桃花始盛开”，北地的杨柳还没有披上绿色，小草也仅仅冒出了头，极目远望，仍旧是灰蒙蒙一片，他努力地攀爬着，查勘着，生怕有所遗漏，他要把看到的所有印在心底。戚继光沿着居庸关到山海关实地考察的过程中发现，蓟镇边关的城墙在大同和宣府一带曾经整修过，那是总督翁万达、杨博在任的时候，他们对城墙进行了修葺，并且修建了烽火台，较好地发挥了防御作用。但是，在蓟州地区，很多城墙年久失修，破败不堪，有的即使是修整过，但是也只是象征性地补修一下，高度很有限，如果遭遇大风、暴雨、日晒很容易垮掉，很难起到防御蒙古铁骑的作用。有的地方即使是修建了烽火台，但是每个烽火台都是独立的，相互之间毫无联系，没有形成呼应。于是，戚继光奋笔疾书，向朝廷上奏自己修城墙、建敌台的建议，这就是戚继光所独创的空心敌台。

据史籍记载，戚继光在蓟镇期间，东起山海关，西至镇边城，东西绵延2000余里，总共增建了数以千计首尾相应的敌台，随着蜿蜒曲折的地势，蜿蜒起伏，高低相间，参差错落，蔚为壮观。戚继光是怎么修建城墙的呢？这其中又可以看出他的智慧和用心。

从大的方面看，他对城墙进行了加固、增高、增厚，墙的两面都设置垛口，增加墙的厚度，提高城墙的防御能力。他的另外一项重大发明就是修建敌台，作为驻军观察和驻守的营垒。戚继光不愧是军事专家，他非常善于利用地形特点，修建敌台也是因地制宜、别出心裁，他仔细观察了燕山山脉自西而东横贯境内、高低起伏、沟深谷窄的情况，确定了修建敌台的基本思想：以长城为依托，以重要关隘城堡作为重点。在修建的过程中，同时根据具体的地形特点，再来确定城墙的厚度、高度和敌台的高低、大小和间距。

在筑城技术上，戚继光可以说是达到了我国筑城技术的最高峰。他所筑造的三屯营城和遵化县城虽然已经不复存在，但是古北口长城于今犹在，我们仍能领略其筑城的奇思妙想。如果今天你登上金山岭长城，你就会发现戚继光所造城墙的主要特点，那就是敌台、尖砖垛口和悬眼。戚继光所筑造的敌台有两种：实心和空心，平面有方的也有圆的，主要是凸出于城墙之外，可供守卫的士兵射击。而空心敌台很可能就是戚继光的首创。

空心敌台有大小两种类型，大敌台一般建筑在险要地段，骑坐在山脊之上，台高5丈，内有3层，最上一层主要是供瞭望和观察使用，中层是战斗室，下层放置武器、杂物，并供休息之用。小敌台突出城墙外约1丈，高出城墙大概有1.5丈，为两层结构，上层是骑墙铺，下层是比较宽敞的楼层，可供10人以上休息和战斗。实心敌台，高度和城墙齐平，其他和大敌台基本相同。敌台在实战中有着积极而有效的作用，当敌人来犯的时候，首先可以点火报警，使左右的敌台都能够有所警惕，而守护的士兵可以凭借地理优势居高临下，使用弓箭、鸟铳、火炮、标枪等展开攻击，使敌人难以靠近，即使是敌人攻破城墙，守在敌台中的守军仍然可以依靠敌台进行防御并展开反击，成为一个独立的战斗单位。

号称“天下第一关”的山海关，是京师的东大门和屏障。参观过山海关的人都会为其磅礴的气势、威严的造型、设计的精巧、工程的精细所震撼。隆庆三年（1569年），戚继光雄心勃勃地开始了自己修建敌台的伟大设想，他首先从改建南海口敌台做起。今天，当我们沿着山海关一路向东走到尽头的时候，就会发现南海口敌台屹立在南海口入海的海陆交接之地，大有“一夫当关，万夫莫开”之势，它的基座是一个等边梯形，西边比较大，底座宽11.7米，东边较小，顶宽10.7米，腰长10米，台身向外凸出2.5米，向内突出2米，所有的材料都是花岗岩条石。敌台的外部是1米多厚的砖墙，中部是实心台体，里面有3个券室，地面采用两层砖墙铺砌，并粉刷光滑。各个券室之间有墙相隔，而连接各室的是过券洞，中室背面正中是主券洞洞口，券室四周开有窗户，窗户不仅可以采光，满足守军日常生活方便，而且主要方便观察瞭望，随时发现敌情。为方便守军上下往来，戚继光还专门设计了上下楼的入孔，与台外的城墙相通，11阶木梯可以直达敌台的顶部。台顶的四周建有1米多高的垛墙，垛墙上砌出11

个垛口，既可以作为射击使用，又能很好地自我防护。

空心敌台由戚继光亲自设计，看到如此雄浑而又精巧的敌台屹立在眼前，他感觉就像是自己的孩子一般，感到无比欣慰。为了庆贺和纪念首座空心敌台在山海关长城上的诞生，戚继光为这座渤海之滨的南海口敌台命名——靖虏一号敌台。而这样的敌台在当地一带一个个如雨后春笋般涌现出来，震慑着蒙古骑兵，同时也鼓励着保护着明朝子民。如果说建造空心敌台、修筑城墙是构建陆上不动堡垒，那么戚继光修造的战船就是海上的移动堡垒了。

戚继光非常重视战船建设。作为一名抗倭名将，他长期在海上作战，那么指挥和利用水师自然是不在话下，而战船的重要性就不言而喻了。戚继光的水师主要采用3种舰船方式：福船、海沧船和艟船。

戚继光舰队图　徐恒业 摄影

福船是盛行于我国东南沿海的一种古代海船，可作平战两用，既可以运送货物，又能够海上作战，福船形制非常高大，好像是建立在海上的一座高楼，可以容纳100多人，底部是尖形的，上方比较开阔，头部昂扬向上，尾部高耸翘起，在船身上建有3层楼，船的周身都有护板作为防护，上面插着厚实而锐利的茅竹，好似万箭并立，守卫着船体。船上有2道桅帆，中间总共有4层，最下一层不能居住，里面填满了沙石，主要是压住船的重量，免得遇到大风大浪而任意飘忽，第二层是士兵休息的地方，第三层是左右设置木桩，上面拴捆绳缆，下锚起锚都靠这一层用力，最上面一层是露台，上面有护栏，士兵可以倚着护栏进行攻击，十分实用。福船势大力沉，可以在大海之上横冲直撞，尤其是遇到小船，眨眼之间便将其撞得灰飞烟灭。但是福船也有缺点和局限，那就是有些笨重，转向掉头迟缓，适合在深海处航行，遇到浅滩地带就容易搁浅。所以，为了弥补这些缺点，戚继光就以海沧船来配合。其实，海沧船的形制与福船基本相同，只是体形上略小而已，海沧船机动性要强于福船，但是撞击和冲犁要逊于福船。

艟船是戚继光的独创。它比海沧船要小，比苍山船要大，既比倭寇的船只略大，又不像福船和海沧船大得只能撞沉敌船而不能捞取首级。这种船和苍山船的形制非常相似，首尾都十分开阔，橹桅并用，当顺风的时候，就张帆疾行，当逆风之时，就收下桅杆，用橹板滑行，行动起来特别方便。

戚继光以这三种船只为主打造了自己的海上雄兵，2艘福船，1艘海沧，2艘艟组成一哨，然后两哨又组成一营。战船上的武器配备也十分丰富，比如在福船上，就配备了大发熕1门，佛朗机6座，碗口铳3门，鸟铳10杆，喷筒60个，烟罐100个，火箭300枚，火砖100块，火炮20门等不一而足，形成了冷兵器与火器相结合的武器系统。而船只也是大小兼备，互相补充，互为优长，福船高大威猛，对敌船占据天然优势，可以居高临下进行攻击，也可以用碾压的方式把敌船撞沉海底，因为福船高大，吃水较深，全靠风力行驶，所以在近海和风力小的情况下，往往不够灵活机动，若是仅仅采用这种战船，敌人的小股骚扰就很难防御，戚继光敏锐地发现这一点，于是就采用无风也能行驶的海沧船进行补充，同时又亲自研制艟船，来对付倭寇小股作战的特点。

有了这3种船，实现了大中小、快中慢的完美结合，但是如果在海上发现敌情不及时，对于水师船队来说也是重大隐患。情报就是战机，侦察就是胜机。戚继光深知侦察船的重要性，于是他挖空心思改建了几种侦察船：开浪、网船和八桨等。开浪并不直接参与战斗，但是它的巡逻和侦察作用是不可或缺的，这种船的头部尖，吃水有三四尺，单舷一橹，可以容纳三五十人，行驶起来速度相当迅速，不受风潮顺逆的影响。而网船就是名副其实的小艇，它的形状好像是织布的梭子一般，可容纳2人，前后坐立，这种船灵活性机动性非常强，当海上风浪大的时候，还能拖到陆地上。戚继光对这种船只非常看重，而且运用得心应手，在湖泊纵横的江南水乡，可以派出数百网船，一则可以到处设立耳目，搜集情报，一则还可以给船员配备鸟铳，网船云集之时，以鸟铳围击敌人，效果甚好，如果是不占优势，被倭寇追击，也可以弃船逃走，毕竟网船的成本不高。

当戚继光与海上的倭寇作战时，他就像是蛟龙入海，有五洋捉鳖之才；与草原的奇兵作战时，他好像是雄鹰展翅，有九天揽月之能。无论是在风吹草见牛羊的塞北大漠，还是在风波四起的江河湖海，他把所有的智慧都运用在提高战斗力上，深入细致地分析作战环境，针对性地研究敌人特点，创造性地发明改造各种武器、城墙和战船，处处闪耀着智慧的光芒，辉映着巧妙的构思。

第十章

声名远播　独放异彩

戚继光诞生于将门世家，从小受到父亲的熏陶，学到许多带兵的学问。带兵打仗后，他又不被书本知识所羁绊，能够根据当时的情况做出判断，找到取得胜利的办法。他不像有的书生那样只知道纸上谈兵，他常常学以致用，将书本上的知识用于实践，根据他多年带兵打仗的实践经验，他在作战之余做出了总结，那便是《纪效新书》和《练兵实纪》两部对后世有广泛影响的重要兵书。这种注重实效，虚心学习的态度，使戚继光成为一代名将，他所带领的戚家军从未遭受失败，成为抗倭的一支劲旅。他同时留下了《止止堂集》等诗文篇章，享有“伟负文武才如公者一时鲜有其俪”的赞誉，《四库全书总目提要》称赞戚继光的诗“格律颇壮”“近燕赵之音”。戚继光一生征战，捍卫祖国，造福人民的形象，在人们的心中扎了根，几百年来人民从未忘记他。

第一节　兵法精髓泽后世

每一个时代的军事家夺取胜利的方法不尽相同，一方面吸收了前人的精髓，一方面依靠自己对实际情况的研判创新，戚继光也是如此。被后人称为“战神”的他有着非常管用的练兵、练将，以及非常有效的打仗阵法和兵器制造方法，而他又是一名善于总结的儒将，他将自己的实战经验加以总结、提升，将中国古代军事理论上升到新的高度，为后人留下了宝贵的财富。也正因为他的总结使得后人纷纷效仿、学习，确立了他在中国军事思想史上的地位。

在戚继光的《纪效新书》和《练兵实纪》两部兵书问世后，每当遇到有外敌入侵之时，或战争频频发生的时候，带兵之人就想起戚继光的军事著作，力求从中寻求治兵之方、用兵之术，以赢得抵御外敌的胜利。后人不仅对戚继光兵书进行了刊刻，还重新编纂，并在部分有影响的兵书中吸收了戚继光军事著作的内容，可见戚继光兵书对后世的影响之广泛。

首先，后人对兵书的刊刻。综观刊刻情况大体有三个高潮：第一个高潮是明代援朝抗日战争期间，即1592年至1598年。现存的明刊本《纪效新书》（十八卷本和十四卷本）和《练兵实纪》有20种之多，其中有5种就是这个时期刊刻的。第二个高潮是19世纪四五十年代，即鸦片战争和太平天国起义期间，共刊刻《纪效新书》（十八卷本）和《练兵实纪》13种。最后一个高潮是20

世纪30年代，这是日本加强侵略中国时候。在1934年至1938年间，有12种翻印本。还值得一提的是，《四库全书》只收兵书20部，其中2部就是戚继光的《纪效新书》（十八卷本）和《练兵实纪》。

其次，重新编纂戚继光的著作，刊刻流传。明代的有《守扬练兵辑要》《练兵实纪类钞》《重订批点类辑练兵诸书》《补释戚少保南北兵法要略》《古今平定略》《新编皂明戚将军将略韬略世法》《武备新书》《武经将略》《莅戎要略》等，清代的有《纪效达辞》。

再次，辑录兵书收录了戚继光兵书的内容。明代的有《筹海图编》《筹海重编》《皇明海防纂要》《武备志》等。其中《武备志》收录戚继光著作内容最多。在240卷中有30多卷收录《纪效新书》（主要是十四卷本）和《练兵实纪》的内容。清代有《韬钤拾慧录》，该书节录了《练兵实纪·练将篇》的内容。

最后，部分有影响的兵书吸收了戚继光军事著作的内容。比如，何良臣的《阵纪》吸收了戚继光选兵的思想，孙承宗的《车营扣答》吸取了戚继光的车战思想，甚至在无名氏的《草庐经略》、徐光启的《选练条格》中，也能找到戚继光军事思想的影子。

特别值得一提的是《金汤借箸》。这本明末由周鉴等辑著的兵书，在练兵、城制、武器等方面引述了《纪效新书》和《练兵实纪》的内容。清乾隆年间，实行书禁，该书被列在禁书之中，于是它改头换面，变成了惠鹿酒民撰写的《洴澼百金方》，即便如此它还是一再被翻刻传抄，到清朝末年已有20多个版本。到清嘉庆年间之后，书禁渐渐放松，《金汤借箸》才又以它的原貌问世。在清咸丰以后《金汤借箸》的刊本有二三十种。而清嘉庆时，带兵打仗的提督薛大烈删节《金汤借箸》，辑成《训兵辑要》。戚继光军事思想的某些观点借《金汤借箸》《洴澼百金方》《训兵辑要》在人们中间流传，指导了当时的军事实践。

历史上，个人军事著作以这样多种形式广泛刊刻流传是不多见的。万历十二年（1584年），广东布政司第一次刊刻十四卷本《纪效新书》，并发布《檄文》：“据镇守广东总兵官送到删定《纪效新书》，为卷十有四，始《束伍》而终《练将》……此皆该镇扬历南北，躬亲水陆，闻见独真，纤钜靡漏，信为已效之书，足称不易之法……完日刷印，分给大小将领，督率哨队兵役，知所持循，齐加习练。务使胆技交精，战守胥利，耳目心志合万为一，则有有能之将，亦皆有有制之兵，所裨地方良非浅鲜。”万历十六年（1588年），李承勋刊刻十四卷本《纪效新书》。他在《纪效新书后跋》中说：“戚大将军往在闽中，练兵素有节制，屡收大捷，全闽以宁。用兵既甚效矣，于是刻《纪效新书》。凡有兵寄者，莫不宗之。……抚台每以戚将军功业期不佞，复命翻刻是书，将以颁行两浙将校，欲使将校以下，知训练之机，熟约束之法，上下同心，臂指相使，悉成节制之兵，潜消海氛，保我黎庶，以抒圣天子南顾之忧。”万历二十一年（1593年），福建布政司刊刻十四卷本《纪效新书》，在该书的前言中指出：“照得闽省先年倭寇之变，蹂躏最惨，而收戡定荡平之效，则大将军戚定远之勋于今为烈矣。顾定远节制之师，扬历南北，蔚为嘉隆间名将。而大凡练习卒伍，诲饬将领，悉载《纪效新书》。目今倭奴不道，狡焉启疆，毁我藩篱，声言入犯。沿海地方征兵选将，方讲求御倭长策。而定远公在，闽土当宁，尤切拊髀之思，乃其人往矣，其书尚在。顷得大司马小江吴先生缄寄一部，本院时加披览，见其纤钜靡遗，精粗毕备。凡为士伍，为偏裨，为大将，为将将者，均不可不知，殆国手之奕谱，神医之秘方也。相应重梓，以广其传。……完日刷印送院，仍分给水陆将领，并府州掌印海防官，督率各哨、捕、队、兵，查照练习。庶几有制之兵，有能之将，所谓先为不可胜，以待敌之可胜，当必有继定远而兴起者。”万历二十五年（1597年）夏，扬州知府郭光复摘录《纪效新书》的重要内容，辑成《守扬练兵辑要》，“颁布各将领，使将以是训，兵以是习，如身运臂，臂运指，作刺有法，纪律井然。万一倭奴入犯，吾民吾兵有所以御之无恐矣”。[①]同年冬，兵部尚书、蓟辽总督邢玠刊刻《纪效新书》和《练兵实纪》，目的也是以二书“授诸将士”。[②]

戚继光在世时，训练的仅是自己所率领的部队，在他离职和去世后，广东、浙江、福建、扬州以及北方均以布政司、抚台、知府、兵部尚书等名义重刻《纪效新书》《练兵实纪》，下达部队，以他的思想练兵、练将。戚继光虽已离世，但正如邢玠所说：“能读公（指戚继光）书，能用公法，公固在也。”[③]

应该说各地，特别是南方，按照戚继光军事思想练兵、练将是有成效的，突出地表现在援朝抗日战争中南方将士为夺取胜利所做的贡献。万历二十年（1592年），日本丰臣秀吉发动了侵略朝鲜的战争，并欲侵略中国。明廷应朝鲜国王的请求，两次出兵援助朝鲜，抗击日本侵略军，到万历二十六年（1598年），把日本侵略军彻底逐出朝鲜。在战争中，中、朝联军取得了两次重大的胜利：平壤大捷和露梁海战大捷。平壤大捷首先登上平壤城墙的是南兵。南兵将领吴惟忠是戚继光的老部下，胸部中弹，依然指挥战斗。另一南兵将领骆尚志，持长戟，负麻牌，耸身登城，脚被日军的巨石击伤，依然奋不顾身，向上攀登。车兵将领戚金是戚继光的侄子，当时大家称赞他练兵最有戚继光的风范。露梁海战中，朝联军俘获日舰100艘，烧毁日舰200余艘，斩首500级，生擒180余名，把日军彻底赶出朝鲜。明朝水军主要来自浙、直、闽、粤，正是按《纪效新书》练兵、练将的地方，有的将领还是戚继光的老部下。万历二十五年（1597年），兵部尚书、蓟辽总督邢蚧就曾讲：“迄今闽、粤、浙、直之间，横海楼舡之师雄于海上，渔阳上谷台堡之卒推为军锋，皆公（指戚继光）

① 郭光复《练兵辑略叙》。

② 邢玠《纪效新书序》。

③ 邢玠《纪效新书序》。

之余烈也。”①

北方的安宁和戚继光军事思想的影响也分不开。《明史·戚继光传》载：戚继光离开北方之后，“继之者，踵其成法，数十年得无事”。事实也确实如此。蓟镇，在戚继光离开之后，由于有他的练兵和御敌的思想指导，到清兵袭扰关内之前，一直保持比较安宁的局面。在辽东，从天启二年（1622年）八月到天启五年二月，孙承宗以大学士、兵部尚书衔经略辽东事务，孙承宗在辽东拓地400里，收复辽河以西大部地区，把防线逐步推进到锦州一带，这和他建立强大的车兵营是分不开的，而他建立的车兵营就与戚继光的车兵制极为相似。

到了清代，以戚继光军事思想指导实践并取得成效的也大有人在。嘉庆年间，薛大烈称：“予自入伍，从征甘肃华林山，因逆回苏四十三之变；从征石峰堡，因盐茶逆回田五之变；从征福建台湾，困台匪林爽文之变；从征西藏廓尔喀，因洋布国王之叔巴图尔萨野劫扰后藏扎什伦布；至叛民徐添德、王三槐、冉添元、冉学圣、罗其清、齐王氏等蹂躏川陕楚北，予奉经略大臣令，授以翼长，统领满汉屯土官兵，才疏任重，时凛冰渊，乃以戚太保练将、练兵之法及《登坛口授》之语，一一遵行之，行则尤不效者。”②他组练的湘军就是“略仿戚元敬氏成法，束伍练技”的。他的募兵制度、挑选士兵的标准、编制体制、训练思想、军队纪律、作战战术等，都或多或少源于戚继光的军事思想。

19世纪五六十年代，不仅清朝官僚曾国藩仿戚继光练兵，太平天国领袖人物也看戚继光的兵书。张鼎元在记述李秀成占领杭州的《前后居行》长诗中的“案头一卷未卒读，《纪效新书》戚公作”就是证明。

从这些历史记载中，我们可以看出，从明朝后期到19世纪五六十年代，戚继光练兵打仗的总结已成为中国军事领域的主导思想。

---

① 邢玠《纪效新书序》。

② 薛大烈《训兵辑要序》。

戚继光军事思想不仅仅在国内广泛流传与运用，在朝鲜也有着非常大而广的传播。

朝鲜接触戚继光军事思想是从明军援助朝鲜抗击日本侵略开始的。万历二十年（1592年）六月，当日军占领了平壤后，明廷应朝鲜国王的请求派出援军。最开始进入朝鲜的是副总兵祖承训、参将戴朝弁、先锋游击史儒等率领的辽东兵。他们冒险进攻占领平壤的日军，结果大败，戴朝弁、史儒等战死，明军撤回辽东。接着明廷以李如松为提督，率领包括南兵在内的3万余人，再次进入朝鲜，攻打平壤，取得重大胜利，收复平壤。战后，朝鲜国王李昖接见了李如松，问李如松明军为什么先失败后全胜，前后有这么大的差异。李如松说："前来北方之将，恒习防胡战法，故战不利。今来所用，乃戚将军《纪效新书》，乃御倭之法，所以全胜也。"①李昖请李如松把《纪效新书》给他看，李如松秘而不给。李昖由此认识到《纪效新书》的重要性，下令购买此书。李昖还下令到中国购买，而且要买王世贞作序的《纪效新书》。这样，《纪效新书》就传入了朝鲜。

得到《纪效新书》后，李昖对柳成龙讲："予观天下书多矣，此书实难晓。卿为我讲解，使可效法。"②于是柳成龙与从事官李时发等一起研读，遇有不懂的地方，则让儒生请教明朝的将领。在此基础之上，李昖于万历一十二年一月设立了训练督监，任命柳成龙为提督，募饥民为兵，"旬日得数千人，教以戚氏三手练技之法，置把总、哨官，部分演习，实如戚制。数月而成军容，上亲临习阵。此后督监军常宿卫扈从，国家赖之"。③柳成龙还提议，筹措粮

① 《朝鲜李朝实录中的中国史料》上编卷三十二《宣祖昭敬大王实录》八，二十七年二月，第1984页。

② 《朝鲜李朝实录中的中国史料》上编卷三十二《宣祖昭敬大王实录》八，二十七年二月，第1984页。

③ 《朝鲜李朝实录中的中国史料》上编卷三十二《宣祖昭敬大王实录》八，二十七年二月，第1984页。

饷，增加募兵1万，在京城建5营，每营2000人，半年留城中练习，半年出城在空地屯阳，以增加军队粮饷，以巩固首都的防卫。这个提议虽获李昖首肯，但终未付诸实施。然而，戚继光兵制从此在朝鲜推行开来。

康熙六年（1667年），朝鲜又颁布《纪效新书》和《练兵实纪》，令将士学习。

在日本，宽政九年（1797年）、十年（1798年），连续翻刻出版十八卷本《纪效新书》，认为“戚子之书节制精明，号令严谨，实兵家之规则，行军之律令也。……及今之时揽益此书，变通其事，而兴练兵讲武之要法，振护国保民之伟略，则步伐止齐之兵，可见于今日，而于圣贤虑亡之戒思过半矣”。[①]

19世纪中期，日本封建制度危机加深，农民和市民暴动此起彼伏，1844年至1853年，农民暴动45次，1854年至1863年72次，1864年至1867年四年中达59次，封建社会上层保守派和改革派之间的斗争也没有止息，社会在动荡之中。就是在这时，日本国内出现了连续翻刻戚继光著作的现象。弘化元年（1844年）翻刻《练兵实纪》，第二年翻刻十四卷本《纪效新书》；安政三年（1856年）翻刻十八卷本《纪效新书》；文久三年（1863年），又在弘化二年（1845年）刻本的基础上出版十四卷本《纪效新书》的补刻本。在短短时间里，戚继光的三部兵书相继在日本问世，可见其影响之大。

戚继光的军事思想，不但丰富了我国的兵学宝库，而且影响国外。他也因为这样巨大的成就和贡献，成为继孙武之后最伟大的军事家。

---

① 平山潜子龙《刻纪效新书序》。

第二节　建祠刻碑颂功勋

戚继光在东南沿海抗倭12年，从浙江打到福建，又从福建打到广东，大小近百战，均获大胜，彻底地扫平了倭寇。在北方，戚继光离开后，过去每隔几年就要遭受一次蒙古铁骑蹂躏的百姓，为感激戚继光给他们带来的和平为他建祠纪念。戚继光为人民、为国家立下了不朽功勋，他在世的时候，既没有像开国功臣徐达、常遇春等那样被朝廷封为公爵，也没有像抗“虏”功臣杨洪、郭登那样被朝廷封为侯伯，甚至不如李成梁（被朝廷封为宁远伯），但他最受人民的敬仰。这原因不是别的，就是因为他为官一地，就给一方人民带来幸福和安宁。戚继光以自己的才华和智慧甚至于不惜自己的生命，救人民于水火，人民当然不会忘记他。从明嘉靖年直到现在的500多年的时间，为了缅怀戚继光，人们在他战斗过地方和他的家乡为他建祠或立碑纪念。戚继光自己曾说过：“东南数省离任后，为尸祀庙宇者，不可数计。离蓟塞，今复四裎而起宏宇崇祀者，亦比比。”[①]

蓬莱戚武庄祠（又称戚继光祠堂、戚武毅公祠）位于蓬莱市区府前街中段

① 《戚少保年谱耆编》卷十二，万历十五年（1587年）七月孝思祠《祝文》；《戚少保奏议·附录》第26页。

明崇祯八年（1635）为褒扬戚继光修建戚家祠堂，赐额“表功”　刘明 摄影

东侧，建于明崇祯年间。崇祯八年（1635年），崇祯帝接受翁宗伯的提议，赐表功祠额，以表明朝廷对戚继光为巩固大明江山所立的不朽功勋的肯定和褒奖，也表明明廷对万历十一年（1583年）后给戚继光各种不公正对待的彻底否定和平反。清康熙四十六年（1707年）重新修建，1953年部分重修，1985年辟为戚继光祠堂。祠内原有“忠”“孝”二碑。“忠”“孝”二字为宋朝人文天祥手迹，并有新安汪舜民撰写的《忠说》《孝说》和戚景通写的《忠孝跋》，可惜的是皆毁于“文化大革命”。20世纪30年代，日本发动侵略中国的战争后，冯玉祥将军为戚继光祠堂书写楹联：“先哲捍宗邦民族光荣垂万世，后生驱劲敌愚忱惨淡继前贤。”表明冯玉祥将军对戚继光的敬仰和抗日的决心。

嘉靖三十五年（1556年）八月，倭寇进犯龙山所（今浙江慈溪东南龙山），刚任宁绍台参将一个多月的戚继光率兵抵御。在高家楼，武艺高超的戚继光以三箭射中三个倭寇的头目，击退了进犯的敌人。九月，戚继光和俞大猷又在龙山所三败倭寇，使当地百姓免遭倭寇蹂躏。当时胡宗宪为浙直总督，这些胜利与他都分不开，于是百姓于嘉靖三十七年（1558年）前后建梅林庙祀奉之，主祀胡宗宪夫妇和砖绯舡七相临山戚少保祠在浙江余姚市临山镇风山南麓。戚继光曾在此抗倭，百姓为纪念他的功绩，捐资兴建参将祠，后易名“戚少保祠”。1987年10月，该祠被列为县级重点文物保护单位。

新河戚武毅公祠在浙江温岭市新河镇披云山北麓。嘉靖四十年（1561

年），戚继光曾令其部下在此打败倭寇对新河的进犯，当地百姓为纪念此次胜利，于嘉靖年间建祠祀之。后年久失修倾圮。1989年，新河人民集资在原址重建，易名“戚武毅公祠”。

白水洋戚公祠在浙江临海市白水洋镇驻地南侧的普塘山北麓。嘉靖四十年（1561年）五月，戚继光正确判断倭寇进犯处州，一定会路经上峰岭，遂先敌在上峰岭设伏，大败倭寇，随之追残敌到白水洋朱家大院，将其彻底消灭。当地百姓为纪念戚继光的抗倭功绩，在白水洋建祠祀奉。后倾圮，1993年移于今址重建。

戚武毅公祠　徐恒业 摄影

健跳戚公祠在浙江三门县健跳镇健跳村。明嘉靖四十年（1561年），戚继光曾在此抗倭。百姓为感激他的功德建祠奉杞。该祠原为四合院，后改为健跳小学，只留有三楹。

漳湾戚公祠在福建宁德漳湾。嘉靖四十一年（1562年）八月，戚继光率浙兵援闽，第一仗就是横屿之战。漳湾是戚家军进攻横屿的出发地。战后，当地民众为纪念戚继光的战功建祠奉祀。今该祠已倾圮。

福清戚公祠在福建福清融城镇西门路边。嘉靖四十一年（1562年），戚继光取得横屿大捷之后，移兵福清，取得了牛田（今福建福清龙田）大捷，清除了倭寇在福建的又一个重要据点。战后民众为纪念他而建此祠，每年春秋两季奉祭。该祠曾于清雍正十二年（1734年）重修，1987年11月被列为县级重点文物保护单位。

林墩戚公祠在福建莆田黄石镇林墩。嘉靖四十一年（1562年）牛田大捷后，戚继光率军追敌，在莆田的林墩彻底消灭了进犯福建的倭寇。莆田、黄石的民众为纪念此次战功在林墩建祠奉祀他。祠内原有戚继光亲笔书写的“还我山河”四个大字的木匾，“文化大革命”期间毁坏，同时祠堂也遭到不同程度的破坏。1993年，莆田、黄石各界人士、爱国华侨、港澳台同胞捐款捐物，开始重建。新的林墩戚公祠（又称林墩戚继光纪念馆）规模较大，雄伟壮观。

黄石戚公祠在福建莆田黄石镇。此祠规模虽然不大，但香火不断，这里的人民正如门联上所写的“至今犹念戚公劳”。

于山戚公祠在福建福州市于山顶白塔东。嘉靖四十一年（1562年），戚继光率军援闽抗倭，获得横屿、牛田和林墩大捷后，班师回浙。福建官绅在福州于山平远台设宴为戚继光饯行，汪道昆为其勒石纪功。后万历年间，人们在平远台建戚公祠。清道光年间毁于火，1918年重建。祠旁有醉石和醉石亭，相传为戚继光在宴会上醉酒处。

仙游崇勋祠一在福建仙游县鲤城镇，一在枫亭。嘉靖四十二年（1563年），倭寇万余围攻仙游，仙游处于危机之中。戚继光一方面采取多种办法，协助城内防守，一方面调轮班的浙兵回闽。待浙兵到来后，戚继光对围攻仙游之倭发起进攻，一举击败倭寇，解仙游之围。嘉靖年间建祠，祀戚继光，有司春秋致祭。

这些在各地所建的祠庙并不是当时所建祠庙的全部，但从这些祠庙分布地来看，在浙闽几乎所有戚继光战斗过的地方，百姓都为他建祠。这在当时是民众对他感激、敬仰之情的一种表达方式。而后来历朝历代都修葺或重建，一则表明人民不忘给自己带来恩德的人，一则寄托着人民的一种希望，希望后来人以戚继光精神来保卫人民，反抗侵略者。1939年，蓟县政府在人民的强烈要求下，在关公、岳飞合祀殿里设立的名将牌位中就有戚继光，其位东向北上，于春、秋两次致祭。

如果说祠庙是民众表达对戚继光感激之情的话，那么碑刻则是让人们世世代代牢记戚继光为人民所立下的战功。同祠庙一样，碑刻在浙闽也是相当多的，具体有多少现在已难以完全统计。这里只举一些现在知道或还在的碑刻。

戚家祠堂 刘明 摄影

桃渚城新建敌台碑记在浙江临海市桃渚镇。该碑建于嘉靖四十年（1561年）三月，原置于西城上，后毁，今重刻，移置于碑亭中。碑白石质，高1.06米，宽0.84米，额题《新建敌台碑记》。该碑主要记载戚继光于嘉靖三十八年（1559年）救桃渚和在桃渚城上建敌台的业绩。碑文中讲："桃渚前岁被罔七昼夜，城几岌岌。时千户翟铨膺城守，羽书告急。公统大兵压境，长驱以破巢穴，城赖以全，活者数万。"又说："公后以东西一角为薮泽，蔽塞不遥，因建敌台二所。城上有台，台上有楼，高下深广，相地宜以曲全，悬陈城外，纤悉莫隐。""城赖以全，活者数万"是戚继光对桃渚人民的功德。而"城上有台，台上有楼"，不仅说明戚继光对桃渚城防做出贡献，也说明戚继光在城池构筑上所做出的贡献。这是城上有空心敌台之始。

明戚继光将军绝倭处碑共两方，在浙江台州巿黄岩区金清镇汇龙桥两端，为明嘉靖年间，乡民为纪念戚继光于嘉靖三十八年（1559年）五月在此歼灭倭寇而立。后桥与碑皆损坏严重。20世纪80年代，乡民在重修此桥的同时，重立此碑，刻原文。

南塘戚公奏捷实记碑在浙江温岭市新河镇戚武毅公祠内。该碑为嘉靖四十一年（1562年）太平县（今温岭市）知县徐钺撰立，原在戚公祠内。碑文分刻于三块石上，高2.18米，第一石宽1.03米，第二石宽1.08米，第三石宽0.96米，通宽3.09米。碑文62行，行42字，共约2600字，楷书略带行笔。该碑记载了戚继光从嘉靖三十五年（1556年）的龙山之战开始直到四十年（1561年）的新河之战止的所有战功，并指出了戚继光之所以能取得这样战绩的原因所在。遗憾的是该碑在戚公祠倾圮后，被人占用，造成大部漫漶，碑文不能辨认。现只有左右上部及四周边处尚有部分字迹可认。1989年戚公祠迁址重建，易名“戚武毅公祠”，再移此碑于祠内，现为浙江省重点保护文物。

白水洋平倭纪功碑在浙江临海市自水洋镇，现嵌于白水洋小学内墙壁上。碑高1.565米，宽0.69米，碑文楷书，文三行，款二行。其文为：“大明嘉靖辛酉岁夏五月甲子，以参将戚继光与倭贼战于此，大败之，斩首八百。钦差整旨饬台州兵备分巡浙东道按察司佥事唐尧臣碑记，民国十三年秋警备队第七营第二哨首事罗金铉、朱友亭、王嗣官重立。”由此可见，此碑已不是原碑，而是民国十三年（1924年）重立的。原碑《台州府志·金石考》曾著录，其正文与民国十三年（1924年）碑文没有区别，但立碑衔名差别不小。原文为“钦差整饬台金严兵备分巡浙东道按察司佥事唐尧臣记”，而民国十三年碑把“整饬”改为“整旨”、“台金严”改为“台州”、“唐尧臣记”改为“唐尧臣碑记”，显而易见这些改动都是不当的。另原碑有“仙居县知县姚服璜立石”，民国十三年碑未刻。至于现在立于成公祠前的碑则更是后刻，把“大明嘉靖”的“嘉”字刻成“加”，就更不对了。

大参戎南塘戚公表功记碑在浙江临海市东湖，原与抗倭名将谭纶画像碑同立于谭公祠内，今在东湖东岸临海碑林中陈列。碑高2.3米，宽0.93米，文16行，行83字。秦鸣雷撰文，王宗沐篆额，陈锡书。台州名宦蔡云程等55人同立于嘉靖四十三年（1564年）戚继光调离浙江之后。该碑历叙了戚继光嘉靖三十四年（1555年）的龙山之战、三十八年（1559年）的台州之战、四十年（1561年）的台州大捷等在浙江抗倭的战功，然后说：“夫锡圭封邑，国家之令典也；歌功颂德，邦人事也。余久宦游于朝，目击时变，每不忘桑梓之念；得公坐镇，为之长城，吾郡民始洗涤盆缶，犁田窒室，安堵如故。而今迁矣，其能默然已哉！公名继光，字汝谦，别号南塘，山东登州卫人。其视师也，有忠信仁义之怀；其议喜怒也，有粟帛斧钺之施；其驾驭群材也，有死绥搴旗之效。心在国家而身先士卒，勇不畏难而谋善料敌。此其所以成今日之功欤！”表达了台州民众对戚继光的感激和赞誉。现为浙江省重点保护文物。

大都督南塘戚令公去思碑在浙江三门县健跳镇，现置于健跳镇政府院内。建于万历四年（1576年），碑高1.77米，宽0.98米。碑文楷书文30行，行58字，计1700多字。但因早年被遗弃，致使碑文大都漫漶，无法辨认。现为三门县重点保护文物。

戚继光表功碑残碑在福建福州市于山戚公祠内。残高1.62米，宽1.2米，残文5行，可以辨认的只有“船”字。据史料记载，碑原在戚公祠南平远台侧，汪道昆撰文，立于嘉靖四十一年（1562年）戚继光第一次入闽抗倭，取得横屿、牛田、林墩大捷班师之后。后断为数截。1918年重建戚公祠时，将仅存的残碑移于祠内。

崇勋祠碑记碑原在鲤城南街下郑前崇勋祠内（今仙游师范学校内），现在仙游博物馆。该碑主要记叙谭纶、戚继光所取得的平海卫大捷功。碑文载：谭纶与戚继光“未至闽先为坐困之说，闻者似触所望。及入境，即疾趋，贼不虞大兵且至，犹约日移攻仙游。是时人心危疑，真何啻云霓于公与将军也。贼移兵许塘，天兵以四月二十一日子夜环守其营，贼不知也。甫明突之，火箭四发，雷电交驰。贼呼日：‘戚虎至矣！’悉股栗奔命，投网自首，不崇朝血杵无噍类，莆之冤愤于是乎纾。仙之民聚谈欢舞，咸日：‘岌岌乎，微此时雨，吾其釜鱼乎！’公文武全才，海内系望，故夺情从戎，为国矢力。及与将军合，呼吸之间，遂成大功。将军虽武臣，学古道而说诗书，每见其凯旋，恂恂冲雅，略不施劳，无不啧啧服其养。是举也，公得将军益宏韬略，将军恃有公而益殚布，是惟无战，百战必克，为生贤哲，以昌平治之期，夫岂偶然哉！仙之人感慕不已，相与议日：‘必焦头烂额者，上客乎？公与将军徙吾薪矣，室得不毁，吾生可更，谁之力乎？’于是仙游民众建崇勋生祠，绘二公像予中，士民老幼日罗拜焉。”

戚总戎纪功碑在福建仙游县枫亭镇北门街道北。该碑为莆田人方万有撰文，主要记载谭纶、戚继光嘉靖四十二年（1563年）冬击败围攻仙游之倭，解救仙游的经过。碑文字里行间流露出对谭纶、戚继光的无限感激之情。“是一公于仙，盖非但保之于寇至之时，倒悬之急也。再造厚功，世世永赖焉。”“倭日人寇，未有万众并登者，兹盖空国而来矣。倘与一城，则其势益横以逞，诸他郡县，恐皆不免。由斯以谈，保一邑即以保全闽也。二公功德不益宏且远哉！”

南澳镇城汉寿亭侯祠记碑在广东南澳大衙口碑廊内。碑高2.32米，宽0.96米，由何敦复撰文，正文30行，每行54字。该碑是万历十一年（1583年）由当地地方官率民众在汉寿亭祠前东侧立的。主要叙述嘉靖四十四年（1565年）九十月间，戚继光和俞大猷联兵攻剿占据南澳的汉奸吴平的经过。“文化大革命”期间，汉寿亭侯祠毁，碑移存于驻军营地，1982年移于今址。

连江戚公碑在福建连江县西关外观音阁旁。此碑立于明嘉靖末年，碑文为：“明嘉靖四十五年（1566年）五月二日，总戎戚公大破倭夷于马鼻，歼之，境内遂平。”

除历史记录外，还延伸出许多关于戚继光的民间传说。一些传说更是在当地百姓中代代相传，比如赞扬他军纪严明，罚不避亲，怒斩违纪儿子的故事等等。据《仙游县志》记载，戚继光率领戚家军在海门一带抗倭，一次约3000名倭寇在海门沿海上岸准备去临海、仙居一带抢劫。戚继光命令戚印领兵在双港与城西交界的花冠岩一带埋伏，自己出兵佯败把倭寇引到上界岭，等倭寇全部进入包围圈后再两军夹击一举全歼。结果戚印年轻气盛交战心切，没等倭寇全部进入包围圈就下令擂鼓冲锋，结果让一部分倭寇逃脱了。戚继光回营升帐，因戚印没按照军令行事下令推出去斩首。陈大成等将领跪在地上要求从宽处罚，留他性命将功赎罪。戚继光说："我是一军主帅，如果我的儿子犯了军令可以不杀，以后还怎么带兵，军中的命令还有谁去执行。"于是，就在白水洋上街水井口这个地方，戚继光将戚印斩杀。后来当地的百姓怀念戚公子便在常风岭上为他建造了一座太尉殿，据说这座大殿的残迹至今留存。"戚继光斩子"的故事虽然是虚构的，但是被广为流传，民间艺术家们还将此事改编成闽剧、秦腔等戏曲广为传唱。

在浙江、福建，当地还有一种中间有孔可以穿线的饼，人们称之为"光饼"，相传这就是当年戚继光为自己士兵做的干粮。还有一些风俗也打上了纪念戚继光的烙印，如温岭、玉环两县在正月十四过元宵节，就是为了庆贺戚继光曾在这一天消灭了倭寇。台州的清明节不是一天，而是"长长清明节，做到端午歇"。这是抗倭时，台州男子参战，清明节这天不能都回家扫墓，戚继光让士兵轮流回家祭祖而形成的。台州一带还流行"戚继光拳"。丽水、临海、椒江等地至今仍有"继光路""继光街""戚公路""戚公山"等以戚继光名字命名的街道名称等。足见戚继光在广大老百姓心目中的形象是何等光辉伟大，百姓对戚继光的怀念是永恒的。

第三节　军旅诗文照汗青

戚继光“沉毅有度，具文武才”[①]。在他带兵打仗的闲暇之余，不但撰写了《纪效新书》《练兵实纪》等带兵打仗的著作，为后人留下了指导战争实践的佳作，而且还留下了《止止堂集》等许多诗文篇章。当时即享有“负文武才如公者，一时鲜见其俪”[②]的赞誉。他的诗都是他有感而发。后人称他“秉鹰扬之气，抱死绥之志，其在师中，凡誓戒、祭告、奏凯、悼亡、纪行、赠答，则同事抒思，搦管成章。故其文闳壮可追乎古。其声慷慨自合乎律也。”（郭朝宾《止止堂集一序》）《钦定

戚继光处理函牍、读书、著述处—止止堂　徐恒业 摄影

① 董承诏《重订批点类辑练兵诸书》卷末《戚大将军孟诸公小传》。

② 郭朝宾《止止堂集·序》。

四库全书总目提要》向以权人衡文严格著称，却也不得不称叹戚诗“格律颇壮”，“伉健，近燕赵之音”。

《止止堂集》包括《横槊稿》和《愚愚稿》两部分共五卷，其中《横槊稿》三卷、《愚愚稿》二卷。据《戚少保年谱耆编》卷之十二记载，万历十年（1582）九月，由戚继光亲自编撰而成。之所以称《止止堂集》，是因为止止堂是蓟镇总理署中戚继光的三间书房，亦兼作办公之用。堂名“止止”，取《周易》“大畜”卦意。“大畜”之卦：上卦为艮。下卦为乾。艮为山，为止；乾为天，为健。其卦意是“健而止”。谓刚健而不妄行，可止则止，进退有度。从《止止堂集》的内容看，无论是诗，还是誓戒、祭告、纪行、赠答等文，都是紧紧围绕其军事征战活动为核心内容而予以抒发和论述的。戚继光的诗歌，现存者约250首左右，主要集中在《横槊稿》上卷中。他的诗作不是矫揉造作，而是真情流露。

戚继光在嘉靖三十四年（1555年）至隆庆二年（1568年），是他一生中最辉煌的时候，他带兵向南增援浙江、福建、广东与倭寇打了80多场战斗。逢战必胜。“戚家军”从此名闻天下。他本人也受到了朝廷的嘉奖被晋升为都督同知，领福建总兵官，并受到“世荫千户”的嘉奖。正因他此时战功卓著，这时他的诗歌是以爱国主义为主题，表达了他的为国奋战之志。

戚继光接待官员、友人和办公之处——横槊堂
徐恒业 摄影

《振衣台》是具有代表性的一首：

蓬莱有佳人，佩剑游南纪。
指顾山海间，徜徉群动里。
薄行幽迳纡，乱石谁人驱?
中有千丈表，乘之临玉虚。
拂袖惊长风，浩歌空九衢。
飘摇揖王母，如闻琼珮琚。
幽人保元命，义士轻其驱。
雉飞不逾阜，鹏搏九万余。
巨翰如何挟，从此谢尘区。

作为蓬莱人，诗中又有“佩剑游南纪”之句，并非泛泛抒情之作，而是作者挥兵浙、闽，剿灭倭寇的真实写照。诗人运用浪漫主义的艺术手法，借助幻想的翅膀，充分抒发了作者极其强烈的报国热忱，轻生重义的高尚胸怀，睥睨一切的博大气概。鼓人志气，催人奋进。在“春雨下危墙，烟波正渺茫。好山当幕府。壮士挽天潢。鸟立林边石，人归海上航。驱驰还我辈，不惜鬓毛苍。”（《船厂阻雨》）“小筑惭高枕，忧时旧有盟。呼尊来揖客，挥麈坐谈兵。云护牙籖满，星含宝剑横。封侯非我意，但愿海波平。”（《韬钤深处》）“一镞敲风百炼成，中宵惊起玉关情。总然用尽簷前力，应是无心为利名。”（《铁马》）等诗中。

戚继光在诗中对抗倭战争作了如实的描写，而且表达了他深深的同情。“孤城已复愁还剧，草台通衢杂藓痕。废屋粱空无社燕，清宵月冷有悲魂。”（《宁德平》）“不见郎君到，但见塞鸿归。鸿归知妾意，故向楼前飞。”（《闺意》）“茫茫辽海无鳞羽，戍客塞深妾怨深，何处少年吹铁笛，愿风吹入阿郎心。”（《潞河听笛述闺情》）甚至在觥酌交错热闹非凡的元宵之夜，也不敢忘怀生活在穷乡僻壤中的贫苦百姓。他在《元宵王万户席上》中写道："暮霭初收火树县，银河万丈遥相连。繁星丽千门，明月当华筵。高堂族绮罗。宝炬开金莲。鳌山掩映城不夜。昆仑顶上人如仙。勿忆穷谷之元元，不知今夕何为然。愿得君恩如灯月，一时照耀来九天。关塞无尘烽火息。太平有象凤毛骞。且共将军拌一醉，高歌潦到春风前。"以"火树""银河""繁星""千门""明月""华筵""宝炬""金莲"以及"城不夜"等富丽堂皇的热闹景象，与"穷谷之元元"的凄残无奈做强烈对比，直抒胸臆，反映出作者对贫富悬殊的愤慨。同时，在诗中，他还对百姓的安居表示出由衷的喜悦，体现了他保国卫民的高尚情怀："乱后遗黎始卜家，春深相与事桑麻。绿云万顷无闲地。浪说河阳一县花。"（《天台道中柬林尹》）"短竹编篱人几家，野扉傍水碧阴斜。晴莎何意翩翩燕。淑气无私处处花。浙海风和横舴艋，越山春静老烟霞。愧予不是寻芳客，夜夜严城度戍笳。"（《春野》）在这里，作者甘为百姓的安居乐业而"夜夜严城度戍笳"，其胸怀之博大，品格之高尚，责己之苛严。对百姓感情之深厚。诚不多见。

戚继光不仅用诗歌形式来抒情言志，而且还用诗歌鼓舞士气，提高战斗力。他在《愚愚稿》中说："歌诗不独可行于经生学子。行伍中，遇阴雨客邸之日，择好忠义激烈戎言、戎诗歌之。感发意气，愤悱志向，使习尊主庇民之道，亦一教也。"他曾编写了一首题为"凯歌"的军歌，"集吏士数百人于庭，摭其实素，口授凯歌一章"。"节以鼓音"，"使众士歌之"。果然"一唱三和。声震林木。兴逸起舞，上下同情。抵掌待旦，浩然南征。"其歌词是："万人一心兮太山可撼，惟忠与义兮气冲斗牛。主将亲我兮胜如父母，干犯军法兮身不自由。号令明兮赏罚信，赴水火兮敢迟留。上报天子兮下救黔首，杀尽倭奴兮觅封侯。"歌词或晓之以忠义和军纪，或动之以名利和感情，主题明确，格调高雅，气魄宏壮。语言通俗易懂，好记，朗朗上口。

戚继光的军事思想能克敌制胜，在中外影响至深，在他以后的军事家都视之为法宝、为指南，在实践中运用之、遵从之。在中国古代历史上出现过不少名将和军事家，还没有哪一个能像戚继光这样在人民中有这么大的影响。在浙江、福建，在戚继光战斗过的地方，当地的人民或勒石颂功，或建立纪念馆，或塑像，或以诗歌来歌颂他。正如当时的歌谣唱道："戚我爷，戚我爷爷未来兮民咨嗟，爷既来兮，凶妖荡尽，草木生芽。欲报之德，昊天无涯。"[①]戚继光之所以写诗，既不是因为百无聊赖，也不是为了炫耀自己，而是因为心有所思，情有所感，犹如骨鲠在喉，不吐不快。他的诗在艺术形式上是多样的，从风格上看，不同时期各有特点，不受任何陈规的束缚，一切以更好地表达内容为原则。因此，戚继光不仅以一代爱国名将和民族英雄流芳百世，而且应该作为优秀诗人载入华夏诗史。

人民对戚继光的崇敬之情，历经几百年而不衰的关键，就在于戚继光数十年的军旅生涯带给人民的恩泽极其深厚。他的爱民、爱国精神已成为中华民族爱国主义精神的一部分。

① 《戚少保年谱耆编》卷四。

大事年表

·嘉靖七年闰十月初一（1528年11月12日），戚继光出生于山东济宁南鲁桥镇。

·嘉靖二十三年（1544年），戚继光进京袭职，任山东登州卫指挥佥事。

·嘉靖二十三年至嘉靖三十二年（1548—1553年），戚继光戍守明廷九边之一蓟门，担负保卫京师重任。

·嘉靖三十二年（1553年），戚继光晋升署都指挥佥事，总督山东沿海三营二十四卫所。

·嘉靖三十四年（1555年），浙江倭寇侵犯严重，戚继光调任浙江都司佥书，一年后担任宁（波）绍（兴）台（州）参将。

·嘉靖三十六年（1557年），岑港之战，戚继光等人率军久攻不下，被撤职。后赴义乌招募新兵并进行严格训练，形成了自己的一整套练兵方法。

·嘉靖三十九年（1560年），戚继光恢复官职，任台金严参将，负责台州、金华、严州三府的防卫任务，采取了一系列整饬海防的措施，使台州形成了海陆俱防、有攻有守的防御体系。完成《纪效新书》（十八卷），是他在抗倭战争中练兵经验的总结。

·嘉靖四十年（1560年）三月，戚继光督造44艘战船分布于松门、海门开始服役；四月至五月（1561年），倭寇入侵频繁，戚继光率部经过新河战斗、花街战斗、上峰岭战斗、长沙战斗，取得台州大捷。九月，因台州大捷升都指挥使；十月至十二月，入江西平定农民武装起义，次年三月班师回浙。

· 嘉靖四十一年（1562年），倭寇对福建的侵扰日益猖獗，七月，戚继光奉命援闽抗倭；八月取得横屿之战的胜利，歼敌千余人；九月先后取得牛田、林墩大捷；十月在福清歼敌斩杀倭首；十一月班师回浙；十二月被任命为副总兵，分守台州、福州、兴化、福宁等地。

· 嘉靖四十二年（1563年），二月戚继光入义乌招募壮士万余人；三月领兵万余赴闽抗倭；四月联合友军，采用正面突击、两翼包抄的战法取得平海卫大捷，歼敌两千两百余人；五月，破倭于马鼻岭、硝石岭；六月，晋署都督佥事；七月晋署都督同知，荫一子为原卫正千户；十月，戚继光被正式任命为总兵官，镇守福建及浙江金、温二府地方九郡一州；十二月，在他的部署下，福建全省防卫严密，取得仙游大捷。

· 嘉靖四十四年（1565年），戚继光率兵围剿勾结倭寇、与官府为敌的海盗吴平，进行南澳之战，基本平息东南沿海倭患。

· 隆庆元年（1567年），戚继光被调北京专督练兵，上书朝廷抗击鞑靼的方略。

· 隆庆二年（1568年）正月，戚继光向朝廷上《请兵破虏四事疏》，对练兵、军饷、制器、均赏罚提出自己的意见。五月，因新任蓟辽总督谭纶举荐，朝廷任命戚继光总理蓟（镇）、昌（平）、保（定）练兵事务；戚继光拟定修墙筑台方案，上呈朝廷。五至十月，戚继光向朝廷接连上奏《定庙谟以图安攘疏》《呈修各路边墙》《预定策应兵马》《填筑黑峪关重墙》《练兵议条奏七原六失四弊疏》等，要求全面整顿蓟州军事。

· 隆庆三年（1568年）正月，明穆宗把原蓟镇总兵郭琥调往别处，任命戚继光为蓟镇总兵官，负责镇守蓟州、永平、山海关等处。十二月，戚继光于青山口打败朵颜部董狐狸、长昂等的进犯。春，戚继光组织将士开始艰巨的筑台、修墙工程。

·隆庆五年（1571年）秋，全部墩台修筑完毕。秋冬之际，在汤泉（今河北遵化县北）组织指挥十万边军实战演习。完成军事著作。《练兵实纪》，进一步丰富和发展了《纪效新书》的军事思想。

·万历元年（1573年）二至四月，先后两次击退董狐狸进犯。

·万历二年（1574年）正月，升左都督，加太子太保。

·万历三年（1575年）正月，于董家口大败董狐狸弟弟长秃进犯；四月，接受董狐狸及其所部酋长亲族300人请降。

·万历七年（1575年）十月，率兵援辽，大败来犯鞑靼小王子所部伯彦等5万兵。秋，明廷诏加戚继光太子太保，援辽取捷后，加封为少保。这是明朝武臣的最高荣誉，戚继光被称“戚少保”也是由此而来的。

·万历十年（1582年），编辑完成《止止堂集》，包括《横槊稿》和《愚愚稿》两部分共五卷，《横槊稿》主要是他多年所写诗的辑录，《愚愚稿》多是誓戒、祭告、纪行、赠答等内容。

·万历十一年（1583年），戚继光谪调广东，任广东总兵官，其间整理兵书，总结了从南到北的练兵经验。

·万历十三年（1585年），戚继光引退回乡，离职家居。

·万历十五年（1587年）七月，戚继光在家乡建成家庙。农历十二月十九日（1588年1月17日），戚继光去世。

参考文献

范中义. 戚继光评传[M]. 北京：解放军出版社，2014：3-11，17-18，24-25，28-30，39-45，78-90，180-186.

范中义. 戚继光大传[M]. 北京：海洋出版社，2015：42-43，51，63-65，80-81，85-87，92-97，98-118.

范中义. 戚继光传[M]. 北京：中华书局，2003：242，250，272，274-275，321，324，326，337-338，571-572.

张艳虎. 戚继光传[M]. 北京：中国社会出版社，2006：1-12，117-119，123，126，128.

杨军、高占国. 戚继光全传[M]. 长春：长春出版社，1998：1-12、44、253，256-257，260，262，267，285-286，361、362、363.

童来喜. 戚继光[M]. 北京：军事科学出版社，1991：1-6，8-24，46-48，84-87，93-94，98-100.

虞裴明. 戚继光[M]. 南京：江苏人民出版社，1983：3-6，70，73-74，75-76.

林风. 杰出的军事家和抗倭名将戚继光[M]. 北京：蓝天出版社，2011：172-173，175-176.

郦波．大明名臣——抗倭英雄戚继光[M]．北京：中国民主法制出版社，2010：37–38，91，105、107、109，183，186，357–379.

张笑天．戚继光[M]．北京：作家出版社，2010：33–35.

姜正成．留取丹心照汗青——戚继光[M]．北京：海潮出版社，2013：44–49，52–55，85–92，103–108，111–119.

戚继光研究丛书编辑委员会、蓬莱旅游度假区管理委员会编．戚继光研究论集[M]．北京：华文出版社，2001：9–11，147–150，169–171，242–243，290，296.

（明）戚祚国等．戚少保年谱耆编卷三[M]．北京：中华书局，2003：84、88–90、93.

骈宇骞等注释．孙膑兵法・军争篇第七[M]．北京：中华书局，2006：7、17、19、37、47.

纪红建．明朝抗倭二百年[M]．北京：华文出版社，2006：146–149，176–178.

阎加伟．中国历史名人戚继光[M]．海口：海南出版社，1997：1–9.

刘聿鑫，凌丽华主编．戚继光年谱[M]．济南：山东大学出版社，1999：6–12.

张文杰，张羿．明朝顶级名将[M]．石家庄：花山文艺出版社，2007：154.

安震．千秋兴亡：大明风云[M]．长春：长春出版社，2005年：238–257.

谢承仁．中国历史人物丛书戚继光[M]．上海：上海人民出版社，1978：11–18.

刘金福．督师雄关——戚继光与秦皇岛[M]．北京：红旗出版社，2002：2–4.

（明）陈子龙辑．明经世文编・上应诏陈言乞普恩赏疏[M]．北京：中华书局，1962：28.

王万盈. 明代倭乱与倭寇恐慌探赜[N]. 社会科学战线，2016（10）.

田秀娟. 浅析明中后期海防废弛与倭寇猖獗[N]. 辽宁教育行政学院学报，2008年11月第25卷。